무라카미 하루키

잡문집

MURAKAMI HARUKI ZATSUBUN-SHU
by Haruki Murakami
Copyright ⓒ Haruki Murakami, 2011
Illustrations ⓒ Mizumaru Anzai & Makoto Wada, 2011
All rights reserved.
Originally Published in Japan by SHINCHOSHA Publishing Co., Ltd., Tokyo.
This Korean edition was published by Viche, an imprint of Gimm-Young Publishers, Inc., in 2011 by arrangement with Haruki Murakami, Japan
through THE SAKAI AGENCY and IMPRIMA KOREA AGENCY.

무라카미 하루키
村上春樹
雜文集
잡문집

차례

P. 11 **머리말**
어디까지나 잡다한 심경 12

P. 17 **서문
해설
등**
자기란 무엇인가 혹은 맛있는 굴튀김 먹는 법 18
같은 공기를 마시는구나, 라는 것 36
우리가 살아가는 난처한 세상 40
안자이 미즈마루가 당신을 지켜보고 있다 47

P. 61 **인사말
메시지
등**
마흔 살이 되면 군조신인문학상 수상소감 62
앞으로 아직 한참이니까 노마문예신인상 수상소감 64
까맣게 잊어버려도 괜찮아 다니자키상을 받은 무렵 66
신기하면서 신기하지 않다 아사히상 수상 인사말 69
이제 와서 새삼스럽다고 할까 와세다 대학 쓰보우치쇼요 대상 수상 인사말 71
아직 주위에 많이 있을 터 마이니치 출판문화상 수상 인사말 75
제아무리 곁가지가 거세게 흔들려도 신부상 수상 인사말 78
내 안의 미지의 장소를 탐색할 수 있었다 81
두 넋을 베어머으며 83
좋을 때는 아주 좋다 86
벽과 알 예루살렘상 수상 인사말 88

P. 95 **음악에 관하여**

여백이 있는 음악은 싫증나지 않는다 96
짐 모리슨의 소울 키친 116
노르웨이의 나무를 보고 숲은 못 보고 123
일본사람이 재즈를 이해할 수 있을까 130
빌 크로와의 대화 148
뉴욕의 가을 170
모두가 바다를 가질 수 있다면 177
연기가 눈에 스며들어 185
한결같은 피아니스트 192
차마 말을 꺼내지 못해 195
노웨어 맨 어디로도 갈 수 없는 사람 203
빌리 홀리데이 이야기 206

P. 213 **《언더그라운드》에 관하여**

도쿄 지하의 흑마술 214
공생을 원하는 사람들, 원치 않는 사람들 240
피와 살이 담긴 말을 찾아서 250

번역하는 것, 번역되는 것

번역하는 것과 번역되는 것 256
내 안의 《파수꾼》 261
준 고전소설로서의 《롱 굿바이》 271
말코손바닥사슴(무스)을 쫓아서 277
스티븐 킹의 절망과 사랑 양질의 공포 표현 284
팀 오브라이언이 프린스턴 대학을 찾은 날 290
바흐와 오스터의 효용 293
그레이스 페일리의 중독적인 '씹는 맛' 298
레이먼드 카버의 세계 303
스콧 피츠제럴드 재즈 시대의 기수 308
소설보다 재미있다? 315
단 한 번의 만남이 남긴 것 319
기량 있는 소설 326
가즈오 이시구로 같은 동시대 작가가 있다는 것 335
번역의 신 339

P. 345 **인물에
관하여**

안자이 미즈마루는 칭찬할 수밖에 없다 346
동물원통 353
쓰즈키 교이치적 세계의 내력 357
수집하는 눈과 설득하는 말 361
칩 키드의 작업 365
'가와이 선생님'과 '가와이 하야오' 368

P. 373 **눈으로 본 것,
마음으로
생각한 것**

데이브 힐튼의 시즌 374
올바른 다림질 법 380
청어 이야기 385
잭 런던의 틀니 389
바람을 생각하자 395
토니 타키타니를 위한 코멘트 399
다른 울림을 찾아서 402

P. 409 **질문과
그 대답**

폼나게 나이 들기는 어렵다 410
포스트코뮤니즘 세계로부터의 질문 416

P. 427 **짧은 픽션** 《밤의 거미원숭이》아웃테이크

사랑 없는 세계 428
가라타니 고진 432
덤불 속 들쥐 436

P. 439 **소설을 쓴다는 것**

유연한 영혼 440
멀리까지 여행하는 방 444
나의 이야기와 나의 문체 449
온기를 자아내는 소설을 455
얼어붙은 바다와 도끼 457
이야기의 선순환 460

P. 473 **해설**
대담 안자이 미즈마루 × 와다 마코토

회색 쥐와 깜장 토끼 474

머리말

어디까지나 잡다한 심경

村上春樹

雜文集

작가로 데뷔한 지 삼십 년 남짓, 이런저런 목적으로 이런저런 지면에 글을 써왔는데 아직 단행본으로 발표하지 않은 글들을 여기에 모았습니다. 에세이를 비롯해 여러 책들의 서문·해설 그리고 질문과 그 대답은 물론 각종 인사말, 짧은 픽션에 이르기까지 실로 '잡다'하다고 할 수밖에 없는 구성이 되었습니다. 미발표작들도 꽤 있습니다. 좀더 평범한 제목을 붙여도 좋았을 테지만, 편집자와 협의하는 자리에서 줄곧 '잡문집'이라고 불렀기 때문에 "뭐, 그대로 가도 괜찮지 않을까요"라는 쪽으로 얘기가 흘러 '무라카미 하루키 잡문집'이라는 제목이 붙었습니다. 잡다한 글들이니 철저하게 잡다하게 가도 괜찮을 거라고.

일단은 프로 작가로서 삼십 년 넘게 글을 써왔기 때문인지 이렇게 묶고도 이보다 많은 글들이 남아 있습니다. 우리 집 창고(비슷한 곳)에 가면, 옛날에 글을 게재했던 신문이나 잡지들이 종이상자로 몇 상자나—산더미 같다는 표현까지는 안 쓰겠지만— 쌓여있습니다. 그밖에 이사하는 중에 어디론가 사라져버린 것도 상당히 많을 겁니다. 그런데 작정하고 앉아 다시 읽어보니, 젊은 시절에 쓴 에세이류는 '지금은 좀 그런걸' 싶은 글들이 대부분이었습니다. 읽으면서 '이런 글도 썼나' 하며 나도 모르게 얼굴이 붉어지거나 한숨이 나올 때가 많아서 결국 살아남은 글은 그중에서 극히 일부에 지나지 않습니다. 물론 당시에는 나름대로 정성을 다해 열심히 쓴 글이지만…….

내가 의뢰를 받아 조금씩 일을 시작했을 무렵, 어느 편집자에게서 "무라카미 씨, 처음에는 어느 정도 대충 써나가는 느낌으로 일하는 편이 좋아요. 작가란 원고료를 받으면서 성장해가는 존재니까"라는 말을 들었습니다. 그때는 '과연 그럴까'라며 반신반의했는데, 이렇게 옛날 원고들을 다시 읽어보니 '정말이지 그 말이 맞을지도 모르겠군' 하고 납득이 갔습니다. 수업료를 내는 게 아니라 원고료를 받으면서 조금씩 더 나은 글을 쓰게 되었다는 말입니다. 왠지 좀 뻔뻔한 것 같습니다만.

그러나 그런 발견을 할 수 있었던 것만으로도, 그리 미덥지 않은 나의 발자취를 더듬을 수 있었다는 것만으로도, 이 책을 내는 의미는 있지 않을까 합니다. 이런 기회가 없었다면, 예전에 쓴 잡문들을 모아 다시 읽는 일은 일단(절대로) 없었을 테니까.

책에 실을 글을 선택하는 일도 고생스러웠지만, 구성 면에서도 지혜가 필요했습니다. 전체를 열 개의 범주로 나누고, 각각에 글을 배분했습니다. 완벽하게 학술적으로 분류한 것은 아니고, 어디까지나 '그냥 왠지'라는 느낌상의 구분입니다. 인사말 항목은 거의 연대순(시계열적)으로 되어 있지만, 나머지는 딱히 명확한 순서 없이 배열했습니다. 이쪽에 넣었다 저쪽에 넣었다 차례 정하기도 꽤 힘들었습니다. 처음에는 모두 단순히 연대순으로 묶으면 될 거라 생각했지만, 읽을 때 매끄럽지 않은 경우가 많았기 때문입니다.

게다가 제각각 다른 시기에 다른 매체에 실을 목적으로 쓴 글들이다보니 같은 내용이 부분적으로 겹치는 경우도 있었습니다. 걷어낼 수 있는 부분은 걷어냈지만, 걷어내버리면 글의 균형이 흐트러지는 경우도 있어서 그럴 때에는 중복된 부분을 그대로 둘 수밖에 없었습니다. '에, 이 얘기는 아까도 읽었는데'라는 내용도 있을지 모르지만, 책의 성격상 그런 부분은 부디 너그러이 이해해주시기 바랍니다.

와다 마코토 씨와 안자이 미즈마루 씨가 연합 전시회 비슷한 전시회를 열었는데, 그 그림들을 보던 중에 두 분의 그림으로 표지를 멋지게 만들면 좋겠다고 생각했습니다. 원래 산만한 구성의 책이니 비주얼적인 요소로 그것을 한데 모아주는 기둥 같은 역할을 만들어주면 좋겠다는 생각이 들었기 때문입니다. 그렇다면 이왕 하는 김에 두 분에게 나에 관한 대담을 부탁드리고, 그것을 후기로 붙이면 어떻겠냐는 이야기가 나왔습니다. 그런 까닭으로 와다 씨와 미즈마루 씨에게 이래저래 신세를 많이 졌습니다. 정말 감사드립니다.

지금까지 써온 잡문을 슬슬 책으로 꼴을 갖추어보자는 계획은 칠팔 년 전부터 있었지만, 줄곧 소설을 쓰는 데 바빠서 자꾸만 뒤로 미루게 되었습니다. 지금은 마침 소설과 소설 사이, 이를테면 '농한기'라서 비교적 느긋하게 편집 작업을 할 수 있었습니다. 그러나 몇 년씩이나 미뤄온 덕분에 내용은 맨 처음 구상했던 것보다 얼마간 풍부해진 책이─바라건대 더 충실한 책이─ 된 것 같기도 합니다.

굳이 말할 필요도 없겠지만, 나의 정신은 온갖 잡다한 것들로 이루어져 있습니다. 마음이란 정합적이고 계통적이면서 설명 가능한 성분으로만 만들어진 것이 아닙니다. 나는 그러한 내 정신 안에 있는 세세한, 때로는 통제되지 않는 것들을 긁어모으고, 그것들을 쏟아부어 픽션=이야기를 만들어내고 다시 보강해갑니다. 그러나 동시에 이처럼 날것인 형태로 그것들을 아웃풋하는 일도 가끔은 필요합니다. 픽션이라는 형식으로는 다 주워담을 수 없는 자잘한 세상사도 조금씩 찌꺼기로 남기 때문입니다. 그러한 소재를 에세이(잡문) 형식으로 조금씩 주워담게 됩니다. 혹은 또한 현실적으로 이 세상을 살아가다보면 어느 정도 날것인 형태로 스스로를 표현할 필요가 생길 때도 있습니다(인사말 같은 것이 전형적인 예입니다).

설날 '복주머니'*를 열어보는 느낌으로 이 책을 읽어주셨으면 하는 것이 저자의 바람입니다. 복주머니 안에는 온갖 것들이 들어 있습니다. 마음에 드는 것이 있는가 하면, 별로 마음에 들지 않는 것도 있을지 모릅니다. 그거야 뭐 어쩔 도리가 없겠죠. 복주머니니까요. 그렇지만 이런저런 참작 끝에, 내 안에 있는 '잡다한 심경'의 전체상 같은 것을 조금이라도 느껴주신다면, 한 사람의 작가로

* 일본에서 설에 여러 가지 물건을 담고 봉해서 값싸게 파는 것으로 사고 난 후에야 내용물을 확인할 수 있는 주머니.

서 그보다 큰 기쁨은 없을 것입니다.

　끝으로 원고료까지 지불하면서 무라카미 하루키를 어엿한 작가(에 가까운 존재)로 키워주신 각 출판사 및 편집자 여러분에게 깊은 감사의 마음을 전하고 싶습니다.

2011년 1월

서문·해설 등

村上春樹

雑文集

자기란
무엇인가

혹은 맛있는 굴튀김 먹는 법

• •   • • •   •   •

오바 다케시의 저서 《나라는 미궁》(센슈다이가쿠슛판코쿠, 2001년 4월 출간)의 '해설 비슷한 글'로 쓴 글입니다. 오바 씨는 철학자라고 할까 사색가로(말하자면 매우 어려운 것을 생각하는 사람으로) 나 같은 사람이 넉살 좋게 나설 자리는 아니라고 생각했지만, "뭐든 좋으니 써달라"는 부탁을 받고 이런 내용을 썼습니다. 오바 씨는 프린스턴 대학에 있을 때 알게 된 지인입니다.

雜文集

소설가란 무엇인가라는 질문을 받으면, 나는 대체로 늘 이런 대답을 한다. "소설가란 많은 것을 관찰하고, 판단은 조금만 내리는 일을 생업으로 삼는 인간입니다"라고.

소설가는 왜 많은 것을 관찰해야만 할까? 많은 것을 올바로 관찰하지 않으면 많은 것을 올바로 묘사할 수 없기 때문이다—가령 아마미의 검정 토끼 관찰*을 통해 볼링공을 묘사하는 경우라도. 그렇다면 판단은 왜 조금만 내릴까? 최종적인 판단을 내리는 쪽은 늘 독자이지 작가가 아니기 때문이다. 소설가의 역할은 마땅히 내려야 할 판단을 가장 매력적인 형태로 만들어서 독자에게 은근슬쩍(폭력적이라도 딱히 상관은 없지만) 건네주는 데 있다.

잘 아시겠지만, 소설가가(귀찮아서 혹은 단순히 자기 과시를 위해) 그 권리를 독자에게 넘기지 않고 자기가 직접 매사를 이래저래 판단하기 시작하면, 소설은 일단 따분해진다. 깊이가 사라지고 어휘가 자연스러운 빛을 잃어 이야기가 제대로 움짝하지 못한다.

소설가가 좋은 이야기를 만들기 위해 해야 할 일을 지극히 간단히 말하자면, 결론을 준비하기보다는 그저 정성껏 계속해서 가설을 쌓아가는 것이다. 우리는 그런 가설들을, 마치 잠든 고양이를 안아들 때처럼, 살그머니 들어올려(나는 '가설'이라는 말을 쓸 때마다 늘 곤히 자는 고양이들의 모습을 떠올린다. 따스하고 보드

---

* 가고시마 현에 위치하는 아마미 시에 사는 특별 천연 기념물 아마미 검정 토끼를 사진가 하마다 후토시가 진행하는 관찰기록하는 프로젝트.

서문
해설
등

랍고 포슬포슬한, 의식이 없는 고양이) 이야기라는 아담한 광장 한가운데에 하나씩 하나씩 쌓아올린다. 얼마나 유효하고 올바르게 고양이=가설을 가려내어, 얼마나 자연스럽고 솜씨 좋게 쌓을 수 있는가, 그것이 바로 소설가의 역량이 된다.

독자는 그 가설의 집적을—물론 그 이야기가 마음에 들었을 때 얘기지만— 일단 자기 안에 받아들이고, 자기 질서에 따라 다시 한번 개인적으로 알기 쉬운 형태로 배열한다. 대부분의 경우 그 작업은 거의 무의식중에 자동적으로 행해진다. 내가 말하는 '판단'이란 결국은 그 개인적인 배열 작업을 가리킨다. 그것을 다르게 표현하면, 정신 조성의 패턴을 재조합하는 샘플이기도 하다. 그리고 독자는 그런 샘플링 작업을 통해서 살아가는 행위에 포함된 운동성=다이너미즘을 내 일처럼 리얼하게 '체험'하게 된다. 그렇다면 왜 굳이 그런 일을 해야만 할까? '정신 조성의 패턴'을 실제로 다시 짜는 일은 인생에서 몇 번이고 가능한 일이 아니기 때문이다. 따라서 우리는 픽션을 통해 일단 시험적으로나 가상적으로 그러한 샘플링을 실행할 필요가 있다.

다시 말해 소설이란 사용된 소재 하나하나를 살펴보면, 허구=의사疑似지만, 그에 뒤따르는 개인적 질서와 배열 작업의 과정을 보면, 명백하게 실제적인 것이다(그래야만 한다). 우리 소설가가 철저하게 허구에 구애되는 까닭은 대부분의 경우, 분명 허구 속에서만 가설을 유효하고 콤팩트하게 쌓아올릴 수 있음을 알고 있기 때문이다. 우리가 픽션이라는 장치에 정통해야만 고양이들이 곤히 잘 수 있는 것이다.

이따금 젊은 독자에게 긴 편지를 받는다. 그들 대부분은 진지하게 나에게 질문을 던진다. "내가 생각하는 것을 어떻게 그렇게 생생하고도 정확하게 이해할 수 있습니까? 우리는 나이 차도 크고, 지금껏 축적한 경험도 전혀 다를 텐데"라고.

나는 대답한다. "그것은 내가 당신의 생각을 정확히 이해하기 때문이 아닙니다. 나는 당신을 모르고, 그러니 당연히 당신이 무슨 생각을 하는지도 알 수 없습니다. 혹여 내가 당신의 마음을 이해했다고 느꼈다면 그것은 당신이 나의 이야기를 당신 안에 유효하게 받아들일 수 있었기 때문입니다"라고.

가설의 행방을 결정하는 주체는 독자이지 작가가 아니다. 이야기는 바람과 같다. 흔들리는 것이 있어야 비로소 눈에 보인다.

'자기란 무엇인가?'라는 질문은, 소설가에게는—아니, 그렇다기보다 적어도 나에게는— 거의 의미가 없다. 그것은 소설가에게 너무도 자명한 물음이기 때문이다. 우리는 '자기란 무엇인가?'라는 질문을 다른 종합적 형태로(즉, 이야기의 형태로) 치환해나가는 일을 일상적 업으로 삼고 있다. 그 작업은 지극히 자연적으로, 본능적으로 이루어지므로 질문 자체를 구태여 생각할 필요도 없고, 생각한다 해도 거의 아무런 도움이 되지 않는다 → 오히려 방해가 된다. 혹시 '자기란 무엇인가?'를 장기간에 걸쳐 진지하게 골똘히 생각하는 작가가 있다면, 그/그녀는 본래적인 작가는 아니다. 어쩌면 그/그녀가 뛰어난 소설을 몇 권쯤 쓸 수 있을지는 모른다. 그러나 본래적인 의미의 소설가는 아니다. 나는 그렇게 생각한다.

얼마 전에 이메일로 독자에게 다음과 같은 질문을 받았다. 정확한 문장은 기억나지 않으니 대략적인 내용만 쓴다.

며칠 전에 취직 시험을 봤는데, 그때 '원고지* 4매 이내(무라카미 주 : 였던 것 같다)로 자기 자신에 관해 설명하시오'라는 문제가 나왔습니다. 저는 도저히 원고지 4매로 저 자신을 설명할 수 없었습니다. 그건 불가능하지 않나요. 혹시 그런 문제를 받는다면, 무라카미 씨는 어떻게 하시겠습니까? 프로작가는 그런 글도 술술 쓰시나요?

그에 대한 나의 답변은 다음과 같다.

안녕하세요.
원고지 4매 이내로 자기 자신을 설명하는 일은 거의 불가능에

---

* 일본에서는 400자 원고지가 기본형.

가깝죠. 말씀하신 그대로입니다. 제 생각에 그건 굳이 따지자면 의미 없는 설문입니다. 다만 자기 자신에 관해 쓰는 것은 불가능하더라도, 예를 들어 굴튀김에 관해 원고지 4매 이내로 쓰는 일은 가능하겠죠. 그렇다면 굴튀김에 관해 써보시는 건 어떨까요. 당신이 굴튀김에 관한 글을 쓰면, 당신과 굴튀김의 상관관계나 거리감이 자동적으로 표현되게 마련입니다. 그것은 다시 말해, 끝까지 파고들면 당신 자신에 관해 쓰는 일이기도 합니다. 그것이 이른바 나의 '굴튀김 이론'입니다. 다음에 자기 자신에 관해 쓰라고 하면, 시험 삼아 굴튀김에 관해 써보십시오. 물론 굴튀김이 아니어도 좋습니다. 민스 커틀릿이든 새우 크로켓이든 상관없습니다. 토요타 코롤라든 아오야마 거리든 레오나르도 디카프리오든 뭐든 좋습니다. 내가 굴튀김을 좋아해서 일단 그렇게 말한 것뿐입니다. 건투를 빕니다.

그렇다, 소설가란 이 세상의 굴튀김에 관해 어디까지나 상세하게 써나가는 인간을 가리킨다. 자기란 뭘까? 하고 생각하자마자 (그런 것을 생각할 틈도 없이), 우리는 굴튀김이나 민스 커틀릿이나 새우 크로켓에 관한 글을 써나간다. 그리고 그런 사상事象·사물과 자기 자신 사이에 존재하는 거리와 방향을 데이터로 축적해간다. 많은 것을 관찰하고 판단은 조금만 내린다. 그것이 내가 말하는 '기설'의 대략적인 의미다. 그렇게 해서 그 가설들이—층층이 쌓인 고양이들이— 열기를 띠고, 그렇게 하면 이야기라는 비히클(탈것)이 자연스럽게 움직이기 시작하는 것이다.

'진정한 자기란 무엇인가?'라는 물음이 그 논리적인 왜곡으로 말미암아 수많은 젊은이들을 옴진리교(또는 다른 컬트 종교)로 끌어들이는 하나의 요인이 되었다는 것은 오바 다케시 씨가 이 책에서도 자주 지적하고 있다. 나는 《약속된 장소에서》라는 책을 쓰면서 옴진리교 신자 몇 사람과 장시간에 걸쳐 인터뷰한 적이 있는데, 대체로 그 지적이 옳다는 인상을 받았다.

그들 대부분은 자기라는 존재의 '본래적 실체'란 무엇인가 하는, 출구가 보이지 않는 사고의 트랙에 깊숙이 빠져들어 현실세계(임시로 '현실A'라고 하자)와의 물리적인 접촉을 조금씩 줄여나갔다. 인간은 자기를 상대화하기 위해 피와 살을 가진 몇 가지 가설을 통과해야만 한다. 마치 모차르트의 오페라 〈마술피리〉에서 타미노 왕자와 파미나 공주가 물과 불의 시련을 헤쳐나가면서(은유적인 죽음을 경험하고, 라고 말해도 좋을지 모르겠다) 사랑과 정의의 보편성을 이해하고 그것을 통해 자기에 해당하는 포지션의 실상을 인식해가듯이.

그러나 실제로 지금 우리를 에워싼 현실은 각종 정보와 선택지로 넘쳐나 그 가운데 자기에게 유효한 가설을 적절히 골라내어 받아들이는 일은 거의 불가능에 가까워 보인다. 그것들을 무제한으로 무질서하게 체내에 받아들여 자가중독을 일으키게 되는 경우도 적지 않다. 그리고 주위를 둘러보면, 그/그녀를 이끌어줄 경험이 풍부한 연장자는 눈에 띄지 않는다. 시간에 따라 현실이 변하는 속도가 너무도 빨라서 선행한 세대가 축적한 경험이 샘플로서 유효하지 못한 경우가 많기 때문이다.

거기에 이따금 강력한 외부자가 나타난다. 그 외부자는 몇 가지 가설을 알기 쉬운 세트메뉴로 만들어 그들에게 건네준다. 거기에는 필요한 모든 것들이 깔끔한 패키지로 완비되어 있다. 지금까지 혼란스럽던 '현실A'는 온갖 제약과 부대조건과 모순을 떨쳐버리고 더 단순하고 '클린'한 다른 '현실B'로 바뀐다. 그곳에는 선택지의 수가 한정되고, 모든 질문에 논리 정연한 해답이 마련된다. 상대성은 밀려나고 절대성이 그 자리를 꿰찬다. 그 새로운 현실에서는 그/그녀가 맡을 역할이 더없이 명확하게 드러나며, 해야 할 일이 상세한 일정표로 준비된다. 노력은 필요하지만, 그 달성 수준은 숫자로 계측되고 도표로 그려진다. '현실B'에 있는 자기는, '프리pre 자기'와 '포스트post 자기' 사이에 끼어버리기 때문에 정당한 존재 의미와 전후성을 획득한 자기이며, 그 이외의 무엇도 아니다. 매우 이해하기 쉽다. 그 이상 추구해야 할 것이 무엇이 있겠는가. 그리고 그 새로운 현실을 손에 넣기 위해 그/그녀가 상대에게 내놓아야 하는 것은 과거의 현실뿐이다. 그리고 과거의 진부한 현실 속에서 늘 허둥대며 고투했던 볼썽사나운 자기뿐이다.

"달려나가요"라고 외부자는 말한다. "네가 마땅히 해야 할 일은 오래된 대지에서 뛰어나와 새로운 대지로 옮겨가는 것뿐이다."

이와 같은 거래 자체는, 내 개인적인 의견을 말하면 크게 잘못된 것은 아니다. 소설가는 때에 따라 그것과 똑같은 일을 한다. 우리는 이야기라는 장치를 통해 그것을 실행한다. "뛰어요"라고 우리는 말한다. 그리고 독자를 이야기라는 현실 밖의 시스템으로 끌어들인다. 환상을 강요한다. 떨쳐 일어나게 하고, 두려움에 떨게 하고, 눈물을 흘리게 한다. 새로운 숲속으로 몰아넣는다. 단단한 벽을 빠져나가게 한다. 자연스럽지 않은 일을 자연스럽게 여기게 한다. 일어날 리 없는 일을 일어났다고 믿게 한다.

그러나 이야기가 끝나면 가설은 기본적으로 제 역할을 마친다. 막이 내리고 조명이 켜지고, 포개어 있던 고양이들은 눈을 뜨고 기지개를 펴며 꿈에서 깨어난다. 독자는 그 기억을 부분적으로만 간직할 뿐 원래 있던 현실로 되돌아간다. 경우에 따라 예전과 얼마간 빛깔이 달라졌을지도 모르지만, 거기에 존재하는 것은 변함없이 낯익은 현실이다. 그 계속성에는 의심의 여지가 없다. 다시 말해, 그 이야기는 열려 있다. 최면술사는 적당한 시기가 오면 손뼉을 쳐서 피험자의 잠을 깨운다.

그러나 개인으로 아사하라 쇼코*가, 조직으로 옴진리교가, 수많은 젊은이들에게 한 일은 그들의 이야기의 테두리를 완전히 닫

아버린 것이다. 두툼한 문에 자물쇠를 채우고 그 열쇠를 창밖으로 던져버린 것이다. '진정한 자기란 무엇인가?'라는 물음 자체가 초래하는 폐쇄성을 한층 더 큰, 더 견고한 폐쇄성으로 바꿔놓았을 뿐이다.

계속성의 단절—그것이 분명 키포인트다. 계속성을 끊어내는 것으로(혹은 계속성으로 무기한 위장해놓는 것으로) 현실은 언뜻 제대로 정합성을 갖춘 것처럼 보이기 때문이다. 그러나 계속성이라는 조금은 비루하지만 필요 불가결한 공기구멍이 인위적으로 막혀버리면 좋든 싫든 내부는 산소 부족 상태로 치닫는다. 그것은 아무리 생각해도 위험하고, 실제로 비참하기 이를 데 없는 결과를 초래하고 말았다.

옴진리교는 아니지만, 예전에 어느 유명한 컬트 종교에 빠진 경험이 있는 남자에게서 편지를 받은 적이 있다. 그는 컬트 수행장(같은 곳)으로 들어가 외부와는 철저히 차단된 생활을 했다. 경전 이외의 책은 엄격하게 금지되었다(그들은 신자가 픽션을 접하는 것을 일절 허하지 않는다. 신자에게 허락되는 허구의 채널은 단 하나이다. 당연한 일이다). 그런데 그는 내가 쓴 《세계의 끝과 하드보일드 원더랜드》라는 소설을 짐 꾸러미 바닥에 몰래 숨기고 들어가

＊본명은 마쓰모토 지즈오, 종교단체 옴진리교(현재는 알레프)의 옛 내표이사 교주.

서 남의 눈을 피해 날마다 조금씩 읽어나갔다. 그리고 오랜 시간 이런저런 힘든 과정을 거쳐 가까스로 그 컬트의 정신적 속박에서 빠져나올 수 있었다. 지금은 현실로 복귀해 평범하게 생활하고 있다. 왜 매일같이 매달리듯 그 소설을 읽었는지, 왜 그들이 시키는 대로 그 책을 버리지 않았는지, 그 이유는 그도 잘 설명하지 못했다. 그렇지만 혹시 그 책을 계속 읽지 않았다면, 과연 그곳에서 제대로 빠져나올 수 있었을지 어땠을지 모르겠다고 했다.

그것은 소설가인 나에게 대단히 의미 있는 편지였다. 나의 고양이들은 나름대로 선명한 꿈을 꾸고 있을지도 모른다. 물론 내가 쓴 소설이 뛰어나다고 주장하는 것은 아니다. 어떤 특정한 경우에 그것이 어떤 특정한 유효성을 가질 수 있었다는 말이다. 하지만 그것만으로도 나는 소설가로서 그 사실이 기쁘다.

어떤 의미에서 우리는 이야기라는 장치를 둘러싼, 지난하고 힘겨운 싸움을 계속하고 있는지도 모른다. 그런 생각이 들 때가 있다.

그들=컬트는 단순하고 직접적이며 명쾌한 형식을 가진 강력한 이야기를 마련하고, 그 서킷으로 사람들을 꾀어들이고 끌어넣으려 한다. 그것은 유효성이라는 점에서는, 대단히 유효한 가설이다. 거기에는 불순물이 거의 끼어들지 않는다. 이론에 이의를 제기하는 요인은 조개를 해감하듯 애초부터 말끔하고 교묘하게 배제되었다. 논리는 나름대로 일관되게 통한다. 망설일 것도 고민할 것도 없다. 그곳에서는 모든 의문이 해소된다. 혹시 풀리지 않은 것이 있다면, 해소하려는 노력이 부족한 탓이다. 자, 좀더 노력하십시오, 라는 과제가 주어진다. 노력은 정당하게 보상받는다. 닫힌 테두리는 닫힌 채로 있기 때문에, 불필요한 것들은 배제했기 때문에 강력한 즉효를 보인다.

그에 비해 우리 소설가들이 제공할 수 있는 이야기는 대수롭지 않다. 우리가 할 수 있는 일은 다양한 형태와 다양한 크기의 신발들을 준비하고, 거기에 실제로 번갈아 발을 넣어보게 할 뿐이다. 시간이 걸리고 품이 든다. 발에 꼭 맞는 신발을 끝까지 못 찾을 수도 있다. 결과를 확신할 수 있는 문제가 아니다. 그것은 겉보기에도 유효성이 결여되어 있다. 그렇게 성가신 일에 대체 무슨 의미가 있느냐고 물어도 할 말이 없다. 명쾌한 대답은 없다. "분명 뭔가가 있을 것 같은 기분은 드는데"라고 우물우물 말끝을 흐릴 수밖에 없다.

무언가.

그러나 그들에게는 없지만 우리에게는 있는 것도 있다. 많지는 않아도 조금은 있다. 그것은 앞에서도 언급한 계속성이다. 우리는 '문학'이라는, 오랜 시간에 걸쳐 실증된 영역에서 일한다. 그러나 역사적으로 살펴봐도 알 수 있지만, 문학은 대부분의 경우 현실석인 도움은 되지 않는다. 일례로 전쟁이나 학살이나 사기나 편견을 눈에 보이는 형태로 제지하지는 못했다. 그런 의미에서 문학은 무력하다고 말할 수도 있다. 역사적인 즉효성은 거의 없다. 그러나 적어도 문학은 전쟁이나 학살이나 사기나 편견을 만들어내지는 않았다. 거꾸로 그런 것들에 대항하는 무언가를 만들어내기 위해 지치지 않고 꾸준한 노력을 계속해왔다. 물론 거기에는 시행착오가 있고, 자기모순이 있고, 내분이 있고, 이단이나 탈선도 있었다. 그래도 전체적으로 문학은 인간 존재의 존엄의 핵을 희구해왔다. 문학이라는 것 안에는 그렇게 계속성 안에서(그 안에서만) 언급되어야 할 강력한 특질이 있다. 나는 그렇게 생각한다.

그 강력함은 예컨대 발자크의 강인함이며, 톨스토이의 광대함이며, 도스토옙스키의 심오함이며, 호메로스의 풍부한 비전이며, 우에다 아키나리의 투철한 아름다움이다. 우리가 쓰는 픽션은—번번이 호메로스를 언급하자니 면목이 없지만— 그때부터 끊임없이 계속해서 흘러온 전통 위에 성립한다. 나는 소설가로서 주위가 고요히 가라앉은 시각에 그 흐르는 소리를 어렴풋이 들을 때가 있다. 나는 물론 이렇다 할 만큼 대단한 사람이 아니다. 굳이 말할 필요도 없이 세상에 거의 도움이 되지 않는다. 그런데도 내가 지금 해나가는 것은 예로부터 면면히 이어져온 더없이 소중한 무엇이며, 틀림없이 앞으로도 이어져나가리라고 나는 느낀다.

이야기는 마술이다. 판타지 소설풍으로 말하자면, 소설가는 그것을 이를테면 '백白마술'로 사용한다. 일부 컬트는 그것을 '흑마술'로 사용한다. 우리는 깊은 숲속에서 격렬하게 칼날을 부딪치며 남몰래 겨룬다. 흡사 스티븐 킹이 쓴 청소년 소설의 한 장면 같기도 하지만, 어떤 의미에서 그 이미지는 진실에 상당히 근접해 있을 게 틀림없다. 왜냐하면 이야기가 가지는 큰 힘과 그 이면에 감춰진 위험성을 누구보다 잘 알고 있는 사람이 소설가이기 때문이다. 계속성이란 도의성의 영역이기도 하다. 그리고 도의성이란 공정한 정신을 의미한다.

'진정한 자기란 무엇인가?'라는 질문으로 돌아가자.

진정한 나란 무엇일까?

굴튀김에 관해 (원고지 4매 이내로) 얘기해보자. 아래의 글은 이야기의 본래 줄거리와는 관계가 없을지도 모른다. 그렇지만 나는 굴튀김이라는 것을 잘 풀어서, 나 자신을 얘기하고 싶다. 데카르트나 파스칼이 그에 관해 어떻게 생각하는지는 전혀 알 수 없지만, 나에게는 '굴튀김에 관해 이야기한다. 고로 나는 존재한다'는 명제가 성립한다. 그리고 그 망막한 길을 헤쳐나가다보면, 분명 어딘가에서 나 나름의 계속성이나 도의성을 찾을 수 있을 거라는 예감까지 든다. 아니, 그런 것을 실제로 찾으려 들지는 않는다. 찾는다고 해도 내게는 거의 쓸모없을 테니까. 그래도 그것이 어딘가에 있다는 것만큼은 확실하게 느끼고 싶다. 굴튀김에 관한 글을 쓰는 것으로.

내가 하고 싶은 얘기는 간단히 말해 이렇다. 나의 테두리는 열려 있다. 빠끔 열려 있다. 나는 그곳으로 세상의 굴튀김과 민스 커틀릿과 새우 크로켓과 지하철 긴자선과 미쓰비시 볼펜을 잇달아 받아들인다. 물질로, 피와 살로, 개념으로, 가설로. 그리고 나는 그것들을 활용해 개인적인 통신장치를 만들어가고자 노력한다. 마치 'E.T.'가 주변에 널린 잡동사니를 조립해서 행성 간의 통신장치를 만들어낸 것처럼. 뭐든 좋다. 뭐든 좋다는 사실이 가장 중요하다. 내게는. 진정한 내게는.

'굴튀김 이야기'

추운 겨울날의 해질녘에 나는 단골 레스토랑에 가서 맥주(삿포로 중간 병)와 굴튀김을 주문한다. 그 가게에는 다섯 개짜리 굴튀김과 여덟 개짜리 굴튀김, 이렇게 두 가지 선택지가 있다. 정말 친절하다. 굴튀김을 많이 먹고 싶은 사람에게는 굴튀김 큰 접시를 내어준다. 조금만 먹어도 되는 사람에게는 굴튀김 작은 접시를 내어준다. 나는 물론 여덟 개짜리 굴튀김을 주문한다. 오늘 나는 굴튀김을 배불리 먹고 싶으니까.

굴튀김에는 잘게 채 썬 양배추가 푸짐하게 곁들여나온다. 달착

지근하고 신선한 양배추다. 원하면 추가로 주문할 수도 있다. 추가 요금은 오십 엔이다. 그러나 나는 그렇게까지 하지는 않는다. 나는 정말로 굴튀김 그것이 먹고 싶어서이지 곁들여나오는 양배추를 먹으러 온 게 아니니까. 처음에 수북이 담아준 양만으로도 충분하다. 내 접시 위의 튀김옷에서 아직도 지글지글 소리가 난다. 작지만 아주 멋진 소리다. 내가 보는 앞에서 주방장이 막 튀겨 냈다. 큼지막한 기름 냄비에서 내가 앉은 카운터 자리까지 옮기는 데 불과 오 초도 걸리지 않았다. 어떤 경우에는—예를 들어 싸늘한 해질녘에 갓 튀긴 굴튀김을 먹는 경우에는— 속도는 큰 의미를 가진다.

젓가락으로 그 튀김옷을 둘로 툭 자르면, 그 안에 굴이 여전히 굴로 존재하는 것을 알 수 있다. 그것은 겉보기에도 굴이고, 굴 이외에 그 무엇도 아니다. 빛깔도 굴이요, 형태도 굴이다. 그것들은 불과 얼마 전까지만 해도 어느 깊은 바닷속에 있었다. 아무 말 없이 꼼짝도 않고, 밤낮도 없이 단단한 껍데기 속에서 굴다운 것을 (아마도) 생각하며 지냈다. 그런데 지금은 내 접시 위에 있다. 나는 무엇보다 내가 굴이 아니고 소설가라는 사실이 기쁘다. 기름에 튀겨 양배추 옆에 누이지 않았다는 사실이 기쁘다. 내가 일단 윤회전생을 믿지 않는다는 사실도 기쁘다. 그도 그럴 것이 내가 다음 생에 굴이 될지도 모른다니, 생각조차 하고 싶지 않다.

나는 그것을 차분하게 입으로 가져간다. 튀김옷*과 굴이 내 입

안으로 들어간다. 바삭한 튀김옷을 씹을 때의 감촉과 부드러운 굴을 씹을 때의 감촉이 당연히 공존해야 할 식감으로 동시에 감지된다. 미묘하게 뒤섞인 향이 축복처럼 입 안에서 퍼져간다. 나는 지금 행복하다. 나는 굴튀김이 먹고 싶었고, 그리고 이렇게 여덟 개짜리 굴튀김을 음미할 수 있으니까. 게다가 짬짬이 맥주까지 마실 수 있다. 그런 것은 한정된 행복에 불과하지 않느냐고 당신은 말할지 모른다. 그렇지만 최근에 내가 한정되지 않은 행복을 맛본 게 언제였을까? 그리고 그것은 정말로 한정되지 않은 것이었을까?

 나는 생각해본다. 그러나 결론은 좀처럼 나지 않는다. 다른 사람도 얽혀 있기 때문에 그리 간단히 결론지을 수는 없다. 굴튀김 안에서 무슨 힌트라도 찾을 수 있을까 싶어서 나는 한동안 남은 굴튀김 세 개를 골똘히 응시한다. 그러나 그것들은 나에게 아무 말도 건네지 않는다.

 나는 이윽고 식사를 마치고, 마지막 남은 맥주 한 모금을 비우고, 자리에서 일어나 계산을 하고 밖으로 나온다. 역을 향해 걸어갈 때, 나는 어깨 언저리에서 어렴풋하게 굴튀김의 조용한 격려를 느낀다. 그것은 결코 신기한 일이 아니다. 왜냐하면 나에게 굴튀김

＊ 일본어로 튀김옷[고로모]은 승려의 '법의'와 동음이의어.

은 일종의 소중한 개인적 반영이니까. 그리고 숲속 저 깊은 곳에서는 누군가가 싸우고 있으니까.

같은 공기를 마시는구나, 라는 것

• •   • •   •   •   •

와다 마코토 씨와 안자이 미즈마루 씨의 공저 《노 아이디어》(긴노호시샤, 2002년 10월 출간)의 서문으로 쓴 글입니다. 나는 두 사람과 가깝게 지내며 책 표지 같은 것을 부탁하기 때문에 "글 좀 써줘"라는 부탁을 받으면 "좋습니다"라고 부담없이 받아들이고 부담없이 술술 쓰게 됩니다. 잘 아는 사람(들)에 관해 쓰기는 쉽습니다. 두 사람 다 문장력이 뛰어난 그림꾼이지만, 소설가인 나는 그림을 잘 못 그립니다. 세상은 불공평하군요.

雑
文
集

와다 마코토 씨와 안자이 미즈마루 씨와는 책 표지나 삽화 건으로 자주 함께 일해서(라기보다 일해주셔서) 꽤 오래전부터 친분을 맺어왔다. 그러나 단지 그뿐만은 아니다. 두 사람 다 옛날부터 아오야마 부근에 살았고, 또 일하는 곳도 그 근처라 밤이 되면 대개는 주변에서 어슬렁거리거나—뭘 하는지는 정확히 모르겠지만—바에서 한잔하기도 한다. 개인전 같은 전시회도, 그리 큰 규모가 아닐 때는 아오야마의 아담한 화랑에서 열 때가 많다.

나 역시 줄곧 아오야마 생활권에 살고 있어서 그 결과 빈번하다고 할 정도는 아니지만—나는 밤에 상당히 일찍 자기 때문에—어쩌다 이따금씩 얼굴을 마주친다. 직접 만나지는 않아도 근처 바에 가면, "조금 전까지 와다 씨가 계셨어요"라거나 "어제 미즈마루 씨가 다녀가셨는데, 요즘은 통 무라카미 씨를 못 만났다고 하시던데"라고 바텐더에게 듣기도 한다. 도쿄는 큰 도시지만, 오랫동안 한곳에 살다보면 사람의 활동반경이란 의외로 한정된다는 것을 새삼 깨닫는다.

한정된다는 얘기가 나왔으니 말인데, 앞에서도 썼듯이 나는 자주 와다 씨나 미즈마루 씨와 같이 일한다. 그럼 지금까지 같이 일한 다른 일러스트레이터들은 누가 있었나 생각해보니, 몇몇 예외를 제외하면(예를 들어 사사키 마키 씨) 다른 누군가와 호흡을 맞춰본 기억이 거의 없다. 아마 그만큼 두 사람과 궁합이 잘 맞는다는 뜻이겠지. "알아서 해주십시오" 하고 맡겨두면, 상황에 딱 들어

맞는 멋진 그림이 완성되어온다. 그런 부분의 일처리에는 전혀 삐걱거리지 않고, 늘 기분 좋게 일할 수 있다. 좌우간 노련한 전문가들이다.

물론 가까이에서 같은 공기를 마시며 살아간다는 이유만으로 기분 좋게 일할 수 있는 건 아닐 테지만, 그런 요인이 상당히 크지 않을까 싶은 생각도 없지 않다. 무엇보다 두 사람 다 화풍이 매우 도회적이랄까, 디테일 하나하나가 세련되었다. 문장으로 비유하자면, 문체가 탄탄하면서도 무리하게 밀어붙이는 느낌이 없다. 소탈하면서도 흐트러짐이 없다. 이런 성향은 어쩌면 아오야마의 바에서 오랜 세월 술을 마시는 사이에 길러진 것인지도 모른다―라고까지는 말하지 않겠지만, 그래도 그런 면이 조금은 있을 것 같다. 나는 아직 좀 덜 마셨는지 좀처럼 그런 경지에 이르지 못하지만.

문체로 말하자면, 이 두 사람의 문체의 멘털리티는 매우 비슷하기도 하고 또한 완전히 다르기도 하다. 대략적으로 말해―물론 내 개인적인 인상일 뿐이지만― 와다 씨의 그림은 단정하고 지적이며 철저하게 취미가 고상하고, 매사를 살짝 초서처럼 흘리는 미즈마루 씨 쪽은 생동감과 재미가 있다. 예를 들어 종이에 연필로 동그라미 하나를 쓱 그려도 미즈마루 씨가 그리는 동그라미와 와다 씨가 그리는 동그라미는 미묘하게(그러나 결정적으로) 다를 것이며, 나는 분명 그 차이를 금방 알아볼 수 있을 것이다. 그것은 이를테면 콜먼 호킨스와 레스터 영의 테너 색소폰 소리를 네 마디만 들고도 금방 알아맞힐 수 있는 것과 마찬가지다. 네 줄만 읽으면 대실 해밋과 레이먼드 챈들러의 문체상의 차이를 알아맞힐 수 있는 것과도 마찬가지다. 그런 예처럼 두 사람이 그리는 그림에는 각각, 가령 무엇을 그리든, 헷갈리지 않는 또렷하고 독자적인 서명이 들어 있다. 물론 앞의 두 가지 예와 마찬가지로 어느 쪽 그림이 더 뛰어나느냐 하는 비교는 아니다. 어느 쪽도 다 좋다, 정말로.

이 책에 실린 와다 씨와 미즈마루 씨의 연합 전시회가 열린 아오야마의 작은 화랑에서는 각각의 그림에 화가의 이름을 붙여두지 않았다. 다시 말해 누가 어떤 그림을 그렸는지 관람객은 알 수 없게 되어 있는 셈이다. 그런데도 나는 물론, 와인잔을 한 손에 든 채로 어떤 그림을 누가 그렸는지 그 자리에서 바로 알아맞힐 수 있었다. 당신은 어떠신지? 물론 미즈마루 씨나 와다 씨처럼 여유 있는 대인배들이라 가능한 일이었을 테지만, 이런 놀이가 내재된 기획은 상당히 유쾌하다. 특히 아주 가까운 이웃에서 기분 좋게 펼쳐진다면.

우리가
살아가는
난처한
세상

• • • • •   •   •

2002년 6월에 《요지경 민주주의》(소시샤, 신초분코에서 개정판)의 해설로 쓴 글입니다. 다카하시 씨는 이 책의 해설을 누구에게 부탁할지 몰라 늘 그렇듯 울적한 기분으로 턱수염만 쓰다듬고 있다가, 아내에게 "무라카미 씨한테 찾아가서 단단히 부탁하고 오세요"라고 야단을 맞고야 마음을 정하고 나를 찾아왔다고 했습니다. 그렇게 어려워 말고 빨리 말하면 좋았을걸. 교정지 상태였을 때 제목은 《민주주의의 요지경》이었습니다. 지금 제목이 훨씬 좋군요.

雜
文
集

다카하시 히데미네 씨는 조금 독특한 사람으로 만날 때마다 늘 "야아, 곤란합니다. 난처해요"라고 말한다. 키도 크고 덩치도 좋고 대체로 햇볕에 그을려 있고(취재 나가느라 그을렸는지 모른다), 새카만 수염까지 길러서 옛날 같으면 그야말로 '대장부'라 할 만했다. 《서유기》에 나오는 삼장법사의 심복에 어울릴 법한 사람이다. 대학 시절에는 유도를 했고 물론 유단자다. 그런 사람이 나를 만날 때마다 살짝 구부정한 자세로 머리를 긁적이며 "야아, 무라카미 씨, 곤란하게 됐습니다. 난처해요"라고 말한다.

그래서 "무슨 일이야? 뭐가 그렇게 난처한데?"라고 물으면, "저어, 실은 이런 일이 있는데……" 하고 커피를 리필받으며 이야기를 풀어놓는다(생긴 것과 달리 술은 거의 안 마신다). 얘기를 들어보면, 분명 다카하시 씨가 말하는 대로다. 난처해하는 문제가 업무적인 일이든 개인적인 일이든 그는 대체로 굉장히 '일관성 있는' 방식으로 난처해하고 곤란해한다. 그렇다고 무의미한 푸념만 늘어놓는 것은 아니다. 비관적이지도 않고, 자신의 무력함을 자학하며 드러내지도 않는다. 그저 단순히 긍정적으로, 열심히 난처해한다. 그의 얘기를 들으면, "그래, 그건 분명히 난처하겠어"라고 대꾸하지 않을 수 없다.

"그렇죠? 누구라도 난처하겠죠" 하고 그는 팔짱을 끼며 동의를 구한다(팔짱 낀 모습이 아주 잘 어울린다). "그래서 말인데, 무슨 좋은 방법이 없을까요?"

나는 "흐음, 글쎄, 그건 어쩔 도리가 없겠는데"라고 대꾸한다.
"그런가요. 역시 어쩔 수 없는 걸까요."
만나면 대체로 이런 이야기가 전개된다. 출구가 보이지 않는 이야기를 나눈다고 해서 그 자리의 분위기가 어두워지는 것은 아니다. 나도 모르게 (그것이 웃어서는 안 되는 종류의 고민이라도) "하하하" 소리내어 웃어버릴 때도 있다. 이런 면이 다카하시 씨의 개성이다.

다카하시 씨는 이 책에 실은 몇몇 글을 취재하고 집필하던 시기에도 몇 번인가 만났고, 그때마다 관여하고 있는 대상에 관해 이런저런 얘기를 나눴다. 그때 역시 대개는 "야아, 무라카미 씨, 정말 난처해요"라는 이야기로 이어진다. 결론이 안 난다는 것이 그의 주요한 고민이었다. 성실하게 발로 뛰면서 취재하면 할수록, 실제로 시간을 들여 많은 사람들의 이야기를 들으면 들을수록 결론은 점점 더 멀어진다. 다양한 사람들이 처한 각각의 상황도 알게 된다. 사고방식에서 차이가 생기는 경위도 어느 정도 이해가 간다. 그런 요소요소를 흑 혹은 백으로 후다닥 나누어, "여러분, 이것이 올바른 결론입니다!"라고 그리 쉽게 제시할 수 있을 리가 없다.
그러나 대부분의 경우, 상업잡지가 논픽션 작가에게 요구하는 것은 그런 식의 "야아, 난처하군요, 어떡해야 좋을지"라는 내용이 아니다. 편집부에서는 "그것은 이것이다!"라는 식으로, 잔뜩 힘주어 말한 결론이 도출된 읽을거리를 요구한다. 읽는 쪽도 십 분 만에 휙 읽히고, 깔끔하게 수용할 수 있는 정보를 기대한다. 견해나 시점이 뚜렷한 글이 비교적 호평을 받는다. 그렇기 때문에 다카하시 씨가 진지하게 곤혹스러워하는 것이다. "그렇게 명쾌한 결론이 나질 않습니다"라는 게 그가 끌어안고 있는 가장 큰 문제였다.

그렇지만 나는 다카하시 씨가 느끼는 바와 하고자 하는 바가 충분히 이해되었다. 뼈저리게 공감했다. 내가 사린 가스 사건*을 다룬 《언더그라운드》(고단샤)를 썼을 때도 절실하게 깨달았지만, 우리네 세상사의 대부분에는 결론 따위가 없다. 특히 중요한 문제일수록 그런 경향이 강해진다. 직접 발로 뛰면서 1차 정보를 많이 수집할수록, 취재에 시간을 더 투자할수록 매사의 진상은 혼탁해지고 방향을 잃은 채 어지러이 내달린다. 결론은 점점 더 멀어져가고 시점은 이리저리 갈린다. 그렇게 될 수밖에 없다. 그 결과 우리는 어쩔 줄 몰라한다. 무엇이 옳고 무엇이 옳지 않은지, 어느 쪽이 앞이고 어느 쪽이 뒤인지, 점점 더 알 수 없어진다.

그럼에도 나는 그러한 혼탁을 헤쳐나가지 않고는 결코 보이지 않는 정경이 있다고 확신한다. 그 정경을 보기까지는 시간이 필요하고, 설령 눈에 들어온다고 해도 그것을 간단하면서도 분명한 말로 독자에게 전달하는 일은 너무나 어렵다. 그러나 그 단계를 거치

---

* 주로 중추신경계를 손상시키는 맹독성 화합물

지 않으면, 조금이라도 가치 있는 글이 나올 리 없다. 왜냐하면 글 쓰는 이의 역할은 (그것이 픽션이든 논픽션이든 원칙적으로) 하나의 결론을 전달하기보다는 총체적인 정경을 전달하는 데 있으니까.

물론 "다카하시 씨도 프로작가고 생활도 해야 할 테니, 일은 일로 깨끗이 받아들이고 이 지점에서 적당하게 하나의 결론으로 정리하면 되잖아. 그러면 편집자도 독자도 납득할 테니"라고 현실적인 충고를 할 수도 있다. 하지만 나는 그렇게 할 수 없고, 다카하시 씨도 그런 일은 불가능할 것이다. 다카하시 씨는 부지런히 발로 뛰며 현장을 조사하고, 그곳에서 눈에 들어온 정경을 가능한 한 친절한 문장으로 성실하게(라는 표현을 그는 아무래도 좋아하지 않겠지만, 달리 적당한 말이 떠오르는 것도 아니어서 그냥 쓰지만) 묘사해내고자 노력하는 사람이다.

그래서 나도 결국은 "흐음, 글쎄, 그건 어쩔 도리가 없겠는데"라고 반응하게 된다. 그리고 둘 다 팔짱을 끼고는 흐지부지 이야기를 끝내버린다.

이 책을 일독한 뒤, 내가 맨 처음 느낀 것은 '이 책은 분명 백 퍼센트 다카하시 히데미네의 책이다'라는 점이었다.

① 면밀하게 조사한다.

② 정당하게 난처해한다(가 아닐 수 없다).
③ 그것을 최대한 친절하게 글로 옮긴다.

이런 점들이 (내 생각에 그렇다는 얘기지만) 다카하시 히데미네가 논픽션 작가로서 갖춘 세 가지 요소다. 그리고 거의 대부분은—변함없다고 할까— 종국에는 결론이 없다. 매 장마다 읽는 사람은 희미한 빛으로 약간은 온화하지만 대부분은 곤혹스러운 어느 황야에 방치된다. 텔레비전 뉴스 앵커는 "네, 이건 이런 얘기로군요. A를 하는 것이 B에게 강력히 요구됩니다. 자, 다음 뉴스입니다"라고 상냥하고 친절하게 말해주지 않는다.

그래도 우리는 그 결론 없는 상황을 확실하게 그와 공유할 수 있다. 그것이 공유된다는 든든한 실감이 거기에 존재한다. 우리는 매 장마다 그와 함께 난처해하고 곤혹스러워한다. 이것이 실은 매우 중요하다고 생각한다. 모두 둥그렇게 모여 앉아서 뜨거운 커피를 마시며 "야아, 곤란하군요" "좀 난처한걸요" "좀처럼 결론이 나질 않네요" 하고 머리를 긁적이거나 수염을 만지작거리거나 팔짱을 끼는 것. 어디선가 빌려온 것 같은 결론을 들이대며 호언장담하지 않는 것. 이것이 우리가 사는 데 매우 중요한 것이 아닐까?

그리고 거기에는 유머라는 게 있다. 그것 역시 아주 중요하다. 웃어넘기는 것. 웃어선 안 되는 일이라도(아니, 웃으면 안 되는 일이기 때문에 더더욱) 무심코 웃어버리는 것. 하지만 다카하시 씨가 풀어놓는 유머는 시니컬하지도 계산적이지도 않다. '허어, 얘기를 하다보니 나도 모르게 웃어버렸네' 하는, 저 아래에서부터 우러나는 재미다. 그리고 대부분의 경우—다카하시 씨에게는 어쩌면 불행한 일일지도 모르지만— 그런 재미는 이야기의 결론을 점점 더 멀어지게 한다. 왜냐하면 재미라는 것은 표층적인 논리를, 안이한 판단을, 그 상황에서 조용히 배제해나가는 것이기 때문이다.

한 장 한 장 이 책을 끝까지 다 읽었을 때, 우리는 아마도 이렇게 생각할 것이다. 우리는 왜 이리도 곤혹스러운 사회에 살고 있을까, 라고. 그러고는 팔짱을 끼거나 머리를 긁적이게 될지도 모른다. 하지만 원하든 원하지 않든 그것이 바로 우리가 살아가는 세상이다. 우리는 그 안에서 살아갈 수밖에 없다. 그곳에서 무리하게 벗어나려 들면, 우리는 '진짜가 아닌 장소'에 도달하게 되고 만다. 그것이 결국 이 책의 결론이 아닐까(아마도).

안자이
미즈마루가
당신을
지켜보고
있다

● ●　　　●● ●　　　　　● ●

화가 안자이 미즈마루의 불후의 명작만화 《헤이세이*판 보통 사람》(난푸샤, 1993년 4월 출간)에 붙인 해설. 나는 이 책이 정말 좋아서 가는 곳마다 여러 사람에게 추천합니다. 이만큼 철저하게 안자이 미즈마루의 특성이 전면에 드러난 작품은 다시없는 것 같습니다. 아직 안 보신 분은 꼭 한번 읽어보시기 바랍니다. 미즈마루 씨의 배려로 만화의 일부를 싣습니다.

＊1989년부터 시작된 일본의 현재 연호.

'극북極北(교쿠호쿠)'이라는 말이 있다. 그럼, 그에 대비되는 '극남'이라는 말이 있느냐 하면 그건 아마 없는 것 같다. 그 까닭은 잘 모르겠지만. 확인 삼아 산세이도에서 나온 신메이카이 국어사전을 뒤적여보니 '극북'은 "북극에 가까운·것(곳). '―의 땅'"이라고 나와 있다. '극남'은 역시나 실려 있지 않고, '교쿠도메'* 다음은 '교쿠노미'**가 등재되어 있었다. 사전에 있는 '극북'의 의미가 틀림없고 흠 잡을 데 없지만, 일상적으로는 '더 갈 수 없을 만큼 극한까지 다다른 지점(에 있는 것의 상태)'이라는 뜻으로 사용된다. "이 드라이 마티니는 그야말로 극북의 드라이군요" 같은 느낌으로.

내가 미즈마루 씨와 같이 일한 지도 어느덧 십이삼 년이 흘렀지만, '안자이 미즈마루는 과연 어떤 인물인가'라는 규정(데피니션)이 최근 몇 년간 점점 더 불명확해지는 느낌이다. 어떤 때는 일러스트레이터 안자이 미즈마루고, 어떤 때는 작가이자 문장가 안자이 미즈마루고, 또 어떤 때는 그저 해질녘의 평범한 술꾼 안자이 미즈마루다. 엉겁결에 감탄하게 만드는가 하면, 남들 앞에서는 큰 소리로 말하지 못할 몇 가지 특이한 기질도 있다. 애당초 이런 다면성이 하나로 합쳐져서 안자이 미즈마루라는 사람을 형성하고 있

* 우체국 유치, 즉 우편물을 배달하지 않고 발신인이 지정한 우체국에 두는 일.
** 술 같은 것을 곡예를 하면서 마시거나 희한한 방식으로 마시는 행위.

기 때문에 한 가지 측면이나 역할로 무리하게 규정하려 들면, 이 사람의 본질은 장어처럼 쏜살같이 어딘가로 스르륵 내빼고 만다.

이처럼 규정하기 어렵고, 정확한 항해도도 없는 '안자이 미즈마루의 세계' 속에서 어느 쪽이 북이고 어느 쪽이 남이냐 하는 방향성을 결정하는 일은 더없이 어렵지만, 나는 그래도 이《보통 사람》시리즈가 보여주는 안자이 미즈마루야말로 극북의 안자이 미즈마루라고 단정하고 싶다. 마티니는 아니지만《보통 사람》에 깃들어 있는 황홀한 드라이함은 다른 데서는 여간해서 접하기 힘든 것이기 때문이다.

《보통 사람》에 수록된 이야기들은 모두 아침 풍경에서 시작된다. 날이 밝고 사람들이 눈을 뜬다. 몸을 뒤척이며 비몽사몽 잠에서 깬다. 그 시점에서 이야기가 시작된다. 이 도입부는 매우 인상적이면서도 상징적이다. 내 생각이지만, 아침에 막 잠에서 깨어난 인간은 가장 무방비하며 가장 부주의한 존재다. 보시면 알겠지만, 우리가 처음 그림 네 컷으로 주인공에 관해 알 수 있는 사항은 성별과 대략적인 나이와 잠옷과 이불의 무늬뿐이다. 그 인물이 과연 어떻게 사는지 독자는 거의 알 수 없다. 그는 종이접기 선생님일지도 모르고, 어쩌면 하이쿠*를 좋아하는 택시 기사일지도 모른다.

* 5・7・5의 3구 17음절로 된 일본 고유의 단시.

그녀는 인기 많은 유흥업소 접대부 아가씨일지도 모르고, 욕구불만 낌새가 보이는 병원의 접수원일지도 모른다. 그/그녀가 어떠한 인간인지 판명되는 것은 한참 시간이 흐른 다음이다. 그때까지 그/그녀는 '역할적'으로 거의 제로에 가까운, 밋밋한 달걀귀신 같은 존재다.

 나는 잠에서 깨어 이따금 내가 누구고 지금 어디에 있는지 전혀 떠오르지 않을 때가 있다. 그럴 때면 매우 난처하다. 난처하다고 할 만한 일이 아닐 수도 있지만, 어쨌든 나라는 인간에 대한 인식이 제로다. 어떡하면 좋을지 짐작조차 할 수 없다. 몇 초 지나면야 당연히 의식이 돌아 '아아, 나는 무라카미 하루키요, 지금은 아침이며, 내 방 침대에서 자고 있었다'는 인식이 가능해지지만, 그 몇 초 동안의 공백이 이루 말할 수 없이 불안하고 두렵다. 부조리하고 미스터리하며 고독하다. 마치 우주 한가운데 혼자 내동댕이쳐진 것 같다. 그래도 나는 머지않아 내가 무라카미 하루키라는 사실을 받아들인다. 하긴 뭐, 그것 이외에 받아들여야 할 것도 없으니. 그럴 때는 이 만화의 등장인물처럼 의미도 없이 '으아, 큰일이네' '그래, 역시'라고 혼잣말을 내뱉어 아내가 "대체 무슨 뚱딴지 같은 소리야"라며 어처구니없어하기도 한다. 그렇기 때문에 나는 여기 나오는 사람들의 심정을 충분히 이해한다.

 감히 말하자면, 아침에 잠에서 막 깨어난 사람들은 벌레로 거의 변할 뻔하다가 종국에는 변신하지 못한 카프카 《변신》의 주인공인 셈이다. 따라서 그들은 벌레가 될 수 없는 존재로서, '보통'의 한 사람이 자신에게 주어진 역할을 또다시 재생산하여 되풀이해나갈 수밖에 없다. 그것이 우리의 역할인 것이다. 벌레가 될 수 없었던 우리에게 그대로 계속 밋밋한 달걀귀신으로 남아 있을 사치는 결코 허락되지 않는다. 우리는 정체성이라는 이름으로 불리는 가면을 쓰고 옷도 갖춰입어야 한다.

여하튼 사람들은 그러한 밋밋한 달걀귀신의 상태에서 서서히 의식을 회복하고, 자기 위치와 이름을 되찾고, 옷을 차려입고, 이를 닦고, 세수를 하고, 수염을 깎고(혹은 화장을 하고), 아침을 먹고, 배변을 마치고, 샤워를 하고, 각자 일상의 얼굴을 되찾아간다. 제로에 가까운 존재에서 자기 위치와 이름과 역할을 가진 '보통 사람'으로 변신해가는 것이다. 이러한 풍경을 표현할 때 안자이 미즈마루의 사실성은 실로 엄청나다. 그의 탐미적인 소설이나 단정한 미인도와 비교해보면, 이것은 그야말로 극북이라고 할 수밖에 없을 것이다.

우리는 이 만화를 보고 웃지만(적어도 나는 웃는다), 그 웃음 속에는 늘 '그래 맞아, 이런 사람도 있지'라는 재미가 함께한다. 약간의 과장은 있겠지만, 여기에 묘사된 다양한 사람들의 행위나 발언이나 사상은 우리가 일상적으로 보고 경험하는 일이다. 물론 등장인물들은(즉, 그 행위의 당사자들은) 자신의 언동이 이상하다고 생각하지 않는다. 그들에게는 당연하고 자연스러우며 경우에 따라서는 이루 말할 수 없이 진지한 것이므로 딱히 재미있어할 이유는 무엇도 없다. 그러나 타인의 눈에는 그러한 무자각한 지점이 오히려 재미를 선사한다.

예를 들어 17화의 ⑮컷에서 ⑰컷까지 보기 바란다. 이것은 아가씨가 문득 잠에서 깨어나자 옆에 낯선 남자가 자고 있는 설정이다. 술에 취해서 어떤 남자와 하룻밤 정사를 치러버린 것이다. 남자는 여전히 깊이 잠들어 있고, 그녀의 독백이 흐른다.

⑮ 난 이런 친절함이 문제인 걸까.(우유를 마신다)
⑯ 괴로워. 너무 싫다 정말. 난 형편없는 여자야.(눈물을 흘린다)
⑰ 대체 왜 이러는 거지. 싫어, 나란 여자, 나란 여자.(눈물을 닦는다)

본인은 굉장히 진지한 상황이지만, 읽다보면 웃지 않을 수 없다. 이 대목이 웃음을 유발하는 까닭은 결국 이 여성이 세간에서 유형화된 사고의 영역을 한 발짝도 벗어나지 못했기 때문일 것이다. 이 세 컷의 대사는 이른바 하우투―여성잡지의 발상(특집 '당신의 친절함이 당신을 망친다' 같은 꼭지)의 테두리 안에 있다. 혹은 트렌디 드라마*의 여주인공이 흔히 하는 독백과 비슷하다. 그렇지만 본인은 그 사실을 알아채지 못한다. 자기를 드라마 속 주인공과 동

일시하고 그 역할에 취해버린 것이다. 안자이 미즈마루는 그런 정경을 어디에선가 살짝 몰래카메라로 촬영해서 모두에게 보여주고, 싱글벙글하며 "자 어때, 재밌지? 이런 사람 있잖아? 사실 이런 걸 남한테 보여주면 안 되지만, 워낙 재미있어서 살짝만 보여주는 거야"라고 말한다(나쁜 사람이다). 그래도 역시 재미나다.

그러나 이야기는 여기서 끝나지 않는다. 냉철하고 적확한 관찰자인 안자이 미즈마루의 독무대라고 부를 만한 대목은, 다시 말해 가장 알싸한 곳은 실은 그뒤에 이어지는 세 컷이다. 그러니까 ⑱컷부터 ⑳컷이다.

⑱ 어릴 때는 크리스천이었는데(가슴에 손을 얹는다).
⑲ 백화점에서 일한 엄마의 피가 안 좋은 게 틀림없어(더 운다).
⑳ 안 돼, 이런 사고방식은 차별이야(더 많이 운다).

이런 엄청난 대사는 마음먹는다고 쓸 수 있는 게 아니다. 여기에서 이 여자는 그 전까지의 스테레오타입 같은 독백에서 벗어나 더없이 기발하고 독창적인, 피와 살이 생생하게 느껴지는 영역으로 발을 들여놓게 된다.

* 일본식 조어로, 깊은 사색이나 심각한 정치적인 내용보다는 감각적이고 즉흥적인 행동이나 내용을 담은 텔레비전 드라마를 지칭하는 용어.

'크리스천'

'백화점에서 일한 엄마'

'차별'

산다이바나시* 같은 급격한 전개는 실로 독창적이다. 그러나 제아무리 독창적이라 한들, 피와 살이 느껴진다 한들, 대사가 제시되는 방식은 너무나도 당돌하고, 너무나도 개인적이며, 너무나도 초현실적이다. 백화점에서 근무한 어머니의 피가 왜, 어떻게 나쁘다는 거지? 그에 관해 전혀 설명하지 않기 때문에 우리는 '이건 대관절 무슨 뜻이지?'하며 조금 당황할 수밖에 없는데, 그 다음 컷에서는 남자가 이제 일어나 바지를 입으면서 "아, 미안, 미안"이라고 말하기 때문에 이야기는 서로 통하지 않은 채로 그냥—피와 살의 예감을 머금은 채— 깨끗이 방치되어버린다. 독백이 후반으로 흘러가는 가운데 장치한 위상의 급격한 전환은 실로 뛰어나다. 정합적 스테레오타입의 사고에서 비정합적 무맥락으로 전환.

그러나 이같이 상반된 것이 동시에 존재하는 가운데 우리의 위대한 '보편성'이 깃들 수 있는 게 아닐까. 곰곰이 생각해보면, 우리는 실은 적당히 정리된 차용물인 자신과 차용물은 아니지만 잘 정리되지 않는 자신과의 기묘한 틈바구니에서 살고 있는 게 아닐까. 우리는 명확하게 어느 한쪽을 따를 수도 없고, 어느 한쪽을 따

---

* 일본의 만담인 라쿠고의 한 형태. 관객에게 제목 세 가지를 받아 즉석에서 그것을 하나의 만담으로 엮어내는 일.

르겠다는 결심도 못한 채 '보통 사람'으로 어정쩡하게 이 세상을 살아가고 있는 게 아닐까. 우리가 웃게 되는 이유는 그런 상반된 상황 속에서 불안정하게 비틀비틀 휘청거리면서도 제 눈으로는 그 우스꽝스러운 비틀거림을 포착해내지 못한다는 냉엄한 사실이 빚어내는 골계미 때문이 아닐까. 그런 부분을 빈틈없이 읽어내는 안자이 미즈마루라는 작가의 재능은 대단하다고밖에 할 말이 없다. 나는 이《보통 사람》이라는 책을 여러 부분에서 세세하게 감탄했지만, 이 여섯 컷의 전개에서 특히 깊은 생각을 하게 되었다. 그런데 나는 '어릴 때 크리스천'과 '백화점에서 일한 엄마'는 틀림없이 구체적인 모델이 있을 거라 예상한다(없다면 미안합니다).

여하튼 내가 여기서 하고 싶은 말은 여기 나오는 사람들은 '이런 사람이 있다니까 정말'이라는 맥락에서 분명히 우리 주위의 '보통 사람'이지만, 우리 자신의 모습 또한 선명하게 겹친다. 물론 등장인물들이 그 모습 그대로 당신이나 나와 비슷하다는 뜻은 아니다. 그러나 이 사람들이 희화화되는 과정에는 역시나 우리 스스로가 어쩐지 섬뜩해지는 구석이 있다. 우리 존재를 위협하는 것이 있다. 왜냐하면—굳이 말할 필요도 없지만— 우리는 스스로에게 '그 무엇과도 바꿀 수 없는' '독자적인' 인간일지라도 타인의 눈으로 보면 결국은 '보통 사람'이며, 우리도 이렇게 안자이 미즈마루에 포착되어 희화화되지 않는다고는 누구도 보장할 수 없기 때문이다. 우리는 이 책을 읽고 웃는다. 하지만 그 웃음 속에는 누군가 자신의 뒷모습을 지켜보는 듯한(매번 제목과 함께 주인공의 뒷모습이 그려 있는 점을 주목해주기 바란다) 서늘한 공포가 포함되어 있을 게 틀림없고, 또한 포함되어 있어야만 한다고 생각한다. 바로 여기에 '보통 사람' 시리즈의 엉뚱한 재미가 있고, 엉뚱한 섬뜩함이 있다. 이 책을 읽고 '아, 재미있다'로 끝나버린다면, 그것은 책값을 절반밖에 못 건졌다는 뜻이다. '재미있지만 무섭다' '그런데 무서우면서도 재미있다' '하지만 재미있긴 한데 역시 무섭다'는 사이클 속으로 편입해야 비로소 이 책의 전모를 파악하고, 책값의 본전을 찾은 것이다.

미즈마루 씨가 어느 정도 무서운 사람인가에 관해 잠깐 언급하겠다. 예를 들어 안자이 미즈마루 씨는 선물을 잘한다. 아니, 잘한다는 말로는 부족하다. 일종의 신기에 가까울 정도다. 예를 들어 미즈마루 씨를 만나 술을 마시던 중에, "저어, 괜찮으면 이거 받아. 별거 아니지만"이라며 꽤나 쑥스러워하며 뭔가를 건넨다. 이때 미즈마루 씨는 '으음, 나는 태어나서 나쁜 짓이라고는 단 한 번도 해본 적이 없는 천진무구한 소년이야'라는 표정이다. 포장을 뜯어보니, 그 속에는 울장갑이 들어 있다. 그런데 무얼 감추랴. 나는 그때 '슬슬 장갑을 장만해야겠는데'하고 생각하던 참이었다. 가죽장갑은 있는데, 분명히 갖고 있던 울장갑이 도무지 안 보여서 사러

가야겠다고 하면서도 이래저래 바빠 잊었던 것이다. 그런데 미즈마루 씨가 그걸 어떻게 알았을까, 나는 짐작조차 할 수 없었다. 그 전에는 "이거 부인에게 갖다줘"라며 하늘색 스웨터를 주었다. 집으로 돌아가 "미즈마루 씨가 이런 걸 주던데"라며 아내에게 보이자, "어머, 웬일이야. 이런 색 스웨터를 계속 찾고 있었는데. 미즈마루 씨가 그걸 어떻게 알았을까?"라며 기막혀했다. 그런 일이 몇 번인가 계속되자, 혹시 안자이 미즈마루 씨가 우리 집 어딘가에 몰래카메라를 설치해두고 들여다보는 건 아닐까 하는 의심마저 들었다. 무서운 일이다. 물론 현실적으로 그런 일은 가당치도 않으니, '안자이 미즈마루라는 사람은 뭔가 특수한 능력이 있나보다'라고 생각할 수밖에 없었다. 정말 대단한 사람이다.

내가 아는 어느 여성 편집자에게 이런 얘기를 들려주고, "당신도 속마음을 읽혀서 미즈마루 씨한테 검은색 속옷 같은 거 선물받지 않게 조심해"라고 농담을 건넸더니, 그녀는 그후로 미즈마루 씨를 만날 때마다 강박적으로 '검은색 속옷, 검은색 속옷'만 머릿속에 떠오르는 바람에 매번 진땀깨나 흘리는 모양이다. "생각하지 말자고 다짐하면 할수록 자꾸만 떠올라요. 이게 다 무라카미 씨 탓이에요" 하고 그녀는 투덜거렸지만, 어쨌거나 그녀가 미즈마루 씨에게 검은색 속옷을 선물 받는 것은 시간문제일 것이다. 잘 모르겠지만.

나는 첫 책《보통 사람》의 열렬한 팬이고 미즈마루 씨를 만날 때마다 "제발 빨리 두번째 작품을 그려주세요"라고 재촉해왔던 터라 이번에《헤이세이판 보통 사람》이 출간되어 매우 기쁘다.

나는 언젠가 그와 함께 술을 마시다가, "저어, 미즈마루 씨,《보통 사람》에는 모델이 다 있는 거죠? 그게 아니고야 그렇게까지 사실적으로 표현할 수가 없잖아요"라며 슬쩍 베거리를 친 적이 있다. 그때는 "아니, 꼭 그렇진 않아. 적당히 그리는 거지"라는 쿨한 대답이 돌아왔지만, 한참 술잔이 오간 후에는 "으음, 그런 건 말이지, 누구나 자기가 모델이라는 걸 좀처럼 알아채질 못해, 후후후" 하고 뜬금없이 그 거장께서 중얼거렸다.

이것은 큰 소리로 만천하에 알리고 싶은 말인데, 안자이 미즈마루 씨의 주변 사람은 부디 각별히 조심하길 바란다. 당신 주위에 안자이 미즈마루의 카메라가 몰래 숨겨져 있고, 예리한 렌즈가 늘 관찰하고 있을지도 모르니까. 그리고 당신은 언젠가《보통 사람》제3탄에 등장하게 될지도 모른다. 그러니 스스로 보통 사람일지도 모른다고 생각하는 사람은 모쪼록 안자이 미즈마루 씨를 가까이 하지 않기를 바란다. 스스로 보통 사람이 아니니 괜찮다고 생각하는 사람은 더더욱 조심하길 바란다. 안자이 미즈마루 씨가 노리는 것은 사실 당신 같은 사람인 듯하니까.

인사말·메시지 등

村上春樹

雜文集

마흔 살이 되면

● ●　　　●● ●　　　　　● 　●

군조신인문학상 수상소감

잡지 〈군조〉 1979년 6월호에 수상작 《바람의 노래를 들어라》와 함께 실린 글입니다. '마흔 살이 되면……'이라는 말은 그 당시 나의 정말 솔직한 심정이었습니다. 나는 그때 서른 살이었고 앞으로 십 년 안에 어떻게든 제대로 된 소설을 쓰고 싶었습니다. 서른여덟 살 때 《노르웨이의 숲》을 발표하고, '이게 그때 상정했던 (거의) 십 년째의 일단락일까'라고 문득 생각했던 기억이 납니다. 옛날부터 매사를 장기적 단위로밖에 생각하지 못하는 것 같습니다. 좋든 나쁘든.

雜
文
集

학교를 졸업한 후로는 거의 펜을 잡아본 적이 없었기 때문에 처음 글을 쓸 때는 시간과 노력이 상당히 많이 들었다. "남과는 다른 이야기를 하고 싶다면, 남과는 다른 말로 이야기하라"라는 피츠제럴드의 문구만이 나의 유일한 버팀목이었지만, 그것이 그리 간단히 될 리는 없었다. 마흔 살이 되면 조금은 나은 글을 쓸 수 있겠지, 라며 계속해서 썼다. 지금도 그렇게 생각한다.

수상은 매우 기쁘지만, 형태가 있는 것에만 연연하고 싶지 않고 또한 벌써 그럴 나이도 아니라고 생각한다.

앞으로
아직
한참이니까

• •　　　•• •　　　　•　　•

노마문예신인상 수상소감

〈군조〉 1983년 1월호에 게재. 《양을 둘러싼 모험》으로 수상했습니다. 그때 '노마문예상'의 수상자는 《헤어지는 이유》의 고지마 노부오 씨로 시상식 때 옆에 앉아 계셨는데, 별다른 대화는 나누지 않았습니다. 고지마 씨의 작품은 개인적으로 좋아했지만 '작품과 작가는 또다른 존재니까'라는 생각으로 입을 다물고 있었습니다. 조금이라도 얘기를 나눴으면 좋았을 텐데, 라고 지금에 와서 안타깝게 생각합니다. 아직 젊었다고 할까, 원래 순박하지 못한 성격입니다.

雜文集

스물아홉에 첫번째 작품인《바람의 노래를 들어라》를 쓰기 시작해, 지금은 서른세 살이 되었다. 며칠 후면 서른네 살이 된다. 어쨌든 앞으로 아직 한참이니까 페이스가 무너지지 않도록 정성을 다해 써나가고 싶다.

  상은 작품이 받는 것이니 나 개인이 이러쿵저러쿵 말할 처지는 못 된다. 다만 이제까지 여러모로 신세진 분들에게 상이라는 구체적인 형태로 감사의 마음을 표현할 수 있는 것은 역시 고마운 일이다.

까맣게
잊어버려도
괜찮아

• •　　　•• •　　　　• •　　•

다니자키상을 받은 무렵

다니자키준이치로상이 몇 주년인가를 맞았을 때, 과거 수상자의 한 사람으로서 이 상에 관한 추억을 써달라는 요청을 받고 잡지 〈주오코론〉에 쓴 글입니다(2006년 11월호). 원고 분량을 잘못 알고 길게 쓰는 바람에 잡지에는 짧게 줄여 실었습니다. 이것은 긴 버전이므로 당연히 첫 발표입니다.

雜文集

《세계의 끝과 하드보일드 원더랜드》를 쓸 때는 가나가와 현 후지사와 시의 구게누마라는 곳에 살았다. 이사와 이사 사이에 부지런히 완성한 기억이 난다. 그러고 보면 내 장편소설은 대체로 이사와 이사 사이에 부지런히 완성되었는데, 그때는 유난히 그 사이가 짧아서 어수선하고 경황이 없었다. 게다가 이 책의 출판과 관련하여 출판사와 이런저런 매끄럽지 못한 일까지 더해지는 바람에 왠지 차분하지 않은 날들이 계속되었다. 그렇지만 아주 넓고 볕도 잘 드는 셋집이라 우리 고양이들은 좋아했다.

책이 나오고 얼마 후 이 소설이 다니자키상 후보에 올랐다는 소식을 들었다. 알려준 사람은 주오코론샤의 내 담당 편집자였다. "그렇긴 한데, 당신이 다니자키상을 받을 가망은 일단 없으니 까맣게 잊어버려도 괜찮아"라고 말했다. 그의 얘기에 따르면, 나는 심사위원(의 일부)이 싫어해서―내지는 좋아한다고 보긴 어려워서― 아무래도 수상은 힘들 거라는 말이었다. 나는 그런 쪽 사정에는 매우 어두웠기 때문에 '흐음, 그렇구나' 하고, 그의 말대로 상에 관해서는 전혀 신경쓰지 않았다.

그런 까닭에 수상작 발표날 저녁에도 별다른 생각이 없었다, 고 할까 완전히 까맣게 잊고 있었다. 무슨 볼일로 집사람이 집에 없었기 때문에 혼자서 밖에 나가 적당히 저녁을 해결하고 맥주를 마시고 그 주변에서 어슬렁거리며 놀고 있었다. 놀았다고 해봐야 후지사와 역 근처라 별 대단한 놀이를 할 수 있는 것도 아니다. 집으로 돌아오자 전화벨이 울렸고, "축하합니다. 다니자키상을 수상하셨습니다"라는 말이 들렸다. 뭐라고 대답했는지 기억은 잘 나지 않지만, 난데없이 그런 말을 들었기 때문에 실감이 안 났던 것만은 확실하다. 어쨌거나 "까맣게 잊어버려도 괜찮아"라는 말까지 들었으니 정말로 잊고 있었다.

다니자키상 수상으로 얻은 것은 물론 여러 가지다. 두말할 필요도 없이 다니자키 준이치로는 해외에서도 많이 알려지고 존경받는 작가이므로, 외국에 나갔을 때 '그의 이름을 딴 문학상을 받았으니 뭐 그런대로 괜찮은 작가겠지' 하고 봐주기도 했다. 문학상이란 결국 사람이 뽑는 것이므로 되도록이면 '까맣게 잊어버려도 괜찮아'라는 자세를 유지하고 싶지만, 가끔은 인연이 있는 것도 나쁘지 않을 것 같다.

신기하면서도
신기하지
않다

• •　　　•• •　　　　　• •

아사히상 수상 인사말

이 '아사히상' 시상식 때는 일본에 없었기 때문에 담당 편집자에게 대신 읽어달라고 부탁한 것으로 기억합니다. 편집자는 별의별 일을 다 헤아 하나봅니다. 2007년 1월이었습니다.

첫 소설을 쓰고 올해로 이십팔 년째입니다. 글을 쓰기 시작한 것은 비교적 늦은 나이인 스물아홉 살 때였습니다. 그 전에는 소설을 쓰겠다는 생각도 딱히 없었고, 솔직히 글을 써본 경험도 변변히 없었습니다. 그렇기 때문에 이렇게 오랫동안 소설가로서 살아올 수 있었던 것이 나 스스로도 매우 놀랍습니다. 거의 기적처럼 느껴지기도 합니다. 그러나 놀라운 동시에 이렇게 매일 글을 쓰는 삶이 더없이 자연스럽게 느껴지기도 합니다. 그러다보니 '신기하네' 하고 고개를 갸웃거리다가도 한편으로는 '아니, 별달리 신기한 일도 아닌가' 하고 고개를 끄덕이는 사이 세월이 흘렀습니다. 아마 앞으로도 이대로 살아가지 않을까 합니다.

그렇기 때문에 글을 쓸 수 있고, 그 글이 활자가 되어 세상에 나오고, 나름대로 많은 분들이 읽어주시고, 그럭저럭 생활해나갈 수 있다는 사실 자체가 내게는 진정으로 큰 포상입니다. 게다가 이렇게 상까지 받는 것은 조금은 분에 넘치는 일이겠지요. 그러나 어떤 의미에서는 지금까지의 집필 활동을 평가받은 것이니 깊은 감사를 드립니다. 이것을 하나의 전기로 삼아 다음 작품에 온 마음을 다하고 싶습니다. 고맙습니다.

이제 와서
새삼스럽다고
할까

• •　　　•• •　　　　　　• 　•

와세다 대학 쓰보우치쇼요대상 수상 인사말

이 상을 받기 위해 실로 몇 십 년 만에 와세다 대학에 갔는데, 학교 주변이 굉장히 말끔해져서 감탄했습니다. 별로 그립다고는 생각하지 않았습니다. 2007년 11월의 일입니다. 부총장과 대화를 나누다가 동갑내기인 걸 알고 깜짝 놀랐습니다. 다들 훌륭해졌난 말이죠.

이번에 '와세다 대학 쓰보우치쇼요대상'이라는 상을 주셔서 감사합니다.
이 상은 반드시 와세다 대학 출신자를 대상으로 한 것은 아니라고 들었습니다만 나는 우연이랄까, 총 칠 년 동안 와세다 대학에 적을 두었습니다. 뭐, 이런저런 사정으로 칠 년이나 다녔지만, 그동안 대학이 친절했다는 기억은 별로 없습니다. 물론 내 쪽도 꽤 심했으니 불평할 만한 입장은 절대 못 되지만, 그래도 이제 와서 새삼스럽다고 할까, 난데없이 이런 친절을 베풀어주시니 반신반의하게 된다고 할까, '정말 괜찮은가' 싶기도 하고 도무지 마음이 놓이지 않습니다. 아까부터 줄곧 저쪽 의자에 앉아 있었는데 왜 그런지 편치 않았습니다.
내가 이 상의 첫번째 수상자인 셈인데, 어쨌거나 제1회다보니 상 이름도 낯설었고, 전화로 수상 소식은 들었지만 솔직히 '와세다 대학 쓰보우치쇼요대상'이 어떤 내력을 가진지도 잘 몰랐습니다. '쓰보우치 쇼요'라는 이름으로 짐작건대 물리학이나 스포츠 관련 상이 아닐까 생각했습니다만……, 인터넷으로 조사해보니 '문예를 비롯한 문화예술 활동에서 현저한 공헌을 세운 개인'을 현창하는 상이라고 해서 더 긴장되는 측면이 있었습니다. 내 입으로 말하긴 뭣하지만 세간에는 나를 그런 식으로 생각하지 않는 사람이 훨씬 많지 않나 싶어서.
내가 와세다에 다니던 시절, 학교에 그리 자주 오지는 않았지만,

가장 많이 찾았던 곳은 문학부의 식당과 연극박물관이었던 것 같습니다. 식당은 딱히 맛이 있어서라기보다 단지 돈이 없어서 갔지만 연극박물관은 좋아서 찾았습니다. 우리는 '연박'이라고 불렀는데, 정확하게는 '와세다 대학 쓰보우치 박사 기념 연극박물관'이라고 하더군요. 오래되고 멋진 건물이 대개는 늘 비어 있어서 그곳에 가서 곧잘 혼자 책을 읽었습니다.

나는 당시 문학부 영화연극과에 다니면서 시나리오 창작을 목표로 삼았는데, 연박에는 영화 시나리오도 많아서 예전 시나리오를 읽으며 백일몽을 꾸듯 영화를 상상했던 기억이 납니다. 그래서 지금도 영화관에서 실물로 봤는지, 아니면 진짜는 보지 않고 연박 의자에 앉아 머릿속에서 적당히 꾸며낸 것을 봤는지 헷갈려서 곤란할 때가 있습니다. 그렇지만 그런 작업이 나중에 소설가가 되었을 때 꽤 큰 도움이 되었을지도 모른다고 생각합니다. 영화값이 없었던 게 이유였으니 그랬던 거지만, 가난이 때로는 약이 될 수 있을지도 모르겠습니다. 너무 오래 지속되면 많이 고단하겠지만.

그런 까닭에 쓰보우치 쇼요 박사의 저작은 아직 한 번도 읽어본 적이 없습니다만, 이번 상도 그렇고 연극박물관도 그렇고 여러모로 신세를 진 것 같습니다.

어쨌든 명예로운 제1회 수상자가 되어 진심으로 영광입니다. 이 상이 앞으로도 정평 있는 상으로 오래 계속되기를 마음으로 기원합니다. 혹시 원활하게 진행되지 않더라도 제 탓으로 놀리지는 않아주셨으면 대단히 감사하겠습니다.

  솔직히 나는 소설을 쓴 지 삼십 년 가까이 흘렀고, 줄곧 일관되게 내가 좋아하는 것을 나 좋은 대로 해왔을 뿐이어서 어딘가에 공헌했다거나 안 했다거나 하는 문제는 거의 생각해본 적이 없습니다. 그리고 개인적으로 작가에게 가장 소중한 상 혹은 훈장은 독자라는 존재의 부단한 열정이지 그밖의 다른 것은 없다고 생각합니다. 그러나 그건 그렇다 해도, 이렇게 작품이나 업적에 대해 여러분에게 나름의 평가를 받고, 그 평가에 깊이 감사하면서 비록 아주 미미하게나마 문학의 새로운 전개에 기여할 수 있다면 그보다 더한 기쁨은 없을 겁니다.

  고맙습니다.

아직
주위에
많이
있을 터

• •   • •   • •

마이니치 출판문화상 수상 인사말

2009년 11월. 그때도 나는 일본에 없었기 때문에 역시 담당 편집자에게 인사말을 대신 읽어달라고 부탁했습니다. 이렇게 모아보니, 세상에는 상이 꽤 많구나 하고 새삼 감탄했습니다. 작가보다 상이 더 많은 게 아닐까…… 설마 그럴 리야 없겠지만.

이번에 '마이니치 출판문화상'을 받게 되어 고맙게 생각합니다. 뽑아주신 여러분께 깊이 감사드립니다.

소설가란 늘 시간을 상대로 싸우는 존재라고 생각하며 일해왔습니다. 좀더 젊은 시절 그것은 '시간의 세례에도 가능한 한 풍화하지 않는 작품을 쓰는 것'이라는 정도의, 비교적 단순한 의미일 뿐이었습니다. 그러나 나이가 들면서 거기에는 '앞으로 남은 인생 동안 작품을 얼마나 더 쓸 수 있을까'라는 카운트다운 같은 요소가 더해지는 것을 깨달았습니다.

앞으로 몇 작품이나―특히 장편소설을― 더 쓸 수 있을지, 나 스스로도 잘 모릅니다. 한 권의 장편소설을 쓰는 데는 몇 년의 준비 기간과 몇 년의 집필 기간이 필요하며, 대량의 에너지도 필요합니다. 따라서 그렇게 완성한 하나의 장편소설이 많은 독자의 손에 들리고, 나름대로 평가받는다는 것은 나에게 무엇보다 큰 격려이며 새로운 의욕의 원천입니다.

요즘 소설이 힘든 시기를 맞았다고 합니다. 사람들이 책을 읽지 않는다, 특히 소설을 읽지 않는다는 것이 세간의 통설이 되었습니다. 그러나 나는 그렇게 생각하지 않습니다. 생각해보면 우리는 이천 년이 넘는 세월 동안 세계의 모든 장소에서 이야기라는 불꽃을 꺼뜨리지 않고 줄곧 지켜왔습니다. 그 빛은 어느 시대 어떤 상황에서든 그 빛으로만 밝힐 수 있는 고유한 장소를 가지고 있을 게 틀림없습니다. 우리 소설가들이 해야 할 일은 각자의 시점으로 그 고유한 장소를 하나라도 더 많이 찾아내는 것입니다. 우리가 할 수 있는 일, 우리만이 할 수 있는 일이 아직 주위에 많이 있을 터입니다. 나는 그렇게 믿습니다.

지금은 《1Q84》의 3권을 쓰는 중입니다. 아마 내년에는 발표할 수 있을 것 같은데, 내년에 책이 나오고 나서 "어이쿠 이런, 일 년만 더 기다릴걸. 그러면 상을 안 줄 수도 있었는데"라는 말을 듣지 않도록 온 힘을 다해 노력할 생각입니다. 고맙습니다.

제아무리
곁가지가
거세게
흔들려도

• •　　　•• •　　　•　　•

신부상 수상 인사말

이것은 서점 경영인들이 모여 뽑는 상입니다. 《1Q84》가 전국 서점 매출에 공헌했다는 이유로 뽑힌 모양입니다. 이렇게 시상 이유가 명확한 상은 개운합니다. 서점 경영에 공헌했다니 나도 기쁩니다. 2010년 1월.

雜文集

이번에 2009년 '신부상'에 뽑아주셔서 깊이 감사드립니다. 이십일 년 전인 1988년에 《노르웨이의 숲》으로 이 상을 받았으니 이번이 두번째입니다. 이런 일이 일생에 두 번이나 있을 줄은 전혀 예상치 못했지만 어쨌든 실제로 책을 판매하고 계신 분들에게 작품의 존재 의의를 인정받았다는 것이 글 쓰는 사람으로서 무엇보다 기쁩니다.

책이란 많이 팔렸다고 해서 물론 꼭 좋은 것은 아닙니다. 그러나 이렇게나 많은 사람들이 실제로 서점으로 발길을 옮기고 직접 돈을 내고 책을 사서 읽어주셨다는 것은 아마도 그 나름대로 큰 성과라고 생각합니다. 그것은 책이라는 것이 여전히 우리 존재에 소중한 정보를 전달하는, 변함없이 실제적이고도 유효한 수단이라는 명백한 증거이기 때문입니다. 그것은 저자에게도 제작이나 유통에 관계하는 여러분에게도 또한 많은 독자에게도 마땅히 기쁜 일이 분명합니다.

요즘 들어 책을 둘러싼 상황이 크게 변하고 있고, 그 변화의 대부분이 언뜻 보기에도 책에 관계하는 사람에게 그다지 달가운 일은 아닌 것 같습니다. 시대가 달라져 우리는 실로 다양한 새로운 매체들과 경합해야 합니다. 우리는 일종의 정보 산업혁명의 한가운데에 놓인 것처럼 보입니다. 그곳에서는 가치가 예상치 못하게 재편성되고 기반이 뒤바뀝니다.

그러나 무엇이 어떻게 변화하든 이 세계에는 책이라는 형태로

밖에 전할 수 없는 생각과 정보가 변함없이 존재합니다. 활자로 된 이야기로밖에 표현할 수 없는 영혼의 움직임과 떨림이 변함없이 존재합니다. 나는 그것을 믿고 지난 삼십 년간 꾸준히 소설을 써왔습니다. 따라서 《노르웨이의 숲》과 《1Q84》라는 두 작품으로 받은 이 같은 평가가 나의 확신에 하나의 크고 확실한 뒷받침이 될 것 같습니다. '꾸준히 써나가는 일'이 소중하다는 것을 지금 무엇보다 절실하게 통감하고 있습니다. 제아무리 곁가지가 거세게 흔들려도 근본의 확고함에 대한 믿음이 지금껏 나를 지탱해왔다고 생각합니다.

4월 중순에 《1Q84》 3권이 출간될 예정입니다. 품절은 곤란하니 그 직전까지만 활기차게 판매되었으면 합니다. 고맙습니다.

내 안의
미지의
장소를
탐색할 수
있었다

● ● ●● ● ● ●

《해변의 카프카》가 아사히 신문의 '제로년대의 50권(2000-2009)' 가운데 한 권(2위)으로 뽑혀서 신문사의 요청으로 쓴 코멘트입니다. 2010년 4월 11일자 조간에 실렸습니다. 늘 비판받는 데 익숙하다보니 간혹 칭찬을 들으면 오히려 더 긴장됩니다(사실은 긴장하지 않지만). 그래도 역시 《해변의 카프카》는 내게 중요한 작품이므로 호평을 받는 것은 솔직히 고맙게 생각합니다.

소설을 쓸 때 그 안에 오늘날에 맞는 주제가 있느냐 없느냐 하는 문제는 일단 생각하지 않습니다. 생각한다고 해서 알 수도 없는 노릇이고. 따라서 이 시대에 내 작품이 어떻게 읽히느냐 하는 것은 나의 상상을 넘어서는 문제인 셈입니다. 그러니 다음 세대는 더더욱 알 수 없는 일입니다. 그렇지만 인간의 기본적인 생각은 시대가 바뀌어도 크게 다르지 않을지도 모릅니다. 《해변의 카프카》에서 기억나는 것은, 지금까지는 다루지 않았던 몇몇 인물상을 그 안에서 묘사할 수 있었다는 점입니다. 그런 사람들로 하여금 이야기 속을 자유롭게 돌아다니게 함으로써 내 안에 있는 몇몇 미지의 장소를 탐색할 수 있었다, 그런 느낌이 들었습니다. 그런 개인적인 탐색이 보편적인(혹은 동시대적인) 탐색과 유기적으로 원만하게 결합되는 것이 내가 이상으로 삼는 이야기의 본모습인 것 같습니다. 간단한 일은 아니겠지만.

도넛을
베어먹으며

● ●　　●● ●　　　　●　　●

이 글은 2000년 3월에 한국의 방송국 '라디오한국(현재 KBS 월드 라디오)'의 의뢰로 쓰게 된 메시지입니다. 방송국에서 한국 대학생을 대상으로 한 '당신이 만나고 싶은 일본인'이라는 설문조사에서, 내가 2위로 뽑혔다(1위는 누구였을까?), 그러니 짧은 코멘트라도 받고 싶다는 얘기였습니다. 내가 읽어주길 원했지만, 얼굴이나 목소리를 세간에 드러내는 건 도무지 부담스러워서 다른 사람에게 대독을 부탁했습니다

1991년부터 1995년에 걸쳐 미국에 체류하며 몇몇 대학에서 강의를 맡았는데, 그때 일주일에 한 번 한 시간씩 '오피스아워'라는 것이 있었습니다. '오피스아워'는 미국 대학 특유의 제도로, 일주일 중 어느 정해진 시간에 누구든 선생의 연구실 문을 두드려 학생과 선생이라는 틀에서 벗어나 무엇이든 자유로이 이야기할 수 있는 시간입니다. 질문을 하고 싶으면 질문을 해도 좋고, 상담을 원하면 상담을 해도 좋고, 그냥 이런저런 세상사는 이야기를 해도 상관없습니다. 격식을 차릴 필요 없는 매우 자유로운 시간입니다.

그 시간에 많은 학생들이 내 방을 찾아주었습니다. 그리고 커피와 함께 도넛을 베어먹으며 다양한 이야기를 나눴습니다. 미국 학생도 왔고, 일본 학생도 왔고, 중국 학생도 왔습니다. 한국 학생도 많이 왔습니다. 그리고 그때 미국이나 한국, 중국, 홍콩, 대만의 독자들이 내 소설을 꽤 많이 읽는다는 사실을 알고 적잖이 놀랐습니다. 물론 내 소설이 번역된 사실은 알고 있었지만, 실제 독자가 그렇게 많을 줄은 상상도 못했습니다.

게다가 이야기를 들어보니, 그들은 내 소설을 '어딘가 먼 외국의 소설'이 아니라 자기 생활 속의 일부로 지극히 자연스럽게 읽으며 즐기고 있었습니다. 특히 한국과 대만의 젊은 친구들과 소설 얘기를 나눌 때면 나라나 문화 혹은 언어의 차이를 의식한 적이 거의 없었습니다. 물론 차이가 분명히 있을 테지만, 우리는 주로 차이보다는 공통점에 관해 열띤 대화를 나눴습니다.

그들이 그렇게 친근한 마음으로 내 책을 읽는다니 매우 기뻤습니다. 내가 소설을 쓰는 한 가지 큰 목적은 이야기라는 하나의 '생물'을 독자와 공유하고, 그 공유성을 지렛대 삼아 마음과 마음 사이에 개별적인 터널을 뚫는 데 있기 때문입니다. 당신이 누구든, 나이가 몇이든, 어디에 있든(도쿄든 서울이든), 그런 것은 전혀 문제되지 않습니다. 중요한 것은 내가 쓴 그 이야기를 당신이 '자기 이야기'로 확실하게 끌어안아주느냐 마느냐, 단지 그것뿐입니다.

내가 원래 밖에서 별로 적극적으로 이야기하는 타입이 아니기 때문에 평소 소설을 쓸 때는 다른 사람과는 거의 만나지 않습니다. 특히 젊은이를 첫 대면하여 이야기를 나누는 일은 전무하다고 해도 좋을 정도였습니다. 그런데 미국 대학의 오피스아워 덕분에 다양한 사람들, 특히 외국의 젊은 세대들을 만나 친밀하게 이야기 나눌 기회를 얻었습니다. 그리고 내게 아주 큰 격려가 되었습니다. 좋은 이야기를 쓰면 여러 가지 일들이 가능해지는구나, 하고 실감했습니다.

여러분이 실제로 나를 만나 이야기를 나누고 그저 실망만 하지 않을까 내심 걱정도 했습니다. 나는 그렇게 재미있지도 멋지지도 않기 때문입니다. 그런데도 만나고 싶어해주시는 그 마음은 매우 기쁘고 고마웠습니다. 오피스아워 같은 자리가 계속 있어서 같이 도넛이라도 베어먹으며 느긋한 오후 한때를 보낼 수 있으면 좋겠지만.

좋을 때는 아주 좋다

안자이 미즈마루 씨의 따님인 가오리 양이 2002년 5월 6일에 결혼할 때 나는 미국에 있어서, 결혼식에 이 축사를 보내 대신 읽어달라고 부탁했습니다. 결혼식 인사는 과감하게 짧은 편이 좋다고 생각해서 작정하고 짧게 썼습니다. 이보다 짧기는 조금 힘들 것 같습니다. 가오리 양은 다행히 그후 행복하게 잘 살고 있는 것 같습니다. 내 인사 덕분은 아니겠지만.

雜文集

가오리 씨, 결혼 축하드립니다. 나도 한 번밖에 결혼한 적이 없어서 자세한 것은 잘 모르지만, 결혼이라는 것은 좋을 때는 아주 좋습니다. 별로 좋지 않을 때는 나는 늘 뭔가 딴생각을 떠올리려 합니다. 그렇지만 좋을 때는 아주 좋습니다. 좋을 때가 많기를 기원합니다. 행복하세요.

벽과 알

예루살렘상 수상 인사말

2009년 2월, 예루살렘상 수상소감으로 쓴 글입니다. 당시 가자의 혼란과 관련해서 이스라엘 정부의 자세에 비난이 집중되고 있었고, 내가 예루살렘상을 받는 것에 관해 국내외에서 거센 비판이 일었습니다. 솔직히 나도 수상을 거절하는 편이 훨씬 편했습니다. 몇 번이나 그러려고 생각을 했습니다. 그러나 머나먼 땅에서 내 책을 읽어주시는 이스라엘 독자를 생각하면, 그리로 가서 나의 목소리로 나 나름의 생각을 밝힐 필요가 있을 것 같았습니다. 그런 와중에 이 인사말 원고를 한 줄 한 줄 온 마음을 담아 썼습니다. 굉장히 고독했습니다. 비디오로 영화 〈한낮의 결투〉를 몇 번이나 돌려보고 나서야 결심을 굳히고 공항으로 향했던 기억이 납니다.

雜文集

나는 한 사람의 소설가로서 이곳 예루살렘 시를 방문했습니다. 달리 말해, 능숙하게 거짓말하는 일을 직업으로 삼은 사람으로서 이곳에 왔다는 뜻입니다.

물론 소설가만 거짓말을 하는 것은 아닙니다. 잘 아시겠지만, 정치가도 곧잘 합니다. 외교관이나 군인도 거짓말을 합니다. 중고차 판매원도 정육점 주인도 건축업자도 거짓말을 합니다. 그러나 소설가의 거짓말이 그들이 하는 거짓말과 다른 점은 거짓말을 해도 도의적으로 비난받지 않는다는 것입니다. 오히려 거짓이 크면 클수록 교묘하면 교묘할수록 소설가는 사람들에게 찬사를 듣고 호평을 받게 됩니다. 왜 그럴까요?

소설가는 뛰어난 거짓말을 함으로써, 현실에 가까운 허구를 만들어냄으로써, 진실을 어딘가 다른 곳으로 끌어내고 그곳에 새로운 빛을 비출 수 있기 때문입니다. 진실을 있는 그대로 파악하고, 정확하게 묘사하는 일은 사실상 불가능합니다. 그렇기 때문에 우리는 진실을 꾀어내 허구가 있는 곳으로 옮겨놓고, 허구의 형태로 치환하여 진실의 끝자락이라도 붙잡으려 애쓰는 것입니다. 그러나 그러기 위해서는 무엇보다 먼저 자기 안에 진실의 소재를 명확하게 파악해야 합니다. 그것이 뛰어난 거짓말을 하기 위한 주요한 자격입니다.

그러나 오늘은 거짓말할 생각이 없습니다. 최대한 정직하고자 합니다. 나도 일 년에 며칠은 거짓말을 하지 않는데, 오늘이 우연하게도 그중 하루인 것 같습니다.

  솔직히 말씀드리죠. 나는 이스라엘에 와서 예루살렘상과 관련하여 적지 않은 사람들에게 "수상을 거절하는 게 좋겠다"는 충고를 들었습니다. 혹시 간다면 책 불매운동을 시작하겠다는 경고까지 있었습니다. 그 이유는 물론 최근에 가자 지구에서 있었던 격렬한 전투 때문입니다. 지금까지 천 명이 넘는 사람들이 봉쇄된 도시 안에서 목숨을 잃었습니다. 국제연합의 발표에 따르면 그들 대부분이 어린아이와 노인 같은 비무장 시민입니다.

  나는 수상 통지를 받고서 스스로에게 수없이 질문을 던졌습니다. 이 시기에 이스라엘에 가 문학상을 받는 것이 과연 타당한 행위일까, 분쟁의 한쪽 당사자인, 그것도 압도적으로 군사적 우위를 확보하고 그것을 적극적으로 행사하는 국가를 지지하고, 사람들에게 그 방침을 시인하는 인상을 심어주는 행동이 아닐까 하고. 물론 그것은 내가 원하는 바가 아닙니다. 나는 어떠한 전쟁도 인정하지 않으며 어떠한 국가도 지지하지 않습니다. 물론 내 책이 서점에서 불매운동의 대상이 되는 것 또한 전혀 원치 않습니다.

  그러나 심사숙고 끝에 나는 결국 이곳에 오기로 결정했습니다. 그 한 가지 이유는 너무나도 많은 사람들이 "가지 않는 게 좋겠다"고 충고했기 때문입니다. 대부분의 소설가가 그렇듯, 나는 일종의 '심술쟁이'인지도 모릅니다. "거기 가지 마" "그거 하지 마"라고 하면, 특히 그렇게 경고를 받으면, 가보고 싶고 해보고 싶어지는 게 소설가의 본성입니다. 소설가란 사람들은 제아무리 역풍이 불어닥쳐도 제 눈으로 직접 보고 제 손으로 직접 만져본 것만 진심으로 믿는 종족이기 때문입니다.

그런 까닭에 나는 여기에 왔습니다. 오지 않는 것보다 오는 것을 선택했습니다. 외면하기보다 무엇이든 보는 쪽을 선택했습니다. 침묵하기보다는 여러분에게 뭔가 말을 건네는 쪽을 선택했습니다. 한 가지만 말씀드리겠습니다. 개인적인 메시지입니다. 이것은 내가 소설을 쓸 때 늘 마음속에 염두에 두는 것입니다. 종이에 써서 벽에 붙여놓지는 않았습니다만 늘 마음속에 깊이 새겨져 있습니다. 이런 말입니다.

혹시 여기에 높고 단단한 벽이 있고, 거기에 부딪쳐서 깨지는 알이 있다면, 나는 늘 그 알의 편에 서겠다.

그렇습니다, 아무리 벽이 옳고 알이 그르더라도, 그래도 나는 알 편에 설 것입니다. 옳고 그름은 다른 누군가가 결정할 일입니다. 혹은 시간이나 역사가 결정할 일입니다. 혹시라도 소설가가 어떤 이유에서든 벽 쪽에 서서 작품을 썼다면, 과연 그 작가에게 어느 정도의 가치가 있을까요?

자 그럼, 이 은유는 과연 무엇을 의미힐까요? 어떤 경우에는 단순명쾌합니다. 폭격기, 전차, 로켓탄, 백린탄, 기관총은 높고 단단한 벽입니다. 그것들에 짓눌리고 불타고 총상을 입는 비무장 시민은 알입니다. 그것이 이 은유의 한 가지 해석입니다.

그러나 단지 그것만은 아닙니다. 여기에는 더 깊은 의미가 있습니다. 이렇게 한번 생각해보십시오. 우리는 모두 정도의 차이는 있지만 각자 하나의 알이라고. 더없이 소중한 하나의 영혼과 그것을 감싸는 깨지기 쉬운 껍질을 가진 알이라고. 나도 그렇고 여러분도 그렇습니다. 그리고 우리 모두는 정도의 차이는 있지만, 저마다 높고 단단한 벽과 마주하고 있습니다. 그 벽에는 이름이 있습니다. '시스템'입니다. 본래 그 시스템은 우리를 보호해야 마땅합니다. 하지만 때로는 그것이 저 혼자 작동하여 우리를 죽이고, 우리로 하여금 다른 사람을 살해하게 만듭니다. 냉혹하고 효율적으로, 그리고 체계적으로.

내가 소설을 쓰는 이유를 요약하자면 단 한 가지입니다. 개인이 지닌 영혼의 존엄을 부각시키고 거기에 빛을 비추기 위함입니다. 우리 영혼이 시스템에 얽매여 멸시당하지 않도록 늘 빛을 비추고 경종을 울리자, 이것이 바로 이야기의 역할입니다. 나는 그렇게 믿습니다. 삶과 죽음의 이야기를 쓰고, 사랑의 이야기를 쓰고, 사람을 울리고 두려움에 떨게 하고 웃게 만들어 개개인의 영혼이 더할 나위 없는 소중함을 명확히 밝혀내기 위해 끊임없이 노력하는 것,

그것이 바로 소설가의 일입니다. 그러기 위해서 우리는 날마다 진지하게 허구를 만들어나갑니다.

작년 여름 내 아버지는 아흔 살의 나이로 세상을 떠났습니다. 아버지는 퇴직 교사였고, 간간이 스님으로도 활동했습니다. 대학원 재학중에 징병되어 중국 대륙의 전장에 투입되었습니다. 내가 어릴 때, 아버지는 매일 아침을 먹기 전 불단 앞에 앉아 오랫동안 간절한 기도를 올렸습니다. 언젠가 아버지에게 물어본 적이 있습니다. 무엇을 위해 그렇게 기도하느냐고. 아버지는 "전장에서 죽어간 사람들을 위해서다"라고 대답했습니다. 아군이든 적군이든 그곳에서 목숨을 잃은 모두를 위해 기도한다고. 아버지가 기도하는 모습을 뒤에서 바라보고 있노라면, 거기에는 늘 죽음의 그림자가 떠다니는 듯했습니다.

아버지는 세상을 떠났고, 그 기억도—그것이 어떤 기억이었는지 나는 알 수 없는 채로— 사라져버렸습니다. 하지만 거기에 감돌았던 죽음의 기척은 아직 내 기억 속에 남아 있습니다. 그것은 내가 아버지에게 물려받은 몇 안 되는, 그러나 매우 소중한 것들 중 하나입니다.

내가 이 자리에서 여러분에게 전하고 싶은 것은 단 한 가지입니다. 국적과 인종과 종교를 넘어서서 우리는 모두 개개의 인간입니다. 시스템이라는 굳세고 단단한 벽을 앞에 둔, 하나하나의 알입니다. 우리는 도저히 이길 가망이 없어 보입니다. 벽은 너무나 높고 단단하며, 또한 냉혹합니다. 혹시 우리에게 조금이라도 이길 가망이 있다면 그것은 우리가 우리 자신의 그리고 서로의 영혼이 더할 나위 없이 소중하다는 걸 믿고, 그 온기를 한데 모으는 데서 생겨날 뿐입니다.

생각해보십시오. 우리 한 사람 한 사람에게는 실감할 수 있는 살아 숨쉬는 영혼이 있습니다. 시스템에는 그것이 없습니다. 시스템이 우리를 이용하게 놔둬선 안 됩니다. 시스템이 홀로 작동하게 놔둬선 안 됩니다. 시스템이 우리를 만든 게 아닙니다. 우리가 시스템을 만들었습니다.

내가 여러분에게 드리고 싶은 말은 그것뿐입니다.

예루살렘상을 주셔서 감사합니다. 내 책을 읽어주는 분들이 세계 여러 곳에 있다는 사실에 감사드립니다. 예루살렘의 독자 여러분에게 감사의 인사를 드립니다. 다른 무엇보다 여러분의 힘으로 이 자리에 설 수 있었습니다. 우리가 무언가를—매우 의미 있는 무언가를 공유했기를 희망합니다. 이곳에 와서 여러분에게 말씀드릴 수 있게 되어 정말 기쁩니다.

음악에 관하여

村上春樹

雜文集

여백이 있는
음악은
싫증나지
않는다

〈스테레오 사운드〉라는 잡지에 한동안 음악에 관련한 글을 연재했는데, 그 번외편 같은 형태로 진행한 인터뷰입니다. 작가가 내 얘기를 듣고 정리해주는 방식이었습니다. 화제를 음악으로 한정해서 이렇게 길게 얘기한 적은 별로 없는 터라 아마도 이게 처음이지 않나 싶습니다. 가나가와 현의 집에서 얘기를 나눴습니다. 글은 〈별책 스테레오 사운드〉에 실렸습니다(2005년 6월).

雜
文
集

지금 우리 집에 있는 JBL 스피커를 써온 지가 어느덧 이래저래 삼십 년 가까이 되었습니다. 기계라서 앞일을 장담할 순 없지만, 이대로 가면 평생 쓰게 될지도 모르겠습니다. 보통 삼십 년 동안이나 같은 기계를 쓰면 조금은 질릴 법도 하잖습니까. 새것이 사고 싶어지죠. 그런데 이 스피커에는 정체성이랄까, 완결된 세계관 같은 게 확실히 있습니다. 소리 자체로만 얘기하자면, 좀더 좋은 소리가 세상에 얼마든지 있지만, 나는 새로 바꾸고 싶지 않습니다. 나의 기호와 스피커 소리가 정확히 합치된다고 할까, 아니면 반대로 내가 그 소리에 제대로 반해버렸다고 할까, 어쨌거나 결과적으로 내게 잘 맞는 스피커를 만난 건 매우 행복한 일입니다.

우리 부모님은 음악에 취미가 없었고, 굳이 따지자면 활자 쪽 사람들이었습니다. 그래서 집에는 레코드도 오디오 장치도 없었습니다. 초등학교 5학년 무렵에 소니의 조그만 트랜지스터라디오가 생겼는데, 그걸로 음악을 듣기 시작했어요. 1960년 무렵이었죠. AM라디오에서는 리키 넬슨, 엘비스 프레슬리, 닐 세다카…… 그런 부류의 음악이 자주 흘러나와서 맨 먼저 팝뮤직에 빠져들었습니다. 아직은 트랜지스터라디오가 새롭고 신기한 시대였죠.

  1960년대에는 웬만한 가정이라면 백과사전과 가구풍 스테레오 장치를 갖춰야 한다는 상투적인 분위기가 생겨 내가 중학생 때 우리 집에도 빅터 스테레오기 들어왔습니다. 레코드플레이어, 라디오, 앰프가 일체형이고 양옆으로 스피커가 붙은 이른바 콘솔형 전축이었는데, 레코드랑 친하게 지낸 건 그때부터였죠. 때마침 크리스마스 시즌이라 맨 처음 산 음반 가운데 빙 크로스비의 크리스마스 앨범이 있었는데, 정말 좋았어요. '화이트 크리스마스'가 들어있는 큼지막한 레코드. 숱하게 들었죠. 일본 가요에는 흥미가 없었기 때문에 처음부터 서양음악 일색이었습니다. 영어 가사의 의미조차 몰랐습니다. 알지도 못하면서 덮어놓고 그냥 외워버렸죠. "I'm dreaming of a white Christmas ——"도 그렇고, 리키 넬슨의 '트레블링 맨'도 그렇고 뭐든 닥치는 대로 외워댔어요. 꼭 불경을 외우듯이. 그래서 그 무렵에 들었던 노래는 지금도 가사를 외워 부를 수 있어요. 남들 앞에서는 안 부르지만(웃음). 그런데 나중에 영어의 뜻을 알게 되자, '트레블링 맨' 같은 가사는 정말 시시해서 이런 걸 왜 그렇게 열심히 외웠을까 스스로도 어처구니가 없었죠. 그래도 영어 가사에 굉장한 흥미가 있었고, 영어로 된 책을 읽게 된 것도 팝뮤직이 계기였습니다. 그런저런 연유로 어른이 되어 이렇게 번역까지 하게 됐지만.

1964년까지는 미국의 팝뮤직만 들었습니다. 비치보이스 같은 음악 말이에요. 당시 영국의 록은 손으로 꼽을 정도밖에 없었어요. 비틀스가 세상에 나오기 전이니까. 어떻게 1964년까지인지 기억하느냐 하면, 그해에 아트 블래키&재즈 메신저스의 내일來日 콘서트를 보러 갔다가 재즈에 완전히 한 방 맞았기 때문입니다. 프레디 허버드의 트럼펫, 웨인 쇼터의 색소폰, 시더 월턴의 피아노, 그리고 블래키의 드럼…… 아무튼 굉장했어요. 그때부터는 팝과 재즈의 두 갈래 길. 그러니까 팝은 라디오로, 재즈는 콘서트에서 접하게 되었습니다. 그리고 고등학생이 되면서 클래식에도 눈뜨게 됐죠. 그후로 내가 좋아하는 음악은 줄곧 이 세 갈래로 구분됩니다.

고교 시절 듣고 싶은 음악, 사고 싶은 음반은 세상에 넘쳐났지만 현실적으로는 조금밖에 살 수 없었기 때문에 욕구불만이 쌓여갔습니다. 그 후유증으로 나중에 경제적 여유가 생기자, 방에 다 넣을 수 없을 정도로 레코드를 사들이게 됐지만(웃음). 당시에는 레코드가 귀중품이라 먹을 것도 안 먹고 용돈을 모아야만 간신히 한 장씩 살 수 있었습니다. 블루노트 레이블이 붙은 호레이스 실버 〈송 포 마이 파더〉 같은 건 이천팔백 엔이나 내고 오리지널 음반을 샀죠. 사십 년 전에 이천팔백 엔이면, 고등학생한테 어마어마하게 큰돈이었어요. 그렇게 산 레코드를 정말로 많이 들었죠. 레코드는 소중하게 잘만 다루면 오래가더군요. 지금도 그 무렵에 산 레코드를 자주 턴테이블에 올립니다.

고등학생이 되자, 팝은 라디오에서 많이 들을 수 있으니 됐다며 거의 재즈와 클래식 음반만 샀습니다. 재즈 신보에 대한 소식은 재즈 카페나 재즈 전문지에서 얻었죠. 클래식 정보는 고베의 산노미야 역 앞에 '마스디 명곡당'이라는 수수한 이름을 내걸고 노부부가 경영하던 작은 클래식 전문점에서 접했는데, 학교에서 돌아오는 길에 들러 주인아저씨와 얘기를 나누며 레코드를 샀습니다. 로버트 크라프트의 세 장짜리 〈쇤베르크 전집〉 같은 것도 거기서 샀습니다. 꽤 시건방진 고등학생이었죠. '달에 홀린 피에로'나 '바르샤바의 생존자' 같은 곡이 수록된 음반입니다. 가게에 비치해둔 레코드는 주인아저씨가 직접 고른 것들인데, 왜 흔히 있는 "그런 연주를 살 바엔 이걸로 사"라는 식으로 주인이 취향을 강요하는 법이 전혀 없었죠. 듣고 싶은 걸 들으면 그만이라는 식이었고 굉장히 좋은 가게였어요. 지금은 그런 곳이 좀처럼 드물죠.

그런 까닭에 아무튼 고교 시절을 음악에 푹 빠져서 지냈습니다. 음악을 좋아하는 친구가 주위에 있어도 그 무렵은 누구나 비틀스였죠. 그런데 나는 비틀스도 들었지만, 쇤베르크나 카운트 베이시를 우선시했으니 다른 사람들과 일단 대화가 통하지 않았어요. 그래서 상당히 밀실에서 개인적으로 음악을 들었습니다. 내가 음악을 듣는 방식은 기본적으로 지금도 마찬가지입니다. 혼자 듣고 혼자 '아, 좋다'라고 느껴요. 그에 관해서 다른 사람과 얘기를 나누는 일은 거의 없습니다.

처음에도 얘기했듯이 우리 부모님은 음악에 취미가 있는 사람이 아니었습니다. 음악을 좋아하는 사람 중에는 집에는 늘 음악이 흐르고 악기가 있거나 이웃에 사는 형이나 누나의 영향으로 음악에 관심을 갖기 시작했다는 얘기를 많이 하던데, 나는 그런 게 아니라 혼자 자발적으로 듣기 시작했습니다. 빅터 스테레오가 생겼을 때, 이제부터 부모님은 이해할 수 없는 새로운 세계, 나만의 세계가 펼쳐질 거라고 직감했습니다.

그런데 그 스테레오는 거실에 있었고 일단은 가족 공용이었기 때문에 나만의 플레이어가 점점 더 갖고 싶어졌습니다. 내 방에서 아무한테도 방해받지 않으면서 좋아하는 음악을 크게 틀어 맘껏 듣고 싶었습니다. 게다가 음질도 그다지 칭찬할 만한 것이 못 됐습니다. 바늘도 싸구려였고, 콘솔 공명음인지 붕붕 울리는 듯한 소리도 났습니다. 또 한 가지, 그 무렵 "이제부터는 컴포넌트 시대다"라는 식의 광고가 잡지에 등장했는데 나도 개별 플레이어, 앰프, 스피커를 조립한 본격적인 스테레오가 갖고 싶었습니다. 그래서 고등학교 2학년 막바지 무렵이었나, 부지런히 돈을 모았고 그것만으로는 부족해서 부모님을 조르고 졸라 내 손으로 세트를 조립했습니다. 니트라는 메이커의 턴테이블에 피델리티 리서치의 톤암과 카트리지, 트리오(현재 켄우드)의 진공관식 앰프, 영국의 리처드 앨런이 내놓은 8인치(20센티미터) 구경의 더블콘 스피커. 오디오 잡지 같은 걸 보면서 뭐가 좋은지 꼼꼼히 연구했습니다. 당시에는 핀케이블 하나도 내 손으로 다 납땜질해서 만들어야 했고, 플레이어 보드도 실톱으로 잘라야 했으니 생판 초보자한테 조립은 꽤나 고된 작업이었습니다. 그렇다보니 실세로 스피커에서 소리가 났을 때 얼마나 감격스럽던지.

대학이 와세다여서 그 시절에는 신주쿠 레코드 가게에서 아르바이트를 했고, 그 돈으로 부지런히 레코드를 사들였습니다. 레코드 가게에서 일하다보니 싸게 살 수 있었죠. 새로운 록 음악은 일하면서 가게에서, 재즈는 당시 많던 재즈 카페나 라이브하우스에서 들으며 음악에 젖어 살았습니다. 공부는 나 몰라라 하고 아르바이트와 음악뿐이었죠. 처음에는 기숙사에 살았지만, 거의 쫓겨나다시피 나왔습니다. 그리고 책과 레코드로 바닥이 내려앉을 것 같은 싸구려 아파트에서 좀전에 말한 리처드 앨런의 20센티미터짜리 스피커를 주축으로 한 시스템으로 여하튼 죽어라 음악만 들었습니다.

오디오 잡지에서 이런 말을 하긴 좀 그렇지만, 젊을 때는 기기보다는 우선 음악에 관해 열심히 생각해보는 편이 좋다고 봅니다. 훌륭한 오디오 장치는 어느 정도 여유가 생기고 나서 갖춰도 좋다고 생각합니다. 젊을 때는 음악도 그리고 책도 마찬가지지만, 조건이 조금 나쁘더라도 저절로 마음속 깊이 파고들게 마련이잖아요. 얼마든지 마음속에 음악을 쌓아갈 수 있어요. 그리고 그런 저축은 나이를 먹은 후에 큰 가치를 발휘하게 됩니다. 그런 기억이나 체험의 컬렉션은 이 세상에 단 하나밖에 없는 것입니다. 그 사람만의 것이죠. 그래서 그 무엇보다 귀중합니다. 그러나 기계는 돈만 있으면 비교적 간단히 갖출 수 있으니까요.

물론 나쁜 소리로 듣는 것보다는 좋은 소리로 듣는 게 훨씬 나은 거야 두말할 필요도 없겠지만, 자기가 어떤 소리를 원하는가, 어떤 소리를 자기에게 좋은 소리로 삼을 것인가는 어떤 성향과 빛깔의 음악을 원하는가에 따라 달라집니다. 그러니 무엇보다 '내가 희구하는 음악상' 같은 것을 먼저 확립해야 한다고 생각합니다.

1974년, 아직 대학에 다닐 때 재즈 카페를 시작했습니다. 이런 저런 사정으로 학교에 칠 년 정도 재적하고 그사이 결혼도 했지만, 아무래도 취직하기는 싫어서 직접 가게를 해볼까 싶었죠. 부모님은 물론 달가워하지 않았습니다. 아르바이트로 모은 돈과, 여기저기서 낸 빚으로 도쿄 교외의 고쿠분지라는 시에서 재즈를 틀어주는 가게를 시작했습니다. 그 이유는 아침부터 밤까지 레코드를 들을 수 있었기 때문이었습니다. 회사 같은 데 근무하면 쫓겨서 하루에 한 시간도 못 듣잖아요. 가게를 하면 일하면서도 온종일 음악을 들을 수 있죠. 나는 그런 인생을 살고 싶었습니다. 그게 이상이었죠. 소설가가 될 생각은 꿈에도 없었습니다. 거짓말이 아닙니다. 레코드만 트는 게 아니라 일주일에 한 번꼴로 일본 재즈 뮤지션의 라이브 공연도 열었습니다.

가게를 시작할 때, 스피커는 JBL의 L88플러스라는 30센티미터 구경의 저음용 유닛과 중음용, 고음용 총 세 개의 유닛을 사용하기로 했습니다. 사실은 좀더 좋은 걸 쓰고 싶었지만, 돈이 없어서 살 수 있는 건 그 정도였죠. 그래도 그 스피커가 나름대로 좋았습니다. 작지만 소리가 잘 어우러지고 근성도 있어서. 나중에 새것으로 바꾸긴 했지만 지금도 작업실에서는 L88을 애용합니다. 패널은 고양이가 할퀴어서 엉망이 됐지만.

얼마 후 고쿠분지 가게는 건물주가 건물을 다시 짓는 바람에 도쿄의 센다가야로 옮겼습니다. 그때 산 스피커를 지금 집에서 사용합니다. JBL의 유닛으로 조립한 대형 스피커가 무작정 갖고 싶어서 여러 방면으로 검토한 끝에 '이것뿐이다'라는 결론에 이르렀습니다. 그후 저음용 유닛만 우드 베이스를 더 선명하게 들을 수 있는 옛날 설계 스피커로 바꿨지만, 그것 말고는 처음에도 얘기했듯이 삼십 년 가까이 같은 물건을 계속 쓰고 있는 셈이죠. 어쨌거나 큰 소리로 맘껏 메인스트림 재즈만 들을 수 있으면 그만이라는 단순한 발상으로 산 스피커였습니다.

가게는 총 칠 년 동안 했습니다. 그동안 무슨 영문인지 소설을 쓰기 시작해서 지금에 이른 것이죠. 가게는 제법 궤도에 올랐고, 손님도 많아 그만두기 아까웠어요. 모두 아쉬워했습니다. 내 입으로 말하긴 뭣하지만 꽤 괜찮은 가게였습니다. 그럼에도 나는 역시 작가로서의 가능성을 진지하게 추구해보고 싶었습니다.

그런 까닭에 나는 LP를 중심으로 많은 음악을 들어왔고, 지금도 여전히 LP나 CD로 음악을 즐기고 있습니다. 그러는 한편 콘서트도 자주 다닙니다. 레코드로 듣는 음악도 멋지고 생음악도 좋습니다. 음악 애호가 중에는 콘서트 지상주의자도 있고, 또 반대로 레코드 지상주의자도 있는 듯한데, 나는 그 둘은 별개라고 생각합니다. 어느 쪽의 가치가 더 높으냐 하는 문제가 아닙니다. 굳이 말하자면, 영화와 연극의 관계 같다고 할까요. 그래서 나는 영화만 보거나 연극만 보러 가는 게 아니라 레코드와 콘서트, 그 양자의 관계 속에서 음악을 지켜보고 싶다, 생각하고 싶다, 그런 마음입니다. 균형을 잡는 일은 중요하니까요.

레코드에는 생음악에는 없는 좋은 점이 있잖아요. 예를 들면 몇 번이고 되풀이해서 들을 수 있다는 것. 그리고 이제는 세상에 없는 멋진 연주자의 음악을 들을 수 있다는 것. 또 하나, 내가 그것을 가지고 있다, 그 음악을 일단 개인적으로 소유하고 있다는 실감. 한 장 한 장에 내 마음이 깃들어 있습니다. 아까도 말했듯이 고등학생인 나에게 이천팔백 엔짜리 블루노트 레코드는 어마어마하게 큰 지출이었지만 그렇기 때문에 소중하고 정중하게 들었고, 구석구석까지 외웠고, 그것이 내게는 귀중한 지적재산이 되었습니다. 무리해서 샀지만 그만한 가치는 있었다고 봅니다. 활자인쇄가 없던 시대의 옛날 사람이 필사본을 만들어 책을 읽었듯이, 간절히 듣고 싶은 마음에 고생해서 레코드를 사거나 혹은 콘서트에 가죠. 그러면 사람은 말 그대로 온몸으로 음악을 듣게 됩니다. 그렇게 해서 얻어지는 감동은 특별합니다.

그런데 시대가 흐르면서 음악이 점점 값싼 것으로 변해갑니다. 지금은 공짜나 마찬가지 가격으로 음악이 배포되는 시대가 되었죠. 손바닥만 한 기계에 몇 십 시간 몇 백 시간의 음악이 들어갑니다. 원하면 얼마든지 쉽게 음악을 끄집어낼 수도 있고요. 물론 편리하고 좋지만, 그래도 그건 음악을 듣는 방법치고는 조금 극단적입니다. 물론 그런 식으로 듣는 게 어울리는 음악도 있겠지만, 그렇지 않은 음악도 분명히 존재합니다. 음악에는 역시 그 내용에 따라 적합한 그릇이 있다고 봅니다. 늘 달리기를 하며 음악을 듣는 나는 작고 가벼운 장치로 많은 음악을 들을 수 있는 것이 개인적으로 고맙지만.

그리고 예를 들어 풀랑크의 피아노곡이 CD 한 장에 잇달아 연속으로 칠십 분이 들어 있다는 것은 정보로서는 편리하고 좋은 게 분명하지만, 평범하게 음악을 즐기는 사람에게는 아무래도 좀 난폭하죠. 풀랑크는 그런 식으로 듣는 음악은 아닌 것 같은데. 또는 비틀스의 〈서전트 페퍼스 론리 하츠 클럽 밴드〉 같은 것은 A면 B면을 뒤집는 시간적 틈이나 최내주 부분의 반복 등 레코드의 특질을 한껏 활용한 방식으로 제작되었기 때문에 그것을 CD로 들어버리면 '왠지 다르다'는 느낌을 떨칠 수가 없습니다. 비틀스 멤버가 설정한 세계가 거기에는 정확하게 구현되지 않은 것 같아서.

CD는 LP에 비하면 편리하고 효율적인 그릇입니다. 하지만 아무리 그래도 칠십 분이 들어가니 무작정 꽉꽉 채우고 보자는 것은 너무나 안이한 발상이 아닐까요. 편리하고 효율적인 CD가 있는 반면, 불편하고 비효율적인 CD도 있으면 좋겠습니다. 그런 그릇을 원하는 음악도 이 세상에는 분명히 있을 테니까. 나는 옛날부터 A면과 B면으로 뒤집을 수 있는 CD를 제창했지만 아무도 채택해주지 않더군요(웃음).

그런데 LP는 매우 잘 만들어진 음악의 그릇이라고 생각합니다. CD가 등장한 후로 LP를 팔아 CD로 바꾸는 사람이 많은데, 나는 지금도 자주 CD를 팔아서 LP를 삽니다. 첫번째 이유는 음악이란 가능한 한 오리지널에 가까운 음원으로 듣는 게 좋다고 생각하기 때문입니다. 그래서 CD가 등장하기 이전의 음악은 될 수 있으면 LP로 듣고 싶습니다. 또 한 가지 이유는 아날로그 레코드는 이제 더는 기술적으로 진보하거나 발전하지 않기 때문입니다. 진화의 막다른 길목에 다다랐기 때문에 최종적인 형태로 굳어졌습니다. '경이로운 슈퍼 24비트 최신 발매!' 같은 말도 없을 테고, 업계 상황에 휘둘리는 일도 없이 차분하게 음악을 들을 수 있습니다. 또 중고가게에서 내용이 알찬 아날로그 레코드가 너무 싼 가격에 팔리는 걸 보면, 나도 모르게 안쓰러워서 '오 저런, 가엾기도 하지. 내가 사줄게' 하는 마음이 들죠(웃음). 이 정도면 이미 일종의 구제 사업이겠죠.

물론 아날로그 LP에서 CD로 바뀌면서 소리가 개선된 예도 아주 많습니다. 예를 들면 엘비스 프레슬리 같은 경우는 목욕탕에서 노래하는 것처럼 울렸는데, CD에서 순식간에 선명해졌죠. 마치 다른 음악처럼. 사이먼앤가펑클도 상당히 느낌이 달라졌고, 얼마 전에 나온 밥 딜런의 CD도 좋더군요. 그와 반대로 블루노트의 '루디 반 겔더' 재발매 음반처럼 '뭐야, 이게?'라고 개인적으로 한마디 하고 싶은 경우도 있죠. 나는 결코 편협한 인간은 아니니 양 매체의 좋은 점을 각각 폭넓게 즐기고 싶습니다.

어느 시대 어느 세대든 음악을 정면으로 진지하게 듣고자 하는 사람이 일정 숫자는 있을 테고, 그것은 책도 마찬가지입니다. 정말로 책을 소중히 여기는 사람은 휴대전화로 읽는 시대가 되어도 계속 종이책을 사서 읽을 거라 생각합니다. 세간의 대다수 사람들은 그때그때의 가장 편리한 매체로 흘러갈지 모르지만, 어느 시대든 그렇지 않은 사람이 확실하게 존재합니다. 전체의 십 퍼센트쯤 될까요. 잘은 모르겠지만. 어쨌든 내가 지금 이 자리에서 하는 말은 어디까지나 십 퍼센트의 사람들을 향한 개인적인 이야기입니다, 라고 할까, 사실 나라는 개인이 이 자리에서 세간 대다수 사람들의 얘기를 해도 소용없는 일일 테죠.

유럽에 살 때 클래식 콘서트에 자주 다녔습니다. 그때 확실히 느낀 것은 역시 레코드로는 알 수 없는 게 있다는 겁니다. 예를 들어 로마에서 로린 마젤을 듣고 '마젤이 이렇게 뛰어난 지휘자였나?' 하고 정말로 깜짝 놀랐습니다. 조르주 프레트르가 지휘한 콘서트도 훌륭했습니다. 레코드로 듣는 프레트르의 인상은 살짝 싱거운 편이어서 딱히 대단한 지휘자는 아니구나 싶었는데, 실황연주를 들어보니 완전히 달랐습니다. 음악이 구석구석까지 살아 움직였고 그것이 눈에 보였습니다. 콘서트가 아니면 결코 알 수 없었을 겁니다.

그리고 이십 년도 더 전에 신주쿠 후생연금회관에서 들었던 밥 말리의 콘서트. 시작하고 십 초 만에 녹아웃당하고 말았습니다. 몸이 멋대로 움직이기 시작했고 멈출 수가 없었습니다. 나는 그렇게까지 직접적으로 신체적인 음악을 들어본 적이 없었고, 그후에도 없습니다. 레게리듬이 몸속으로 스며들어 지금도 어딘가에 남아 있습니다. 그때도 즐거웠지만, 떠올려보면 지금도 여전히 즐겁습니다. 멋진 연애처럼, 나이를 먹은 후에도 이따금 떠올려보면 마음이 훈훈해집니다.

그런데 최근에는 예전처럼 콘서트장을 자주 찾지 못합니다. 한 가지 이유는 PA*가 너무 지나치다 싶을 때가 많기 때문입니다. 쩌렁쩌렁 울려 명료하지 않은데다가, 몸에 안 좋다 싶을 정도로 무지막지한 음량을 자랑합니다. 아주 섬세하고 감성적인 음악을 무신경한 PA가 망쳐버립니다. 가사가 중요한 음악인데 무슨 소린지 통 알아들을 수 없다니, 그건 아무래도 이상한 일이죠. 그런 소리를

---

* 극장, 홀, 야외 등 많은 사람들을 대상으로 연설이니 공연을 하기 위한 확성 장치.

아무렇지 않게 틀고, 모두 불평 한마디 없이 듣는 건 좀 그래요.

    내가 좋아하는 재즈 클럽이 미국 뉴저지 주의 몬트클레어라는 작은 고장에 있습니다. 정말로 작은 재즈 클럽이라 당연히 과잉된 PA 같은 것은 없고, 바로 코앞에 있는 무대에서 뮤지션이 농담을 던지기도 하고, 손님은 긴장을 풀고 편안한 분위기로 재즈를 들을 수 있습니다. 나에게는 그런 곳에서 들었던 소리가 '좋은 소리'의 레퍼런스 같은 것이 되었습니다.
    잘 조율된 고가의 오디오 장치로 들었던 레코드 소리도 기준의 하나로 귀에 남아 있습니다. 이따금 그런 음악을 들으면 '좋은 소리야, 평소 레코드도 이런 소리면 좋으련만' 하는 생각이 들죠. 그러나 내가 오디오 마니아도 아니고, 복잡한 기계에 몰두하는 일은 도저히 불가능합니다. 아름다운 소리를 듣는다면 그보다 좋은 일이 없겠지만, 거기에 이르기까지의 수고나 시간을 생각하면, 나 같은 사람은 어느 정도 수준에서 단념하고 그저 음악을 듣는 게 좋다고 편하게 생각해버립니다. 이건 어디까지나 개인적인 우선순위의 문제겠죠.
    물론 내 취향에 맞는 소리가 있습니다. 아무리 아름답고 깨끗하고 원음에 가까운 소리가 나도, 하나같이 입을 모아 대단하다고 칭찬해도 나에게 확 와 닿지 않을 때가 더러 있습니다. 우리 집의 JBL 유닛은 덩치는 크지만, 최신 스피커에 비하면 위로도 아래로도 그다지 확장 폭이 넓지 않습니다. 스펙으로만 따지자면 시대에 뒤떨어진 스피커라고 생각합니다. 고음역으로 좀더 올라가고, 저음역이 좀더 또렷하게 나오면 좋겠다고 생각할 때도 물론 있습니다. 그렇지만 그런 소리가 나온다고 나의 음악적 정보량이 지금보다 풍요로워지느냐 하면 그건 아닌 것 같습니다. 지금 이 스피커를 통해 얻어지는 정보는 나에게 오랫동안 하나의 지표가 되었고, 나는 그것을 바탕으로 음악적인 사고를 훈련해온 것입니다.

결국 내가 집에서 듣고자 하는 음악은 상당히 분명합니다. 따라서 그 음악에 맞는 소리가 부족함 없이 나와준다면 그걸로 충분합니다. 형태적으로 말하자면, 콤보 재즈, 그리고 클래식 피아노, 실내악―그런 종류가 내가 듣는 음악의 대부분입니다. LP가 중심이고, 게다가 오래된 모노럴 녹음이 상당히 많습니다. 따라서 오디오적으로 말하자면, 그런 영역의 음악을 기분 좋게 계속해서 들을 수 있도록 초점을 확실하게 좁혀 소리를 설정합니다. 그런 의미에서는 상당히 편견이 더해진 소리일지도 모르겠습니다.

그런데 오히려 그 정도로 초점을 확 좁혀버리면, 다른 장르도 나름대로 잘 어우러진 소리로 들을 수 있습니다. 예를 들어 대규모 오케스트라, 말러의 심포니 같은 최신 녹음을 CD로 듣는다고 해보죠. 그런 음악은 본래 우리 집 시스템에 맞지 않는 게 분명한데, 신기하게도 하나의 세계로 받아들여진 소리가 나는 겁니다. 원래는 이런 소리로 듣는 음악이 아닌데 하면서도 '그건 그거고, 이건 이거지'라는 틀 안에서 어느 정도 납득하고 들을 수 있습니다.

한편 어릴 때 포켓라디오의 빈약한 소리로 들었던 음악에 감명받은 기억이 생생하게 남아 있습니다. 비치보이스의 〈펫 사운스〉도 비틀스의 〈러버 소울〉도 그런 라디오로 듣고 나름대로 감명을 받았으니까요. 다시 말해 음악에 감동하느냐 마느냐는 좋은 소리냐 아니냐의 문제와는 별개라고 말할 수도 있습니다. 찰리 파커 같은 경우는 음질이 형편없는 에어체크* 녹음이 많아서 훌륭한 오디오 장치로 들어도 빈약한 소리밖에 나지 않습니다. 그러나 멋진 음악이라는 것은 충분히 알 수 있고, 그 음악을 눈앞에서 들으면 분명 나동그라질 게 틀림없다는 상상이 갑니다. 제아무리 좋은 오디오 장치를 갖추어도 원음이 자아내는 공기의 떨림과 재생음이 자아내는 공기의 떨림은 물리적으로나 감각적으로나 전적으로 동일하다고 볼 수는 없을 겁니다. 따라서 그런 게 아니라, 레코드나 CD에 담긴 음악을 자기 나름대로 어떻게 번역할 것인가, 그런 궤도를 만들어내는 방식이 실은 개개인이 좋은 소리를 만들어가는 방식의 기초가 될 거라고 생각합니다. 다시 말해 오디오에서 요구되는 것은 번역의 능력이 아닐까 싶습니다.

피아니스트 글렌 굴드는 진정한 음악이란 관념으로서 악보 안에 있다고 말했습니다. 일단은 편의적으로 소리로 변환시키긴 하

---

* 전파에 의해 방송되는 소리나 영상을 수신기에 접속한 녹음(녹화)기로 녹음 또는 녹화하는 것.

지만, 사실 그런 것은 듣지 않더라도 음악으로서의 관념이 악보에서 전해지면 그걸로 좋은 거라고. 음악이란 분명 일종의 순수관념이구나 하는 생각이 이따금 들긴 합니다. 다만 보통 사람은 그 관념을 관념 그대로 포착하기가 좀처럼 쉽지 않습니다. 포켓라디오에서 감동받을 수 있는 것도 사실이지만, 좋은 소리가 관념을 포착하는 데 유용하다는 것도 분명한 사실입니다.

좀전에 되풀이해서 들을 수 있다는 점을 레코드의 장점으로 꼽았는데, 오랜 세월에 걸쳐 같은 음악을 수없이 듣다보면 전에는 몰랐던 것을 알게 되는 일도 있습니다. 〈펫 사운스〉 같은 음반은 처음부터도 좋았지만, 지금 생각해보면 사실은 그 진가를 얼마나 이해했을까 싶기도 합니다. 그 레코드는 1966년에 나왔는데, 70년대, 80년대, 90년대, 나이가 들어감에 따라 들으면 들을수록 좋다고 느껴지는 부분이 늘었습니다. 신기하게도 〈서전트 페퍼스 론리 하츠 클럽 밴드〉를 처음 듣고는 뒤로 나자빠질 만큼 감탄했지만, 지금 들으면 새로운 것을 발견하지는 않습니다. 〈펫 사운스〉처럼 '꼬리에 꼬리를 물며 오래도록' 우러나는 맛은 없는 것 같습니다. 물론 이것은 음악적으로 어느 한쪽이 더 뛰어나다는 얘기는 아닙니다.

뭐랄까, 비치보이스의 리더 브라이언 윌슨이 만든 음악 세계에는 공백 같은 게 있습니다. 공백이나 여백이 있는 음악은 들으면 들을수록 흥미롭습니다. 베토벤의 경우 빽빽하게 적어넣은 중기보다는 후기 음악에 여백이 훨씬 많은데, 나이를 먹을수록 그런 점이 선명하게 느껴져 듣다보면 나도 모르게 빨려들고 맙니다. 여백이 살아 숨쉬며 자유로운 상상을 환기시킵니다. 만년의 현악사중주곡이나 '해머클라비어 소나타' 같은 곡이 그렇습니다. 듀크 엘링턴도 여백이 많은 음악가입니다. 요즘 들어 엘링턴의 탁월함이 점점 더 가슴속에 스며드는 것 같습니다. 특히 1930년대 후반부터 1940년대 전반에 걸쳐 남긴 연주가 좋습니다. 엘링턴은 젊은 시절부터 듣긴 했습니다만 지금 듣는 방식과는 확실히 뭔가 달랐던 것 같습니다. 그런 것도 레코드라는 기록 매체가 내 손에 있기 때문에 가능한 일이겠죠.

나이를 먹어서 좋을 일은 별로 없다고 생각하지만, 젊을 때는 보이지 않았던 것이 보인다거나 몰랐던 것을 알게 되는 건 기쁜 일입니다. 한 걸음 뒤로 물러서면서 전보다 전체상을 명확하게 파악할 수 있게 됩니다. 혹은 한 걸음 앞으로 내디디면서 지금까지 알아채지 못했던 디테일에 불현듯 눈뜨게 됩니다. 그게 나이를 먹어가는 기쁨일지도 모르겠습니다. 그런 경험은 인생에서 하나를 얻은 것 같은 흐뭇함에 젖어들게 합니다. 물론 반대로 젊을 때만 이해할 수 있는 음악이나 문학도 있지만요.

나에게 음악이 가진 최대의 훌륭함은 무엇일까? 그것은 좋은 것과 나쁜 것의 차이를 확실히 구분한다는 점이 아닐까 싶습니다. 큰 차이도 알고 중간 정도 차이도 알고, 경우에 따라서는 아주 미묘한 작은 차이도 식별할 수 있죠. 물론 그것은 나한테 좋은 것, 나한테 나쁜 것이라는 뜻이니 그저 개인적인 기준에 불과할 뿐이지만, 그 차이를 아는 것과 모르는 것은 인생의 질이라고 할 만한 것까지 크게 달라지게 만드니까요. 끊임없는 가치 판단의 축적이 우리의 인생을 만들어갑니다. 그것은 사람에 따라 그림일 수도 있고 와인일 수도 있고 요리일 수도 있지만 내 경우는 음악입니다. 그런 만큼 정말로 좋은 음악을 만났을 때의 기쁨은 이루 말할 수 없이 큽니다. 극단적으로 표현하면, 살아 있어서 다행이라는 생각까지 듭니다.

짐 모리슨의
소울
키친

• •　　• • •　　•　　•

1983년 10월에 〈에지〉라는 잡지 창간호에 쓴 글입니다. 언제까지 발행되었는지는 모르겠습니다. 짐 모리슨에 대해 써달라는 부탁을 받았는지, 아니면 아무거나 좋으니 에세이를 써달라고 해서 짐 모리슨에 관해 썼는지 전혀 기억이 나지 않습니다. 꽤 오래전에 쓴 글이지만, 짐 모리슨의 음악은 지금도 변함없이 좋아합니다.

雑
文
集

1960년대 후반부터 1970년대 전반에 걸친 이른바 '혁명의 시대'에 배출된 무수한 록 밴드 중에서 우리가 선명하게 기억하는 밴드는 과연 얼마나 될까? 영화 〈우드스톡〉이 지금 다시 상영된다면, 우리는 과연 어떤 장면에서 얼마나 흥분할 수 있을까?

결국 대부분은 스쳐지나간 과거가 되어버렸다. 그 시대에 우리의 마음을 뒤흔들고 몸속을 꿰뚫을 것만 같던 많은 것들이 십 년이 지난 지금 되돌아보면, 교묘하고 번드르르하게 꾸며진 약속 같은 것에 불과했음을 깨닫게 된다. 우리는 원했고, 그리고 부여받았다. 그러나 우리는 너무 많은 것을 원했기 때문에 주어진 것들의 대부분은 결과적으로 유형으로 전락하고 말았다. 유형화된 문화를 거꾸러뜨려야 마땅할 카운터컬처에서 유형화가 일어난 것이다. 그리고 유형화된 카운터컬처에 대한 카운터=카운터컬처 운동이 일어났을 때 '혁명'은 당연하다는 듯이 막을 내렸다.

혹시 1969년이나 1970년에 세계 어느 대도시(예를 들면 샌프란시스코나 LA, 도쿄나 런던이나 파리)가 폼페이처럼 화산재로 뒤덮여버렸다면 그 유적은 상당한 볼거리가 되었겠지만, 물론 그런 대분화도 일어나지 않았고 모든 것은 사라져버렸다. 그리고 어느덧 카운터컬처라는 발상 자체도 사라져버렸다. 지금은 일단 유형화를 거부하려는 인간조차 보이지 않는다. 왜냐하면 그런 시도가 원리적으로 불가능하다는 사실을 모두가 알아버렸기 때문이다. 유일하게 남은 길은 '유형의 왕'이 되는 것뿐이다.

짐 모리슨은 스물일곱 살에 죽었다. 1971년 7월이었다. 너무도 이른 그의 죽음을 시대의 죽음과 겹쳐보는 것은 어려운 일이 아니다. 모리슨만이 아니라 그 시절에 많은 사람들이 죽었다. 지미 헨드릭스가 죽고, 제니스 조플린이 죽었다. 존 콜트레인은 그보다 조금 앞서 죽었다. 그리고 그들의 죽음은 각각 다른 크기의 유적을 남겼다.

죽은 자를 칭송하는 것은 기분 좋은 일이다. 그 대상이 젊은 나이에 죽었을 때는 더더욱 그렇다. 죽은 자는 배신도 반격도 하지 않는다. 그들은 그저 죽은 자일 뿐이다. 혹여 당신이 그들의 죽음에 신물이 났다고 해도 딱히 문제될 건 없다. 그냥 잊어버리면 그만이다. 그걸로 끝이다. 자기를 잊어버렸다고 해서 그들이 구태여 당신 집 현관으로 찾아와 문을 두드리지 않는다. 죽은 자를 칭송하는 것은 너무나도 쉬운 일이다.

그러나 그런 온갖 회상들을 뛰어넘고, 죽은 자를 칭송하고 유적을 순회한다는 꺼림칙함을 뛰어넘어, 짐 모리슨의 음악은 오늘날에 이르기까지 여전히 내 마음을 흔들어놓는다. 그가 남긴 레코드(총 여덟 장이다) 중 최고의 두세 장은 그 이후에 나온 어떤 록 뮤지션의 어떤 레코드보다 뛰어나고 충격적이다—라고 나는 생각한다. 내게 LP〈더 도어스〉를 넘어서며 전율을 일으키는 음반은 없고, 〈스트레인지 데이스〉를 넘어서는 아름답고 단순한 음반은 없으며, 〈L.A. 우먼〉을 넘어설 정도로 격한 탁월함을 간직한 음반은 없다.

내가 맨 처음 들었던 짐 모리슨과 더 도어스의 노래는 물론 '라이트 마이 파이어'였다. 1967년이었다. 그때 나는 열여덟이었고, 고등학교를 졸업한 후 대학에도 재수학원에도 가지 않고 온종일 라디오로 로큰롤만 들었다. 다른 해와 마찬가지로 그해에도 실로 많은 히트송이 나왔지만, '라이트 마이 파이어'는 내게 이를테면 예외적으로 강렬한 인상을 남긴 곡이었다.

'마음에 불을 붙여'라고 번역한 제목은 지나치게 밝다. 이 곡은 어디까지나 '라이트 마이 파이어'지 다른 무엇도 될 수 없다.

Come on baby, Light My Fire.
Come on baby, Light My Fire.
Try to set the night on fire!

자, 베이비, 내게 불을 붙여
자, 베이비, 내게 불을 붙여
이 밤을 모조리 불살라버리자!

나는 이 곡의 후렴 가사를 이런 식으로 이해했다. 고상하게 '내 마음에 불을 붙여'라거나 '밤새도록 타오르자'가 아니라 좀더 진정으로 물리적으로 실 자체에, 밤 사제에 불을 붙이는 것이다. 그리고 그러한 기묘하고도 직절적인 감각이야말로 짐 모리슨이라는 록 싱어의 생리다. 이 곡의 가사와 곡은 대부분 기타리스트 로비 크리거가 만들었지만, 그럼에도 짐 모리슨의 생리가 이 대중적인 히트송을 압도적으로 지배한다. 그 증거로 짐 모리슨 이외의 가수가 노래하는 '라이트 마이 파이어'를 들어보면 알 것이다. 그들의 노래는 잘하면 누군가의 마음에 불을 붙일 수 있을지도 모른다. 그렇지만 짐 모리슨 말고 과연 누가 육체 자체에 불을 붙일 수 있을까? 믹 재거라도 그런 일은 가능하지 않다.

나에게 '라이트 마이 파이어'는 나의 1967년과 너무나도 강렬하게 결부되어 있다. 1967년의 밤을 낡은 커튼처럼 확 잡아뜯어서 불을 붙일 수 있었다면, 나는 틀림없이 그렇게 했을 것이다.

짐 모리슨은 본질적으로 선동가였다. 더는 평범할 수 없을 만큼 보통의 우직한 군인 가정의 장남으로 태어난 제임스(짐) 더글러스 모리슨은 록 싱어가 됨으로써 부친을 상징적으로 척살하고, 어머니를 상징적으로 범하고, 스스로의 과거를 불살라버렸다. 데뷔 당시 짐은 성장 과정을 묻는 질문에 그냥 '고아'라고만 답했다. 그는 스스로를 선동함으로써 갓 태어난 짐 모리슨이라는 이름에 신성한 영혼을 부여하려 했다. 짐 모리슨은 짐 모리슨을 계속해서 선동해나갔다. 그런 선동 없이는 짐 모리슨은 짐 모리슨일 수 없었던 것이다.

그리고 그 시절, 우리 모두는 정도의 차이는 있었지만 짐 모리슨이었다. 짐 모리슨이 LSD와 코카인으로 그 머리를 선동하고, 버번 위스키와 진으로 그 소화기를 선동하고, 바지 지퍼를 열고 페니스를 끄집어내어 객석을 선동할 때, 우리는 그의 고통을 감지할 수 있었다.

그리고 짐 모리슨이 죽었을 때, 우리 안의 짐 모리슨도 함께 죽었다. 존 레넌, 밥 딜런, 믹 재거도 짐 모리슨이 남긴 공백을 채울 수는 없었다. 십이 년이라는 긴 세월도 그 공백을 메우기에는 역부족이었다.

1971년에는 1983년이라는 해가 정말로 나에게 찾아올 줄 상상도 못했다. 그런데도 1983년은 실제로 아무런 감동 없이 내게 들이닥쳤고, 나는 지금도 짐 모리슨과 더 도어스의 음반을 계속해서 듣는다. 나는 서른네 살이고, 여전히 밤을 불사르지 못하고 있다.

자, 이제 문 닫을 시간이야
돌아가야겠군
밤새도록 여기 있고 싶어
자동차로 스쳐가는 녀석들이 힐끔힐끔 쳐다보고
가로등은 희미한 불빛을 뿌려대고
게다가 네 머릿속은
완전히 맛이 간 것 같군
이제 갈 수 있는 곳이라야

빤하잖아
너의 소울 키친에서 하룻밤 재워줘
그 아늑한 스토브로 따스하게 만들어줘
_ '소울 키친*'

짐 모리슨이 그를 위해 마련된 소울 키친으로 사라진 지 십이 년이 흘렀다. 그리고 그의 노래는 지금도 여전히 스테레오 세트 주변에 살이 타는 냄새를 흩뿌리고 있다. 짐 모리슨은 결코 전설이 아니다. 전설로도 짐 모리슨의 공백은 채울 수 없었다.

*SOUL KITCHEN Music & Words by John Paul Densmore, Robert A. Krieger, Raymond D. Manzarek & Jim Morrison ⓒ by DOORS MUSIC COMPANY All rights reserved. Used by permission. Rights for Japan administered by NICHION, INC. JASRAC 出 1100058-101

노르웨이의
나무는
보고
숲은
못 보고

• •　　　•• •　　　　• •

이것은 야마카와 겐이치 씨가 편집했던 〈뉴 루디스 클럽〉이라는 음악 잡지에 쓴 글입니다. 1994년 6월. 비틀스의 특집호를 위해 뭐든 좋으니 비틀스에 관한 글을 써달라고 부탁받은 기억이 납니다. 나는 비틀스에 관해 글을 쓸 만큼 비틀스를 잘 알지 못하지만 '노르웨이의 숲'이라는 제목에 관해서는 쓰고 싶은 얘기가 있어 그거라도 괜찮다면 쓰겠나는 조건으로 요청을 받아들였습니다.

우선 양해를 먼저 구하고 싶은데, 나는 과거에 딱히 비틀스의 열렬한 팬이 아니었고, 지금도 딱히 비틀스의 열렬한 팬은 아니다. 내 세대(이른바 단카이* 세대죠) 사람들이 십대 무렵 모조리 비틀스 음악에 푹 빠져서 성장한 것은 아니다.

비틀스가 일본에 소개된 시기는 분명 내가 고등학교에 들어갔을 무렵이라고 기억하는데, 그때는 이미 내가 미국 팝을 거쳐 모던 재즈 쪽으로 옮겨갔기 때문에 거기에 비틀스 음악이 순조롭게 파고들 여지가 없었다. 솔직히 말해, '그런 건 어차피 영국사람이 하는 음악 아냐'라고 생각했다. 주위에 비틀스 음악에 푹 빠진 사람들이 있었던 건 분명하지만, 나는 일상적으로 비치보이스나 웨스트코스트 재즈** 등을 들었고, '이쪽이 진짜야'라고 굳게 확신하며 살았다.

그런 까닭에 1960년대와 1970년대에 비틀스의 레코드를 산 기억은 없다. 라디오 스위치를 켜면 원하든 원하지 않든 비틀스 노래만 쏟아져나왔기 때문에 그들의 히트곡은 모두 알고 있었다. 좋은 곡도 있는가 하면 그저 그런 곡도 있었지만(좋은 쪽이 훨씬 많았다), 멜로디와 제목은 제대로 연결할 수 있었고, 권총을 들이대며 '노래를 안 부르면 죽이겠다'고 위협한다면 일단 노래도 부를 수

* 1947-1949년 무렵의 베이비붐 세대.
** 1950년대 초반 미국 서해안의 젊은 백인 뮤지션들에 의해 전개된 편곡에 충실한 쿨 재즈.

있었다. 그렇지만 굳이 돈까지 지불하면서 음반을 사려 했던 적은 한 번도 없었다. 나에게 그것은 어디까지나 라디오를 틀면 저절로 흘러나오는 '유행하는' 음악이었다. 당시 나에게 그런 음악은 쿨하지 않았다. 베스트셀러 소설을 사지 않는 것과 마찬가지로 비틀스의 음반도 사지 않았다.

난생처음으로 비틀스의 레코드를 산 것은 1980년대에 들어선 후라고 기억한다. 일본을 떠나 이삼 년 유럽에서 생활할 때 느닷없이, 길거리에서 터무니없는 성욕에 난데없이 습격당한 것처럼 무작정 비틀스 노래가 듣고 싶어져서 현지에서 카세트테이프를 사다 들었다. 신기하게도 그때 가장 듣고 싶었던 것은 〈화이트 앨범〉이었고, 그리스의 특별할 것 없는 조그만 섬에 살 때에는 라디오카세트로 줄기차게 그것만 들었다. 그런 까닭에 귀에 접하고 이십 년의 세월이 흘러서야 비로소 비틀스의 음악이 좋구나 하고 처음으로 실감한 것이다. 물론 좋은 밴드라고는 생각했지만, 그런 식으로 눈을 감고 허심탄회하고 차분하게 그들의 음악을 들은 적은 한 번도 없었다. 차분히 듣고 있으니 어쩐지 메마른 땅에 서서히 물이 스며드는 느낌이었다. 이제야 가까스로 비틀스와 나는 정당한 해후를 했구나 하고 그때 생각했다.

그 무렵에 마침 《노르웨이의 숲》이라는 소설을 쓰기 시작했는데, 첫머리의 비행기 장면에 나오는 음악은 역시 '노르웨이의 숲'이어야 했다(아직 소설 제목은 붙이지 않았을 때다). 그 이유를 구체적으로 설명하라고 하면 곤란하지만, 여하튼 나는 그때 그 이외의 음악은 도무지 떠올릴 수가 없었다(지금도 떠오르지 않는다). 의식하든 못하든, 좋아하든 좋아하지 않든, 내 몸에는 이미 그들의 음악이 오랜 세월에 걸쳐 실시간으로 깊숙이 배어 있음을 실감했다. 아마도 그것이 세대라는 것이겠지.

그런데 이《노르웨이의 숲》이 출판되고 나서 'Norwegian wood'는 노르웨이의 숲이 아니다, 그것은 오역이다, 라는 의견이 나왔다. 올바른 번역은 노르웨이산 가구라고. 이 '노르웨이산 가구' 설은 예를 들어 앨버트 골드만이 쓴 존 레넌의 전기에도 나오고 세간에 하나의 정설로 퍼져 있는 듯한데, 그 견해가 백 퍼센트 옳으냐 하면, 그것도 조금 의문이 아닐까 싶다. 내가 비틀스의 음악을 깊이 연구하지는 않았기 때문에 반드시 그렇다고 확신할 수는 없지만, 내가 읽은 바에 한해서는 '노르웨이산 가구' 설에 관한 근거가 명확히 제시되지는 않았다(미국사람은 모를 수도 있지만, 당시 영국에서 Norwegian Wood라 하면 북유럽 가구를 가리켰다는 정도의 일반적 사실이 제시되어 있을 뿐이다). 미국사람이나 영국사람에게 물어봐도 "그건 노르웨이산 가구야"라는 쪽과 "아니야, 그건 노르웨이의 숲이야"라는 쪽으로 확연하게 이분된다. 이것은 아무래도 영어와 일본어의 언어적 차이에서 비롯되는 문제만은 아닌 듯하다.

부족하나마 번역자로서 한마디 하자면, Norwegian Wood라는 어휘의 정확한 해석은 어디까지나 'Norwegian Wood'일 뿐, 그 밖의 해석은 정도의 차이는 있지만 모두 잘못된 게 아닐까. 가사의 맥락을 살펴보면 Norwegian Wood라는 말의 애매모호한(규정할 수 없는) 울림이 이 곡과 가사를 지배하고 있는 것이 명백하고, 그것을 어떤 하나로 명확하게 규정하는 데는 약간의 무리가 따르기 때문이다. 일본어에서나 영어에서나 사정은 다르지 않다. 잡으려 할수록 도망쳐버린다. 물론 그 어휘가 어휘 자체로 가지는 이미지의 하나로, 노르웨이산 가구=북유럽 가구일 가능성도 있다. 하지만 그것이 전부는 아니다. 만약 그것이 전부라고 주장하는 사람이 있다면, 그렇게 협의적으로 단정하는 방식은, 이 곡의 애매모호함이 선사하는 불가사의한 심오함(그 심오함이야말로 이 곡의 생명이다)을 치명적으로 손상시켜버리는 일이 아닐까. 그것이야말로 '나무는 보고 숲은 못 보는' 일이 아닐까. Norwegian Wood가 정확하게는 '노르웨이의 숲'이 아닐지도 모른다. 그러나 그와 마찬가지로 '노르웨이산 가구'도 아니라는 것이 나의 개인적인 견해다.

〈플레이보이〉지의 인터뷰(1981년 1월호)에서 존 레넌은 Norwegian Wood에 관해 다음과 같이 말했다. "이 곡에 대해 나는 매우 신중하고 편집증적이었다고 생각한다. 당시 다른 여성과의 관계를 아내에게 들키고 싶지 않았으니까. 실제로 나는 늘 누군가와 불륜에 빠졌는데, 곡 안에서는 그런 육체적 관계를 교묘하게 얼버무려 묘사하고자 했다. 마치 연막으로 덮어씌우듯 실제 상황이 아닌 것처럼. 이건 누구와의 정사였는지 잊어버렸다. 도대체 어떻게 해서 노르웨이의 숲이라는 말이 떠올랐는지 알 수 없다."(곁점 부분 : 번역 무라카미+감수 나카가와 고로)

이 발언은(작품에 관한 작가의 발언이 모두 옳고 결정적일 수만은 없다는 사실은 내 경험에서도 알 수 있지만, 그렇다 하더라도) Norwegian Wood=노르웨이산 가구는 아니라는 것을 상당히 분명하게 시사하고 있다. 혹시 존 레넌이 발언한 그대로가 사실이라면, 이것은 '까닭은 잘 모르겠지만 모든 것을 애써 감추는 애매모호하고 심오한 무언가'가 된다. 그런 점을 염두에 두었을 때, 문득 존의 머릿속에 Norwegian Wood라는 이미지이자 관념(노션)이 떠올랐다는 얘기가 된다. 그것은 번역(혹은 해석) 불가능한 이미지이자 노션이다. 역시 아무리 생각해도 Norwegian Wood 그 자체일 뿐이다.

그러나 어찌 되었든 우리는 십대에 이 곡을 라디오에서 자주 들었고, 그것을 누가 뭐라든 '노르웨이의 숲'이라 불렀다. 정확히 따져보면 오역일지도 모르지만, 그것은 '노르웨이의 숲'이라는 비히클에 실려 우리에게 다가왔다. 그리고 그것은 우리 내부에 '노르웨이의 숲'으로 자리 잡았다. 따라서 '무슨 불만이라도 있나'라고까지는 말하지 않겠지만 어쨌든 멋진 제목 아닌가. 혹시 '노르위전 우드'(도시바 음악공업은 처음부터 일관되게 이것이 정식 제목이었다고 주장하지만)라거나 '북유럽 가구는 좋군요'라는 제목이었다면, 아무래도 이 정도 깊은 이미지로는 가슴속에 남지 않았을 것 같다.

이 Norwegian Wood라는 제목에 관해서는 흥미로운 설이 또 하나 있다. 조지 해리슨의 매니지먼트를 맡은 사무실에서 근무하는 어느 미국인 여성이 '본인에게 들은 얘기'라며 뉴욕의 어느 파티에서 해준 이야기다.

"원래는 제목이 Norwegian Wood가 아니었어요. 맨 처음 제목은 'Knowing She Would'였죠. 앞뒤 가사를 떠올려보면 그 의미는 알겠죠?(다시 말해 'Isn't it good, knowing she would?' 그녀가 해줄 거라는 걸 안다는 건 멋지잖아, 라는 뜻이다). 그런데 음반사에서 그런 부도덕한 문구는 녹음할 수 없다며 이의를 제기한 거죠. 그 왜, 당시에는 아직 그런 규제가 심했으니까요. 그래서 존 레넌은 즉석에서 Knowing She Would를 말장난하듯 비틀어 Norwegian Wood로 바꿔버렸죠. 그렇게 하면 뭐가 뭔지 알 수 없잖아요. 제목 자체가 일종의 농담 같은 거죠." 진위 여부를 제쳐두고라도 이 설은 너무나 세련되고 근사하지 않나? 혹시 이것이 진실이라면 존 레넌이라는 사람은 정말 최고라고 할 수밖에.

일본사람이
재즈를
이해할 수
있을까

고단샤의 종합지 〈현대〉(오래전에 휴간되었다)에 실렸던 글입니다. 1994년 10월호. 나는 그때 미국에서 지내고 있었는데, 일본인에 대한 브랜포드 마살리스의 발언을 읽고 나름대로 피부로 느껴지는 바가 있어서 이런 글을 쓰게 되었습니다. 현지에 있다보면, 이런 문화 마찰을 바라보는 관점이 일본에 있을 때와는 조금 달라지는 것 같습니다. 다만 이것은 당시(거품경제가 아직 꼬리를 감추지 않았던 시대의) 상황에 근거한 견해이므로 요즘 상황과 맞지 않는 점도 있습니다.

얼마 전 지인이 보내준 일본 재즈 전문지를 읽다가, 인기 있는 젊은 흑인 재즈 뮤지션인 브랜포드 마살리스가 미국판 〈플레이보이〉(1993년 12월호) 인터뷰에서 "일본사람은 재즈라는 음악을 이해하지 못한다"라고 발언한 사실을 알았다. 이 발언은 일본에서도 상당히 큰 파장을 일으켰던 모양이고, 이것에 대해 몇 명의 재즈 관계자가 의견을 밝히기도 했다. '분명 그런 면이 있을지도 모른다'라는 의견부터 '웃기는 소리다. 일본사람만큼 재즈를 제대로 평가하고 이해하는 국민은 없다'라는 의견까지 다종다양하다. 그러나 어느 쪽이 됐든 옛날부터 일관되게 재즈라는 음악을 따뜻하고도 진지하게 받아들여왔다고 자부하는 일본의 재즈 애호가에게는 브랜포드의 이번 발언이 정수리부터 찬물을 뒤집어쓰는 듯한 말이며, 크든 작든 감정적으로 충격이 된 것 같다.

브랜포드 발언의 요지를 간략하게 옮겨보면 다음과 같다.

"일본사람은 왜 그런지 잘 모르겠지만, 역사적이거나 전승되어 온 것에는 정신을 못 차리더군요. 다른 많은 나라 사람들과는 달리 그들은 재즈라는 것을 미국을 느끼는 하나의 체험으로 받아들여요. 그런데 이해를 하느냐 하면, 거의 대부분의 사람들은 이해를 못 해요. 어쨌든 내 콘서트에 오는 관객들을 보면 그렇죠. 모두가 '이 녀석들, 대체 뭘 하는 거지?' 하는 표정으로 멍하니 우리를 바라볼 뿐이에요. 그러면서도 다들 구태여 들으러 온단 말이죠. 클래식 음악이나 마찬가지예요. 사람들이 이선 좋은 음악이고 들을 필요가 있다고 하니까 들으러 오는 거죠. 그래서 고개를 갸웃거리며 짝짝짝 박수를 치고 돌아갑니다. 큰 콘서트홀의 청중은 여하튼 기묘해요. 소규모 클럽 쪽이 훨씬 더 멋지고 경영자도 좋은 사람들이죠. 친절하게 잘 대해주고. 식사도 대접해주고 원하면 매력적인 아가씨까지 소개해주죠. 난 사양하지만."

이 내용을 접하고 내가 맨 처음 떠올린 생각은 마살리스가 하는 말은 최근 몇 년 사이에 미국 흑인들 사이에 급속하게 퍼진 안티세미티즘(반유대주의)의 열기와 통하는 면이 상당히 많다는 것이다. 이것은 '일본사람이 재즈를 이해하느냐 못 하느냐'라는 단순한 음악적 논의만으로는 수습될 것 같지 않다. 이 발언이 함의하는 문제의 뿌리는 겉보기보다 훨씬 크고 깊지 않을까.

1960년대 전반 미국 정치의 커다란 태풍의 눈이었던 공민권운동 현장에서 흑인과 유대인이 손을 잡고 공동투쟁을 펼친 사실은 유명하다. 동부의 수많은 젊은 유대계 미국인들이 흑인운동을 지원하기 위해 남부로 향했고, 문자 그대로 흑인들과 괴로움을 함께 나누었다. 그들은 미국에서 억압받는 소수민족으로 함께 일어나 사회적 공정과 정의를 주창했던 것이다. 그런데 최근 들어 바람의 방향이 크게 변했다. 일부 흑인 지도자들이 최근 몇 년 사이에 놀라울 만큼 직접적으로 반유대주의적 프로파간다를 시작한 것이다. 유대인들은 우리를 돕는 척하며 결국은 우리를 이용해 자기들의 정치적 우위를 다져온 것이 아닌가, 그들은 애당초 흑인의 지위 향상 따윈 아무 관심도 없었다. 그 증거로 유대계 미국인들 대부분은 높은 사회적 지위를 얻어 당당한 위세를 떨치는 데 반해 흑인들은 여전히 유형무형의 사회적 억압에 시달리며 실질적으로는 빈민가로 내몰리지 않았는가, 하는 것이 그들의 주장이다. 특히 대도시에 사는 젊은 흑인들은 유대인에게 뿌리 깊은 반감을 품고 있는지, 실제로 레이셜 컨플릭트(인종 대립)의 연장선상에서 유대계 미국 시민의 살해사건도 몇 건 일어났다. 지역에 따라서는 유대계 시민과 아프리칸 아메리칸(이라는 말이 현 시점에서는 가장 정치적으로 올바른 호칭이지만, 조금 길어서 여기에서는 흑인으로 통일한다) 간의 큰 충돌도 발생했다. 특히 유대계와 흑인이 코를 맞대듯 가까이 살아가는 뉴욕 시에서는 이러한 대립이 상당히 심각한 문제로 대두되었다. 전통 있는 흑인 학교인 하워드 대학은 '학생들 사이에 문제가 생길 여지가 있다'는 이유로 퓰리처상 수상자인 유대계 학자의 예정된 강연을 일방적으로 취소하여 유대계 시민들을 격노시켰다.

1960년대 공동투쟁의 기억을 아직도 생생하게 품고 있는 구세대 흑인들은 "문제는 있지만, 그래도 옛날에 비해 흑인의 사회적 지위가 훨씬 향상됐잖아"라고 말하지만, 도심 지역의 높은 실업율과 만연하는 마약, 거의 일상적 풍경이 되어버린 총기 폭력 범죄, 압도적으로 높은 십대 소년들의 사망률과 십대 소녀들의 사생아

출산율 같은 구제할 길 없이 질식할 것 같은 상황 속에서 자랄 수 밖에 없었던 대부분의 젊은 흑인층에게 법적인 평등 따위는 결국 그림의 떡이다. 실제로 레이건 이후의 미국은, 번영의 시대든 불황의 시대든 '가상현실'이라 할 만큼 허울 좋은 간판을 내걸고 뒤로는 흑인이 다수를 차지하는 저소득층을 버려둔 채 효율적으로 가동되어온 것이다. 따라서 젊은 흑인들이 느끼는 격한 욕구불만이나 분노가 이따금 부정적인 형태의(왜냐하면 하나의 인종차별을 보상하는 과정에서 비롯되는 또 하나의 인종차별은 어떤 이유나 대의에도 늘 불모하고 불행한 일일 뿐이므로) 반유대주의로 이어졌다. 이스라엘에 무력으로 억압되어 영토를 빼앗긴 팔레스타인 사람들에 대한 일반적인 동정 역시 그러한 경향에 박차를 가했다.

스파이크 리의 영화 〈말콤 X〉는 이런 고된 현실이라는 사회적 배경 없이는 아무래도 이해하기 힘들다. 작품 속에서 말콤에게 곱게 자란 듯 보이는 동부 일류대 여대생이 다가온다. 그리고 진지하게 묻는다. "내가 흑인운동을 위해 뭐든 도울 수 있는 일이 없을까요?"(아마 스파이크 리는 머릿속으로 돈 많은 유대계 학생을 떠올리지 않았을까) 말콤은 내뱉듯 답한다. "전혀!" 옛날이라면 상상조차 할 수 없었을 장면이다. 결과적으로 어떤 결론에 도달하든 거기에는 아마도 좀더 긴 대화가 있고, '인종을 넘어선 공동투쟁'이라는 이미지가 나름대로 선명하게 떠올랐을 것이다. 그렇지만 스파이크 리는 그러한 이미지에 가차 없는 '노'를 선언한다. 거기에는 이미 대화의 여지가 없다. 매몰찬 단 한 마디 "낫싱!"이라 말할 뿐이다. 그리고 이 황폐하고 건조한 장면을 빼고는 〈말콤 X〉를 이야기할 수 없다. 왜냐하면 스파이크 리는 명확하게—심정적으로도 전략적으로도— 도심부에 사는 성난 젊은 흑인들을 겨냥해 영화를 만들었으며, 그들의 강력한 지지를 결집하기 위해서는 직접적이고도 전투적인 메시지가 반드시 필요했을 것이다.

따라서 계몽적인 차원에서 이 영화는 충분히 성공을 거두었고, 볼 만한 장면도 많다고 할 수 있다. 그러나 그밖의 차원에서는 솔직히—적어도 나에게는— 그다지 재미있다고 할 수 없다. 스필버그의 〈쉰들러 리스트〉에 관해서도 대체로 비슷하게 이야기할 수 있지 않을까. 두 영화의 공통점은 그 작품들이 일종의 민족적 프로파간다 역할을 짊어진 고도의 오락영화로 만들어졌다는 것이다. 좀 더 명확하게 말하면, 이들 영화는 '특정 집단을 위한 특정 목적의 영화'인 셈이다(아마도 스필버그는 그렇지 않다고 강하게 부정하겠지만). 실제로 〈말콤 X〉가 개봉하는 날 밤 미국 각 도시의 영화관을 에워싼 관객의 구십 퍼센트가 젊은 흑인이었다. 〈쉰들러 리스트〉든 〈말콤 X〉든 평범한 일본인이 그런 맥락을 고려하지 않은 채 본다면 경우에 따라서는 '작품이 좋은 건지 나쁜 건지 잘 모르겠다'며 고개를 갸웃거릴 수밖에 없다. 기존의 발상 내지는 예의 '예술작품으로' 이들 영화를 감상하는 것은 첫 단추부터 잘못 끼우는 셈이다. '인간이 제대로 묘사되지 않았다'거나 '설명이 과도하게 많다'거나 아무래도 이런 식의 엇갈린 평가가 나오게 마련이다. 두 영화는 영화로서 작품으로서 좋다 나쁘다가 아니라, 오히려 A지점에서 B지점으로 교묘하게 사람을 옮겨놓는 현상적 비히클로서 유효한가 아닌가 하는 실용적인 좌표축 하나를 별개로 더 적용시켜 평가해야 옳지 않을까.

다시 재즈 이야기로 돌아가, 1960년대에 들어 돌연 이른바 '펑키 붐'이 일어났을 무렵, 일본의 재즈 팬과 흑인 재즈 뮤지션들은 밀월의 한때 같은 시기를 맞게 되었다. 당시 본국 미국에서는 재즈가 사회적으로 거의 지위를 인정받지 못했고, 설령 일류 뮤지션이라 하더라도 일반 대중의 존경을 받는 일은 드물었으며, 예외적 소수가 있지만 생활 자체도 그리 넉넉하지 않았다. 그리고 대체로 특히 흑인 뮤지션의 경우 그런 경향이 현저히 강했다. 가령 재즈라는 음악이 일부 팬들의 인기를 얻었다 해도 조직화된 재즈 클럽이나 레코드 회사가 수입의 대부분을 가져갔고, 뮤지션한테까지는 좀처럼 돌아오지 않았다. 그리고 돈이 되는 '짭짤한 일'은 거의 백인(대다수는 유대인) 뮤지션이 휩쓸어갔다. 1950년대부터 1960년대에 걸쳐서 경영면에서도 가장 성공한 인기 재즈 뮤지션은 마일스 데이비스도 존 콜트레인도 아닌, 데이브 브루벡과 보사노바 시대의 스턴 게츠였다. 스윙 시대의 '스윙의 왕'이 엘링턴이나 베이시가 아니라 베니 굿맨이었던 것처럼.

 당시 여러 기록들을 보면, 거의 소모품에 가까운 취급을 받는 일류 뮤지션이 결코 적지 않았다는 사실에 놀라지 않을 수 없다. 뉴욕의 마이너 레이블인 프레스티지 레코드는 1950년대에, 천재적인 재능에도 불구하고 여전히 시대를 한탄하던 마일스 데이비스나 텔로니어스 멍크의 명반 여러 장을 세상에 내놓고, 경영자 밥 와인스톡은 재즈의 훌륭한 이해자로 널리 알려졌지만, 마일스 데이비스의 자서전에 따르면, 이 남자는 재능 있는 흑인이라는 약점을 이용해 공짜나 다름없는 헐값으로 흑인 재즈 뮤지션을 혹사시켜 돈을 긁어모은 인색한 유대인이었다―라는 것이다. 물론 이런 식의 평가에는 여러 가지 개인적 경위나 호불호가 따라붙기 때문에 한쪽 의견을 그대로 믿을 수는 없지만 일반적으로 그런 경향이 존재했다는 사실은 아무래도 부정하기 어려울 것이다.

 그러나 일본사람은―특히 1961년의 아트 블래키 공연 이후―흑인 재즈 뮤지션과 그 음악을 높이 평가했고, 그들을 매우 친근하게 여기게 되었다. 당시 일본은 지금에 비해 깜짝 놀랄 만큼 가난했기 때문에 요즘처럼 미국 뮤지션을 잇달아 초청하는 일은 불가능했고, 따라서 '본고장'의 연주를 눈앞에서 직접 들을 기회는 지극히 한정되었다. 그렇기 때문에 일본사람들은 그들이 오면 열광적으로 환영했고, 그야말로 '평생에 단 한 번뿐인 만남'이라는 심경으로 필사적으로 귀를 기울였으며, 스스로 품고 있는 경의를 상대에게 조금이라도 더 전달하고자 애썼다. 그 결과 일본을 찾은 대부분의 흑인 재즈 뮤지션들은 따뜻한 환대에 순수하게 감동해서 그후로도 일본을 즐겨 방문하게 되었고, 몇 명인가는 일본 여성과 결혼까지 하기에 이르렀다. 거기에는 같은 유색인종으로서의 공감 같은 것도 틀림없이 존재했을 것이다. 만약 언어적인 장벽이 없었다면, 1960년대에 상당히 많은 흑인 재즈 뮤지션들이 유럽이 아니라 오히려 일본으로 이주해 살지 않았을까.

 나도 1964년에 아트 블래키&재즈 메신저스(프레디 허버드, 웨인 쇼터, 커티스 풀러 등 실로 눈이 번쩍 뜨일 만한 프런트 라인업이었다)의 고베 공연에 갔는데, 당시 콘서트는 무대 위에서 연주자가 뿜어내는 열기는 물론 그 음악을 받아들이는 청중의 뜨거운 반응 역시 실로 특별했다고 기억한다. 음악의 울림을 구석구석까지 다 빨아들이겠다, 뮤지션들의 일거수일투족까지 머릿속에 새기겠다는 지독한 굶주림 같은 것이 빈틈없는 객석에서 절절히 뿜어져 나왔다. 그곳에는 '일본사람이 재즈를 이해하느냐 못 하느냐'라는 문제보다 절실한 마음가짐이 있었다. 지금도 물론 '뜨겁게 달아오르는' 콘서트는 이따금 있지만, 그때의 콘서트는 '뜨겁게 달아오르는'이라는 단계를 넘어서는 표현이 필요했다. 청중이 연주를 듣고 예정조화의 틀 안에서 뜨거워지는 게 아니라 그 자체가 엄청난 발열원으로서 상호적으로 기능했다. 이 현상은 역시 사회 자체의 굶주림을 빼놓고는 거론할 수 없을 것이다. 요즘이야 '이번에 브랜포드 마살리스가 온대. 잠깐 들으러 갈래. 흐음, 나쁘지 않아. 좋지. 자 그럼, 이제 밥이라도 먹으러 갈까' 정도로 끝나버리지만(물론 그렇지 않은 분도 계시겠지만, 이건 어디까지나 일반론으로) 당시는 그렇게 손쉬운 일이 아니었다. 공연을 하러 오는 뮤지션 쪽에서도 처음에는 "일본은 솔직히 세계의 끝이잖아. 그 사람들이 우리가 하는 재즈를 제대로 이해할까?"라며 반신반의했을 것이다. 그런데 막상 와보니 뜻하지 않게 대대적으로 환영받았고, 그렇다 보니 한층 더 감격해서 분발한 점도 분명히 있었을 것이다.

그러나 마살리스 형제 세대의 재즈 뮤지션들에게는 그저 옛날이야기일 뿐이다. 미국의 현 세대 흑인들의 눈에 유대인들이 이미 억압받는 소수민족으로 비치지 않듯이(오히려 중동의 소수민족들을 압박하는 무리로 비치듯이), 그들에게 일본인은 이미 동정을 품을 만한 유색인종이 아니다. 달리 표현하면 우리는 이미 그들에게 '형제'가 아니다. '반쪽짜리 형제'도 못 된다. 이것은 조금 극단적인 예일지도 모르지만, 1993년 롱아일랜드에서 있었던 철도 총기 난사 사건의 범인 콜린 퍼거슨은 범행 당시 소지하고 있던 성명서에서 '백인, 아시아인, 엉클 톰(백인화된 흑인)'을 살해 대상으로 삼았음을 명확히 밝혔고, 실제로 그때 열차에 타고 있던 일본인 회사원도 총에 맞았다. 이러한 인종 간 위치 관계의 변화에 따른 알력이 매우 치열하고 심각하다는 것은 일본의 재즈 팬들도 현실적으로 확인해둘 필요가 있다. 그들에게는 이미 미국 사회를 압도하고 부의 대부분을 소유하는 백인 혹은 유대인과 마찬가지로, 일본인 역시 기본적으로는 그들을 억압하고 착취하는 측에 서 있기 때문이다. 그들에게 우리는 돈다발을 쌓아 미국의 영화사를 매수하고, CBS레코드를 매수하는 민족인 것이다. 우리는 어쩌면 그것을 정당한 '투자'라고 부를지도 모르지만, 그들은 어쩌면 문화적 경제적 '약탈'이라 부르고, '착취'라 부를지도 모른다. 결국 우리는 미국 경제에 '투자'함으로써 원하든 원치 않든 그 사회가 품고 있던 불평등까지 덤으로 받아들이고 말았으니까. 태평양을 넘어.

따라서 마일스가 밥 와인스톡을 비난하는 것과 같은 수준에서 우리 일본인 역시 그들에게 손가락질당하는(혹은 당할 수도 있는) 존재인 것이다. 마살리스 입장에서는 혹은 그가 배후로 삼은 흑인들 입장에서는, 그런 억압하는 측에 선 인간이 막힘없이 간단히 재즈를 이해한다면 오히려 곤란할 것이다. 재즈라는 음악은(그리고 블루스나 랩뮤직 또한) 그들에게 민족을 하나로 이어주는 소중한 정신적 자산이요 절실한 마음의 버팀목이니까.

그런 의미에서 마살리스 형제를 중심으로 한 새로운 세대의 재즈 뮤지션들은 정치적으로 상당히 깨어 있다고 말해도 좋을 것이다. 혹은 자각적일 수밖에 없다고 할까······. 세간에 마살리스 형제의 음악은 음악 자체로는 뛰어나고 스마트하며 수준도 높은 게 분명하지만, 그다지 흥미진진하지 않고 굵직한 감명도 없다는 얘기도 있다. 나도 굳이 말하자면 이쪽에 가까운 의견이다. 분명 똑같이 정치적이라도 일찍이 찰스 밍거스의 음악에 담겨 있던 뜨겁고 직접적인 분노는 찾아볼 수 없는 대신 모든 것이 도회적이고 쿨하고 세련되고 교양 있다. 거기에서는 우리가 일찍이 재즈라는 음악에서 느꼈던 것과 같은 종류의 열기가 허락되지 않을 거라 생각한다. 그러나 그런 특질을 그들의 음악에서 요구하는 것 자체가 단추를 잘못 끼우는 것이나 마찬가지며, 그런 이유로 그들의 음악적 가치가 떨어지는 일도 아마 없을 것이다. 따라서 기본적으로, 마살리스 일파의 음악을 정확하게 협의의 '재즈'로 이러쿵저러쿵하기보다 오히려 더 넓은 의미에서 흑인 문화의 한 분야로서 종합적으로 재검토하고 재평가하는, 말하자면 수정주의적이고 계몽적인 흐름 속에서 파악해야 한다고 생각한다. 거기에는 또한 새로운 사상적 트렌드인 전투적 '아프리카 중심주의(아프로센트릭)'도 좋든 싫든 따라온다. 그리고 적어도 현재 시점에서 극히 소수의 예외를 제외하면, 그들의 그러한 관점에 일본인의 존재가 끼어들 여지는 솔직히 거의 없지 않을까. 물론 이것은 '수정주의적 견지'에서 본다면, 이라는 전제가 따라붙지만.

마살리스 일행이 구체적인 청중으로 마주하는 대상은, 바꿔 말해 이러한 수정주의적인 컨텍스트를 중심으로 받들고 있는 상대는, 스파이크 리의 영화와 마찬가지로 도심부에 사는 '젊고 성난 흑인층'일 것이다. 그 뜨거운—때로는 조금 지나치게 뜨거운—온상을 빼놓고는 현재 미국의 흑인문화를 논할 수 없을 게 분명하다. 아주 단순히 구분하자면, 그들이 그 흑인층의 의식적으로나 연령적으로 위쪽을 담당하고, 비교적 아래쪽은 랩 뮤지션이 담당한다는 말이 될지도 모른다. 스파이크 리도 마살리스 형제도 매우 인텔리 계급의 흑인이다. 그들은 이탈리안 슈트를 맵시 있게 쭉 빼입고, 하버드 대학에서 강의를 하고, 혹은 고급 리조트에서 우아하게 여름을 보낸다. 그들의 관중 혹은 청중 속에는 많은 인텔리 백인이 포함되어 있다. 그리고 또한 현재 마살리스 일파의 경우, 수입의 상당 부분을 결과적으로 일본 시장, 혹은 일본계 기업에서 거둬들이고 있다고 추측된다(무라카미 주 : 이것은 1994년 당시 상황에 관해 서술한 내용이다).

그렇다고 해서 그들이 과거 대다수의 중산층 흑인들처럼 백인의 라이프스타일에 맞는 가치관을 '표준 모델'로 지향하는 것은 아니다. 그들은 자기들이 '아프리칸 아메리칸'의 일원임을 지극히 의식하고 있으며 그것에 긍지를 가지고(혹은 가지려 하고), 시선은 한결같이 공격적인 젊은 흑인층을 떠나는 법이 없다. 왜냐하면 그런 층이야말로 그들의 근거가 되는 진정한 토양이요, 창작자인 자신들의 정체성의 원천임을 잘 알고 있기 때문이다. 따라서 혹시 브랜포드 마살리스가 미국의 한 인터뷰에서 "일본인은 우리 흑인과 마찬가지로 재즈를 잘 이해하며, 매우 훌륭한 청중이다"라고 했다면, 그는 아마도 본국의 지지층에게 격한 야유를 받았을 것이다. 그러므로 그의 입장에서는 설령 그렇게 생각하더라도(그럴 리는 없겠지만), 그런 말은 도저히 입 밖에 낼 수 없을 것이다. 일본인 평론가 가운데 '이것은 아마도 미국 잡지 인터뷰에서 마살리스가 립서비스처럼 한 말이며 별 악의는 없어 보인다'라고 호의적으로 파악하는 쪽도 있지만, 꼭 그렇게 볼 수만은 없을 것이다. 오히려 〈플레이보이〉지에 실린 발언이 거짓 없는 본심이다. 일본 시장을 고려한 정중한 립서비스가 아닌 이상, 이렇게 말할 수밖에 없다―의 전형이 아닐까 생각한다. 좀더 정치적으로 따져보자는 건 아니지만, 미국의 인종적 상황이 또다시 새로운 변화를 맞고 있다는 인식은 일본의 재즈 애호가에게도 어느 정도 필요할 것이다.

자 그렇다면, 일본사람은 정말로 재즈를 이해하는가, 라는 맨 처음 문제로 돌아가자. 이쯤에서 두 가지 다른 결론으로 수렴할 수 있을 것이다.

① "우리 흑인들이 역사적으로 맛볼 수밖에 없었던 고통을 너희가 어찌 알겠느냐. 그리고 그런 고통이나 아픔을 모르는 인종이 재즈라는 음악의 진수를 어찌 알겠느냐. 너희는 돈을 쌓아두고 우리를 고용해 음반을 만들고 일본으로 불러내 눈앞에서 연주를 시키는 것뿐이지 않느냐. 우리는 어쩔 수 없어 따르긴 하지만, 뒤에서는 다들 비웃고 있다"라고 브랜포드 마살리스가 얼굴을 맞대고 분명

하게 말한다면, 아마도 '그건 확실히 맞는 말입니다'라고 대답할 수밖에 없으리라. 혹은 '그렇지 않다'는 주장을 유효하게 증명할 수는 없으리라. 그런 관점에서 볼 때, 일본사람은 재즈를 진정으로 이해하지 못한다는 말을 들어도 어쩔 수 없는 부분이 분명히 있다. 일본이 경제적으로 윤택해진 만큼 옛날에 비해 타자에 대한 순수한 배려나 공감 같은 것이 조금 희박해진 듯 느껴질 때도 더러 있고, 그렇기 때문에 브랜포드 마살리스도 일본 청중에게 그다지 강한 애정을 품지 못하는 건 아닐까.
② 그러나 '으음, 그건 아니지, 마살리스 씨. 그런 표현은 정당하지 않아. 재즈라는 음악은 이미 세계 음악 속에서 확고한 시민권을 얻었고, 그것은 달리 말해 세계 시민의 자산으로 기능하고 있다는 뜻이지. 일본에는 일본 재즈가 있고, 러시아에는 러시아 재즈가 있고, 이탈리아에는 이탈리아 재즈가 있는 거야. 물론 흑인 뮤지션이 핵심 추진 세력으로 크게 경의받아야 하는 건 틀림없는 사실이고, 그 역사 또한 절대 간과되어서는 안 되겠지. 그러나 그들만이 그 음악의 유일한 정통적 이해자요 표현자이며 다른 인종은 그곳에 낄 틈이 없다고 말한다면, 그것은 너무나 오만한 논리이자 오만한 세계관이 아닐까. 그런 식의 일급시민과 이급시민의 분별이야말로 아파르트헤이트*나 다를 바 없잖아'라는 반론도 가능하다. 그

---

* 1994년에 철폐된 남아프리카공화국의 극단적인 인종차별정책과 제도.

런 맥락에서 일본사람은 '세계 시민으로서' 상당히 성실하고 열심히 재즈를 이해하고 있다고 해도 좋을 것이다.

어느 쪽 의견이 옳은가 하는 것은 말할 필요도 없이 어느 쪽 입장에 서서 바라보느냐에 따라 달라진다. 내 개인적 의견을 밝히자면, 양쪽의 의견 다 나름대로는 옳다. 이런 식의 결론은 조금 지나치다싶게 우등생 같을지도 모르지만, 우리 일본인이 혹시 재즈를 진지하게 듣고자 한다면(또는 블루스나 랩뮤직을 진지하게 듣고자 한다면) '음악은 음악으로 뛰어나면 그걸로 충분하다'는 것 이상의 경외를 미국 흑인의 역사와 문화 전반으로 좀더 확장해도 좋을 것이요, 오늘날 곳곳에서 볼 수 있는 '돈다발을 쌓아둔 채, 우리가 돈이 있으니 재즈(에 국한되지 않고 다른 무엇이든)를 체계화해주겠다'라는 식의 풍조는 가능하면 고치는 게 좋을 것이다―적어도 좀더 조심스러운 편이 좋을 거라고 생각한다. 설령 악의는 없다 하더라도. 또한 그와 동시에 마살리스 형제를 비롯한 젊은 흑인 뮤지션들 역시 문화적 점유권을 소리 높여 제창하기보다는 음악을 통해 세계로 뻗어나가 더 폭넓은 민족적 정체성을 확립하겠다는 관점을 가졌으면 한다. 이런 일반론으로 매듭짓기에는 오늘날의 사회현상이 너무나 폐색적이고 과하게 무거울지도 모르지만, 적어도 인종주의에 대한 역인종주의라는 구도에서는 실로 창조적인 것이 생겨나기 어렵지 않을까.

돌이켜 생각해보면 이런 나도 지금으로부터 삼십 년 전으로 거슬러올라가 재즈 콘서트에 처음 갔을 때는 뭐가 뭔지 잘 몰라서 '저 사람들 대체 뭘 하는 거지?' 하고 멍하게 무대를 바라봤던 것 같다. 하지만 브랜포드 마살리스가 말한 '아무것도 이해하지 못하는 관객' 속에서 반드시 재즈를 이해하려 노력하는 사람 몇 명쯤은 나온다고 생각한다. 그리고 그렇게 함으로써 음악의 잠재력이 더 크게 성장해나갈 게 틀림없다. 그런 힘의 존재를 소박하게 믿는 데에서부터 음악의 진정한 가치가 생겨나는 게 아닐까. 나는 그렇게 믿고 있고(그것은 음악에 국한되지 않고 소설에서도 마찬가지지만), 그런 의미에서 브랜포드 마살리스의 〈플레이보이〉지 발언은 아무래도 조금 씁쓸하다고 말하고 싶다. 어쨌거나 한정된 문맥으로 매사를 보는 관점은, 설령 그 자체가 논리적으로는 옳다 하더라도, 결국은 음악 자체를 숨 막히고 생명력 없는 것으로 만들 뿐이고, 결코 누구를 위한 일도 될 수 없을 것이다. 그런 그다지 행복하다고 할 수 없는 실례들을 우리는 지금까지 몇 번이나 목격해왔다.

그러나 세상에 논의거리를 제공했다는 점에서 브랜포드의 '일본사람은 재즈를 모른다'라는 이번 발언은 서로에게(즉, 흑인 뮤지션에게도 일본 재즈 팬에게도) 나름대로 유의미한 일일 수도 있다고 생각한다. 이런 문제와 관련하여 사람들이 좀더 정직하게 속내를 드러내고 함께 본심을 털어놓는 것은 유익한 일이다. 좋은 기회이니, 어떻게 하면 서로를 더 잘 이해할 수 있는가에 관해 철저하게 논의해가길 바란다. 거기에 음악을 사랑하는 공통항만 존재한다면(물론 존재할 테지만), 언젠가는 반드시 하나의 타협점, 합의점이 성립될 것이다. 아니면 좀 과장된 표현일지 모르지만, 이런 대수롭지 않아 보이는 작은 문화적 마찰을 감정적으로 반응하지 않고 차분히 마주하여 하나하나 상세하게 검증해나갈 때 비로소 앞으로의 더 큰 마찰도 오히려 명확하게 파악할 수 있지 않을까. 그와 동시에 일본이라는 국가 안에 있는, 미국과는 또다른 구조의 실체 같은 것도 파악할 수 있지 않을까.

빌
크로와의
대화

• •   •• •   •   •

재즈 베이시스트인 빌 크로 씨의 자택을 방문해 대화를 나눴습니다. 그의 저서 《안녕 버드랜드》《재즈 우화》를 번역한 인연으로 그와 관련된 이야기들을 들었습니다. 크로 씨는 차분하고 조용한 사람으로 긴 시간 동안 아주 친절하게 이야기를 들려주었습니다. 그의 이야기를 듣다보면, 1950년대부터 1960년대 초 사이에 재즈 뮤지션이었다는 것은 실로 즐겁고 신나는 일이었음을 실감하게 됩니다. 일본판 〈GQ〉 1994년 10월호에 게재.

雜
文
集

어쩌면 최근의 재즈 팬은 빌 크로라는 이름을 모를지도 모른다. 그러나 1950년대부터 1960년대 초에 이르기까지 재즈를 조금이라도 진지하게 들어온 사람이라면, 그 이름을 들어본 기억이 분명히 있을 것이다. 빌 크로는 1950년대 초에 스턴 게츠 퀸텟의 베이시스트였고, 게리 멀리건의 피아노리스 쿼텟 및 전설적인 콘서트 재즈밴드의 베이시스트였으며, 클라크 테리=밥 브룩마이어 쌍두 밴드, 그리고 알 콘=주트 심스 쌍두 밴드의 베이시스트로도 활약했다. 한마디로 말해 실로 수수하고 깊은 맛이 있는 밴드에서 실로 수수하고 깊은 맛이 나는 연주를 한 사람이다. 배우로 말하자면 명조연, 주역을 고집하는 타입은 아니지만(실제 리더로는 한 장의 앨범도 남기지 않았다) 조용하고 확실하게 그때그때 시대마다 마음에 남는 연주를 남겼다.

그는 또한 모던 재즈판에서만이 아니라 피 위 러셀이나 빅 디킨슨 또는 베이시 악단의 멤버와 같은 밥* 이전 스타일의 재즈 뮤지션과도 곧잘 함께 연주했다. 1950년대 재즈라고 하면, 아무래도 하드밥**에서 펑키***로 이어지는 계열에 인기가 집중되었지만,

---

* 초기 모던재즈의 한 형식. 종래의 스윙재즈와 같은 중후한 연주 대신 다채로운 리듬, 복잡한 멜로디나 화성을 특징으로 함.
** 공격적이며 격렬한 모던재즈의 한 스타일.
*** 재즈의 한 형태로 흑인의 체취라는 뜻을 가진 은어에서 비롯된 연주 형태. 흑인의 정서, 감각, 선율적 특색이 있음.

그의 연주는 그런 공격적인 음악과는 별 인연 없이, 굳이 표현하자면 '전통적인 색채가 감도는 온화한 신감각' 같은 것을 지향한 듯 느껴진다. 결코 소극적인 사람은 아니지만, 당장 새로워 보이는 묘한 것이나 반짝반짝 화려하게 빛나는 것은 이 사람이 흥미를 느끼는 영역이 아니었다. 상당히 완고하고, 호불호가 분명해 보인다.

본인은 "나는 지방 공연이 많아서 다른 사람들만큼 스튜디오 일은 못 했어"라고 말하지만, 뜻밖에도—그야 물론 밀트 힌턴이나 레이 브라운 같은 이들에게는 훨씬 못 미치지만— 취입한 음반 수는 많다. 나도 꽤 찾아다니며 수집하느라 했지만, 도저히 따라갈 수가 없다. 그가 녹음했던 레코드의 디스코그래피*를 만들어 가져갔더니, "아주 꼼꼼하게 조사했군" 하고 자기가 만든 디스코그래피를 컴퓨터에서 출력해줬는데, 그것은 내가 조사한 양의 두 배는 되었다.

그러나 최근의 빌 크로는 굳이 얘기하자면, 연주보다는 책으로 명성을 더 얻고 있다. 그의 첫 책인 《재즈 우화집》은 정말이지 격하게 재미있는 터라 읽다보면 몇 번이나 큰 소리로 웃게 된다. 이 책은 그가 사십 년가량 재즈 뮤지션으로 생활하면서 귀에 접하게 된 방대한 양의 '조금 재미있는 이야기'를 한데 모은 것인데, 깜짝 놀랄 만한 기억력과 뛰어난 말솜씨로 수많은 재즈 애호가의 감탄

* 작곡가별, 연주자별, 장르별 등의 특정한 목적 아래 그것에 관한 음반을 망라하고, 여러 가지 데이터를 수록한 목록.

雜文集

을 자아냈다. 그는 말한다. "우리는 휴식 시간에 무대 뒤 대기실에서 실없는 얘기만 주고받으며 다 함께 깔깔거리면서 하루하루를 보냈지. 그럴 때면 누군가가 반드시 이런 말을 꺼내, '어이, 이렇게 웃긴 얘기는 누가 기록해서 남겨야 하는 거 아니야'라고. 그 일을 내가 우연히 했을 뿐이야."

그렇지만 뛰어난 화자가 들려주는 재미있는 이야기를 문장으로 옮겨 한층 더 재미있게 읽히게 만드는 일은 그리 간단하지 않다. 그런 의미에서 이 사람은 일종의 재즈 이야기꾼 같은 역할을 맡고 있는 듯하다.

그의 두번째 저서는 《안녕 버드랜드(원제는 'From Birdland to Broadway)》라는 자서전인데, 이것도 굉장히 유쾌했다. 술술 읽히고 재미있어서 읽는 내내 자꾸 재즈가 듣고 싶어진다. 전부가 그렇지는 않지만, 그다지 거물이 아닌 사람=조연급의 자서전에는 주연급 자서전보다 훨씬 재미있는 읽을거리가 많다. 이런 사람이 뭘 자서전을 썼나 하며 잠깐 집어들어 읽어보니 너무너무 재미있어서……라는 경험을 종종 하게 마련이다. 그것은 아마도 글쓴이가 "저요, 저요" 하며 앞에 나서지 않고, 뒤로 한 발짝 물러나 깨어 있는 관찰자의 눈으로 세상을 둘러보며 쓸 수 있었기 때문일 것이다. 마일스의 자서전도 밍거스의 자서전도 증언으로서의 의미는 물론 깊고 크지만, 읽고 나면 조금은 '더부룩함'이 남는다.

그에 비해 그로의 이 책은 독자를 '아니, 사실은 이런 일노 있었다니까요'라며 소소한 이야기의 세계로 가볍게 끌어들인다. 이것은 하나의 재능이자 기술이다.

빌 크로는 1927년 12월 27일, 워싱턴 주 오셀로에서 태어났다. 어릴 때부터 트럼펫, 바리톤 호른, 드럼 등 각종 악기를 편력했고, 훗날 뜻밖의 인연으로 베이스 연주자가 되어 오늘에 이르렀다. 아버지는 목수였고 불황기의 생활은 결코 넉넉하지 않았지만, 어머니가 아마추어 가수이자 음악 교사였기 때문에 음악을 유일한 오락 삼아 소년 시절을 보냈고, 학교 관악부, 군악대를 거쳐 결국은 확실하게 재즈에 발붙이게 되었다. 어떻게든 음악으로 출세하고 싶어서 워싱턴 주립대학을 중퇴하고 시애틀에서 뉴욕으로 건너간 때가 1950년. 그곳에서 한동안 무명 뮤지션으로 간신히 연명만 하는 빈곤한 나날을 보내다가(이 무렵의 묘사는 꽤 눈물을 자아낸다) 1952년에 드디어 스턴 게츠 퀸텟이라는 일류 밴드에 들어갔고, 그 후로는 제일선에서 활약하게 된다. 1960년대 말 무렵부터 미국에서 재즈가 점차 시들해지자 크로는 생활을 위해 브로드웨이 뮤지컬의 반주 일을 조금씩 하게 된다. 지금은 일주일에 이삼 일은 뉴욕 클럽에 나가 재즈를 연주하지, 라고 말한다. 연금이 나오니 딱히 일할 필요는 없지만 좋아서 하는 일이다.

빌 크로는 뉴욕 주의 뉴시티라는 곳에 살고 있다. 맨해튼에서 북쪽으로 올라가서 타판지 다리를 서쪽으로 건너 조금 북쪽이다. 사진을 맡은 마쓰무라 군과 나는 보스턴에서 차로 달려 네 시간 남짓

걸렸다. 아주 조용한 교외 주택지였고, 너무 일찍 도착해서 어디서 커피라도 마시며 시간을 보낼까 했는데, 커피를 마실 만한 곳이 어디에도 없었다. 크로 씨 부부는 그곳으로 이사한 지 이십구 년째라고 했다. 우리는 정원 탁자에서 차를 마시며 이야기를 나눴다. 4월의 따뜻한 오후였고, 탁자 옆에는 크로 씨가 손수 만든 조그만 연못이 있었다.

빌 크로는 말랐고 미국인치고는 체구가 상당히 작은 편인데, 그런 타입의 사람들이 흔히 그렇듯이 왠지 모르게 몸놀림이 활동적이고 시원시원했다.

―내가 당신의 이 책을 읽고 가장 먼저 들었던 생각은 '이 사람의 기억력은 어쩜 이렇게 대단할 수 있을까!' 하는 것이었는데, 당신은 정말로 기억력이 좋으신가요, 아니면 매일매일 상세하게 일기를 쓰셨나요. 삼십 년, 사십 년도 더 지난 일들을 어떻게 그토록 세세하고 생생하게 기억할 수 있죠?

"나는 실제로 기억력이 아주 좋아(웃음). 그리고 일기는 쓰지 않지만, 내 일과 관련된 로그(기억) 같은 것은 꾸준히 기록해왔지. 나 자신을 위해서라기보다 처음에 일을 시작했을 때 경력을 요구하는 경우가 많아서 오히려 자료 같은 걸 만드는 느낌으로 계속 기록한 거지. 말하자면 '나는 지금까지 이런 곳에서 이런 사람들과 연주하고 이런 녹음도 했습니다'라는 내용을 사시소개란에 쓰기 위한 거였어. 그게 지금까지 오래도록 쌓여온 거지. 나는 그런 메모를 슬쩍만 봐도, 그때 광경이 눈앞에 선해. 세세한 부분까지도 생생하게 말이지. 그래서 그것을 그대로 글로 옮길 수 있는 거지."

―아주 재미있는 책이라 즐겁게 읽었습니다만, 사실 쓰고 싶은 내용이 훨씬 더 많았는데, 쓸 수 없는 것도 있었나요?

"그렇지, 실재 인물에게 구체적인 폐를 끼칠 수도 있어서 쓰고 싶은 얘기가 산더미 같았지만 못 쓴 내용이 정말로 많지. 논픽션이라 제약이 크더군. 그래서 나는 그런 내용을 오히려 픽션이라는 형태를 빌려서 쓰고 싶기도 해. 픽션이면 문제는 적어질 테니까. 잘 될지 어떨지는 모르지만."

―그렇지만 스턴 게츠가 헤로인 때문에 거의 죽을 뻔했던 장면 같은 건 꽤 굉장했어요. 당신이 지금까지 같이 연주한 뮤지션 대부분이 이미 세상을 떠나고 없습니다. 일찍 떠나버린 사람이 아주 많죠. 그건 역시 마약과 깊은 관계가 있다고 생각하십니까?

"분명 관계가 있지, 그리고 알코올. 실은 헤로인이라는 게 1940년대부터 일반적으로 나돌았으니까 그 전에는 모두 알코올이나 마리화나였지. 대체로 알코올이었어. 그래서 그 무렵의 뮤지션들은 으레 알코올 때문에 몸을 망쳤지. 그런데 1940년대부터는 헤로인이 주류가 된 거야. 당시에는 말이지, 헤로인이 목숨을 앗아갈 정도로 위험할 줄 정말로 아무도 몰랐어. 한번 해보면 기분이 좋아지니까 조금만 하자, 이렇게 가벼운 기분으로 했을 뿐이지. 헤로인의 위험성을 알게 된 것은 훨씬 나중이었어. 불행한 일이지. 나도 시험 삼아 헤로인을 딱 한 번 해봤지만, 다행히 도무지 몸에 맞지 않더군. 여하튼 하자마자 기분이 몹시 나빠져서 그후로는 손도 대지 않았어. 알코올도 체질적으로 거의 안 맞고. 마리화나는 조금 했는데, 당시에는 마리화나도 잡히면 중죄여서 친구 녀석 하나는 마리화나를 소지했다는 이유만으로 플로리다 교도소에 갇혀서 몇 년씩이나 체인 갱(중노동)을 하는 처지가 됐지. 마리화나 정도로 그런 지경이 되는 건 아무래도 모양새가 좀 그렇잖아. 그래서 난 마약은 안 했어."

—건강한 생활을 하셨군요.

"맞아. 담배는 피웠지만, 그것도 중간에 끊었고."

—그런데 신기한 것은, 크로 씨의 책을 봐도 알 수 있듯이, 그 시절 뮤지션은 대체로 돈이 없었잖아요. 그런데 어떻게 비싼 마약을 계속 살 수 있었죠?

"그거야 그 시절에는 마약이 지금처럼 비싸지 않았으니까. 오 달러만 있어도 헤로인을 꽤 많이 살 수 있었어. 물론 물에 타서 얼마나 늘린 건지는 신만이 아시겠지만. 그래도 오 달러라면 가난한 뮤지션이라도 손에 넣지 못할 액수는 아니니까. 흐음 맞다, 1950년대 초에 버드랜드 하룻밤 출연료가 대략 십 달러였어. 맨해튼 셋집의 일주일 임대료가 십오 달러쯤 했을까. 옛날에 헤로인 같은 걸 하는 사람은 그야말로 사회의 밑바닥 인간들이었지. 그러니 당연히 가격도 쌀 수밖에. 그런데 최근에는 부자들이 마약을 하니까 그 바람에 가격도 덩달아 높아진 거지.

내 생각인데, 미국사람은 마약 같은 걸 원래부터 워낙 좋아해. 그건 아마도 미국인이라는 인종의 기본적인 성향상 '효과 있는 새로운 것'을 좋아하기 때문이 아닐까 해. 여긴, 누가 뭐래도 발명과 발견의 나라야, 잘 알잖아? 그것이 기계든 약이든 새롭고 뛰어난 것이 나왔다고 하면 모두 우르르 달려들어. 나중 일은 나중에 생각할 뿐이야. 1940년대에는 그게 헤로인이었어. 1960년대에는 LSD였고. 그후에는 코카인. 이 나라에서는 그런 흐름이 상당히 현저해."

─헤로인을 유행시킨 사람은 찰리 파커라는 얘기도 있잖습니까. 젊은 뮤지션들이 모두 파커의 연주를 동경했고, 그래서 마약 습관까지 따라했다고.

"아니, 딱히 파커가 유행시킨 것 같진 않은데. 그건 이미 하나의 흐름으로 존재했다고 생각해. 파커도 그중 하나였을 뿐이지."

─나는 스턴 게츠의 팬입니다만, 당신의 책을 읽어보니 그가 개인적으로는 여러 문제가 있었던 사람이더군요. 그가 일본에 왔을 때 잔뜩 기대하고 공연에 갔었죠. 그런데 솔직히 그다지 유쾌한 체험은 아니었습니다. 잠깐 불고 끝, 그리고 나머지는 리듬 섹션에 줄기차게 연주를 시키는 느낌이랄까……. 대충 날림으로 하는 건

지 뭔지 잘 모르겠지만, 그래도 어쨌든 팬으로서 조금 실망했어요.
"스턴은 대단한 연주자였지만 문제가 꽤 많았지. 그건 분명해. 물론 마약의 영향도 있었지만, 그것만은 아니야. 성격적으로 본래 약간 문제가 있었어. 분명히 말해 그는 주변의 많은 사람들을 사람으로 안 대했어. 하지만 내가 마지막으로 들었던 그의 연주는 정말로 굉장했어.

피아노가 앨버트 데일리였지. 정말 뛰어난 연주자야. 내가 데일리의 연주를 처음 들은 건 아트 파머, 짐 홀 등과 같이 활동할 때였지. 나는 그가 스턴과 함께 팀을 짜서 일한다는 사실을 알고 기뻤어. 스턴의 밴드에서 연주한다는 것은 어찌 되었든 그의 경력에 굉장한 일일 테니까. 무슨 말인지 알지? 그렇지만 그는 그후 얼마 지나지 않아 죽어버렸어. 그래도 여하튼 그때 스턴의 연주는 끝내줬어. 뒤에서 받쳐주는 멤버도 좋았고. 전에 1970년대에 밥 브룩마이어가 서부 해안에서 이쪽으로 다시 왔을 때, 그는 한동안 스턴의 그룹에 들어갔었어. 전부터 이따금 스턴과 함께 일했던 젊은 피아노 연주자가 그 밴드의 중심이 되었는데, 피아노와 베이스와 드럼이 음악적인 콘셉트를 만들어갔고, 스턴은 거기에다 아주 노련하게 자기만의 스타일을 얹어냈지. 밥은 자기가 왠지 스페어타이어가 된 기분이라고 하더군(웃음). 호른을 중심으로 음악을 만들어나가는 느낌은 아니었거든. 그는 결국 그 그룹에서 오래 버티지 못했어."

─게리 멀리건은 어땠나요?

"멀리건의 밴드는 내가 음악적으로 가장 좋아한 밴드였어. 굉장히 음악적이고 굉장히 익사이팅하고 배울 점도 많았지. 그런데 나는 몇 번이나 멀리건과 절교를 했어. 싸우고 한동안 결별했다가 다시 합치기를 거듭했지. 컨플릭트(충돌)의 반복이었어."

─음악적인 것이 원인이었나요?

"아니야…… 나와 그 사람 사이에 음악적인 충돌은 거의 없었어. 음악적으로는 아주 잘 맞았지. 그건 완전히 개인적인 차원의 문제야. 우리는 매번 머리끝까지 화가 치솟아서 싸우고 헤어졌지. 자주 그랬어. 그렇지만 시간이 지나고 열이 식을 무렵이면, '이봐, 다시 같이 해보지 않을래' 하고 전화가 걸려왔지(웃음). 그는 내 베이스를 좋아했고, 나는 그의 음악을 좋아했으니까. 그래서 늘 다시 화해했지. 그와 함께 연주하면서 얻은 게 많아. 그런데 1960년대 중반에 크게 싸웠고 그걸 마지막으로 끝장이 났지."

(무라카미 주 : 크로는 게츠나 멀리건과의 사이에 있었던 '컨플릭트'의 종류에 관해서는 구체적으로 언급하지 않았다. 입이 굉장히 무거운 듯했고, 꼿꼿한 기개가 대단했다. 보통은 이러쿵저러쿵 말하고 싶어질 텐데.)

─그건 그렇고, 멀리건의 콘서트 재즈밴드는 멋진 밴드였죠. 나는 특히 빌리지 뱅가드에서 공연한 라이브 음반이 좋아서 지금도 즐겨 듣습니다. 차분히 집중해서 들으면 들을수록 절실히 장점을

알 것 같더군요.

"응, 그렇지. 그 레코드는 최고야. 나도 그게 제일 좋다고 생각해. 그 밴드 음악은 다 좋았어."

—당신이 줄곧 참여했던 멀리건의 피아노리스 쿼텟도 내가 좋아했던 밴드였습니다만, 아트 파머가 들어갔던 쿼텟과 밥 브룩마이어가 들어간 밴드는 분위기가 조금 다르잖아요. 양쪽 다 멋지지만 개인적으로 파머랑 같이했던 쪽이 좋습니다.

"그렇지만 밥도 굉장히 익사이팅한 연주자야. 처음으로 뉴욕 음악계에 모습을 드러냈을 때, 그는 두 가지 측면을 겸비했었지. 하나는 매우 뛰어난 현대적인 감각이었고, 다른 하나는 캔자스시티 재즈의 전통적인 감각이었어. 딕키 웰스나 빅 디킨슨과 닮아 있었지. 그리고 밥은 트롬본과 피아노 연주도 수준급이었어. 그래서 그를 통해 내 음악적 귀가 더 발달할 수 있었지. 특히 하모닉한 부분에서 말이야. 그런 의미에서 난 그가 정말로 익사이팅했어.

아트는 그야말로 절묘한 타이밍에 게리 밴드에 합류했지. 그보다 이 년쯤 전까지는, 음반을 들어보면 알겠지만 그의 연주가 완전히 디지 길레스피 같은 느낌이었거든. 그런데 그 시점부터 그는 제 목소리를 찾고자 노력하기 시작했어. 그렇지만 그것은 간단한 일이 아니어서 숱한 고민이 필요했지. 그 무렵에 그는 조지 러셀을 만나 지도를 받게 됐는데, 조지는 당시 리디언*인가 뭐라던가 하는 꽤 어려운 이름의 이론을 만들어냈어. 하지만 그가 한 일은 결국 그때까지 재즈 뮤지션들이 무의식적으로 자연스럽게 듣거나 연주했던 것을 종이 위에 써서 이론화한 것뿐이었지. 어려운 전문용어를 써서 그것을 짜임새 있는 시스템으로 파악해내고 논리적으로 설명한 것이지. 스케일이니 모드니 하는 말들로 말이야. 그것을 굳이 채택하는 사람은 거의 없었지만, 아트는 그런 몇 안 되는 사람 중 하나였다는 뜻이야. 아트는 그것을 하나의 도구로 삼았고, 그것으로 자신의 콘셉트 같은 것을 성공적으로 발견해냈어. 그리고 이 년 정도 후에 그는 그것들을 자기 연주에 구체적으로 반영했고, 때마침 그때 게리의 그룹에 합류한 거야. 딱 좋은 시기였지. 게리의 밴드를 그만둔 그는 잘 알겠지만 베니 골슨과 팀을 짜서 재즈텟을 결성했어. 잠시였지만 그와 함께하는 연주는 정말 멋진 경험이었어. 게다가 아트는 인간적으로도 아주 좋은 녀석이었으니까. 우리 사이에는 한솥밥 먹는 동료라는 강한 연대감이 있었지.

 아트가 밴드에 있었을 무렵의 일인데 생생하게 기억나는 에피소드가 하나 있어. 우리가 샌프란시스코에 갔을 때였지. 그때 다들 어떤 무대를 준비하고 있었는지는 기억이 잘 나지 않지만, 때마침 그때 소니 롤린스의 밴드도 '재즈 워크숍' 무대를 위해 샌프란시스코에 와 있었어. 같은 호텔에 묵었지. 프레디 허버드가 그 밴드에 갓 들어갔을 때였는데, 아트랑 내가 아침 일찍 그의 방 앞을 지나

* 모드(선법)의 하나로, 보통 재즈에서 중세 교회의 선법을 응용한 스케일을 만들어 활용하는 경우가 많음.

다가 프레디가 악기 연습을 하는 소리를 듣게 되었어. 스케일인가 뭔가 하는 걸 정말 믿기지 않는 속도로 연습하더군. 한시도 쉬지 않고 계속했어. 우리는 그 앞을 지나쳐 아래로 내려가 아침을 먹고 얼마 후 다시 방으로 돌아갔는데, 그때도 여전히 연습하고 있었지. 소니가 우리한테 '오후에 리허설하는데 시간 되면 다들 놀러 와' 하고 제안해서 우리는 클럽으로 갔어. 프레디는 리허설을 그대로 잼세션*으로 바꿔버렸지. 무려 20코러스**나 불어대더라니까, 그것도 처음부터 끝까지 쉬지도 않고 연속 더블 템포로! 프레디 정도면 두세 코러스 정도만 슬슬 불어도 다들 충분히 납득하고 불평 한마디 없을 텐데 말이야(웃음). 그는 종종 한밤중까지 혼자 방에 틀어박혀서 지칠 줄도 모르고 연습을 계속했어. 그런 대단한 능력과 월등한 기량, 어처구니없을 정도의 집중력은 태어날 때부터 하늘에서 주신 선물이겠지.

─밥 브룩마이어가 참여했던 게리 멀리건의 퀴텟에서 일본으로 공연을 오셨던 게 1964년이었죠?

"그렇지, 도쿄 올림픽이 있던 해였지. 도쿄 전체를 뒤집어엎고 빌딩을 부수고 엄청난 소동이 났던 게 기억나. 아주 즐거운 여행이었지. 나는 그때 일본이라는 나라에 완전히 반해버렸어(무라카미

* 재즈 연주자들이 악보 없이 하는 즉흥연주.
** 일반적으로 재즈는 24-32마디의 1코러스를 단위로 연주의 주제로 삼는다.

주 : 빌 크로의 재미있는 일본 체험담은 책 속에 자세히 나와 있다). 얼마 전 뉴욕에 있는 초밥집에 가서 그 이야기를 했더니, 셰프가 '손님, 그런 말씀을 하셔도, 전 그 무렵에 아직 태어나지도 않았어요' 하더라고요(웃음). 허 참, 세월이 정말 빨라. 나는 아무튼 도쿄 거리를 이리저리 돌아다녔지. 지도를 한 손에 들고 지하철을 갈아타면서 말이야. 나는 왠지 그러고 다니는 게 굉장히 재밌었어. 그때 우리를 부른 일본의 기획자는 음악 관련 기획자가 아니라 권투를 전문적으로 흥행시키는 사람이었어. 우리 밴드를 초청한 것은 문화 영역에 관여함으로써 위신을 높이려는 목적이었고, 애당초 돈을 벌겠다는 생각은 아예 없었나봐. 돈은 권투 쪽으로 버니까. 그래서 우리 일정은 믿기지 않을 정도로 여유로웠고 덕분에 관광도 실컷 했지(웃음). 아무튼 나는 일본에서 아주 즐겁게 보냈고, 기회가 되면 꼭 한 번 다시 가고 싶어. 그런 기회가 생기면 좋을 텐데 말이야."

— 일본에는 열성적인 재즈 팬이 많으니까 조만간 틀림없이 그런 기회가 생길 겁니다.

"그건 나도 잘 알아. 얼마 전에도 아트 파머랑 잠깐 얘기했는데, 그의 연 수입의 주요 출처가 일본과 관련된 수입이라고 하더군. 지금은 빈에 사는데, 이따금 미국에 와 클럽에서 연주도 하고 일본에 가서 순회공연도 하기 때문에 그 벌이로 한동안은 편안하게 살 수 있다더라고. 대단하지 않나."

―그렇지만 일본은 보수가 좋은 만큼 물가도 비싸서요.

"그래, 그렇지. 라이오넬 햄프턴의 밴드가 일본 공연을 앞두고 악단에서 반란이 한 번 있었어. 라이오넬이 팀원들에게 미국 국내 공연과 똑같은 수당만 준다고 했거든. 그 돈으로 각자 호텔비와 식사비를 지불하라는 얘기였는데, 그래서야 돈이 완전히 바닥나버리지 않겠어(웃음). 그래서 모두 농담하지 말라며 일본행을 거부했고, 라이오넬은 하는 수 없이 현지에서 일본 밴드를 고용했지."

―크로 씨는 지금 뉴욕에 있는 클럽을 중심으로 활동하시죠.

"그렇지. 지금은 바바라 리나 밥 도로 같은 친구들이랑 같이 일해. 밥 도로는 '호기 온 마이 마인드'라는 호기 카마이클의 음악을 모아 쇼 비슷하게 하지. 에디 로크가 드러머, 제임스 시릴로가 기타, 내가 베이스를 쳐. 뉴저지에 있는 재즈 클럽에서는 피아니스트 리오 클레멘테와 일하고 있고. 정기적으로는 아니지만 뉴욕 부근에서 일이 있으면 하는 식이라고 할까. 그리고 레코드 회사에서 의뢰가 들어오면 라이너노트* 같은 것도 쓰고 있어. 음악협회 신문에 매달 가벼운 글도 쓰고."

---

* 음반에 붙여 감상을 돕는 해설.

―크로 씨는 뉴욕으로 온 지 한참 후에야 베이스를 연주하셨죠. 그전에는 밸브트럼펫을 하셨고. 베이시스트가 됐을 당시, 가장 좋아했던 베이스 연주자는 누구였나요?

"흠음 글쎄, 당시에 내가 좋아했던 베이시스트라고 한다면, 으음, 이스라엘 크로스비였지. 나는 어릴 때부터 그의 음반을 들으며 대단하다고 감탄했으니까. 당연히 지미 블랜튼도 좋아했어. 듀크 엘링턴의 음반은 가능한 한 빼놓지 않고 들으려고 했어. 블랜튼이 같이했든 아니든 엘링턴이라면 일단 정신을 못 차렸지만, 블랜튼이 함께한 음악은 특히 온 마음을 다해 들었어.

하지만 내가 베이스를 치기 시작한 후로는 레이 브라운과 오스카 페티포드가 내 아이돌이 되었지. 그들은 당시 뉴욕에서 활약했는데, 특히 오스카의 소리는 내가 내길 원하는 바로 그 소리였어. 그의 유명한 빅 사운드와 발군의 리듬감. 나는 그들이 리듬 섹션의 일원으로서 어떻게 음악을 받쳐주는지를 중심으로 들었어. 물론 오스카는 훌륭한 솔리스트이기도 했지만 말이야. 그밖에도 다양하게 많이 들었어. 그때는 모두 테디 코틱이 대단하다고들 했지. 퍼시 히스도 엄청나게 팔리던 시대였고. 그리고 찰리 파커와의 협연으로 유명해진 두 베이시스트, 컬리 러셀과 토미 포터, 나는 그 두 사람에게 감동했어. 어찌 되었든 그들은 유명한 찰리 파커랑 함께 연주했으니까 말이야(웃음). 그것만으로도 충분히 놀라웠지. 그들은 물론 뛰어난 연주자였어. 들어보면 잘한다는 생각이 절로 들었거든. 그런데 말이야, 오스카 페티포드—이 사람은 아무튼 각별해. 그의 연주에는 찌릿찌릿하는 전기 충격 같은 뭔가가 있거든. 베이스라는 악기의 가능성을 이를테면 극한까지 보여준다고 할까. 그 윗세대 사람으로는 밀트 힌턴이 좋지. 월터 페이지도 아직 건강하게 활약할 때였고. 페이지와 조 존스가 만들어내는 절묘한 리듬감은 정말 훌륭했어. 최고야.

그리고 레드 미첼을 맨 처음 들었을 때는, 아하 이런 연주법도 있구나, 이렇게 솔로 악기로 사용할 수도 있구나, 하고 눈이 번쩍 뜨인 듯했지. 당시에는 아직 누구도 베이스를 앰프에 연결하지 않았어. 모두 그저 가까이 있는 마이크에다 큰 소리로 쾅쾅대며 연주하려 들었지. 그렇게 하면 말이야, 두말할 필요도 없이 섬세한 표현은 불가능해. 그런데 레드는 안 그랬지. 전혀 달랐어. 그는 가벼우면서도 편안한 분위기로 유유히 연주했지. 그의 소리는 그 어떤 베이시스트와도 달랐어. 그는 당시 가벼운 결핵을 앓고 있어서 의사가 공기 나쁜 곳에 최소한 일 년 동안은 가지 말라고 했다더군. 그래서 클럽에 가지 못하는 대신 마음이 맞는 동료들을 불러 자기 집 거실에서 연주했지. 그가 경직되지 않은 연주를 하게 된 데는 그런 영향이 있을지도 몰라."

—당신의 베이스 선율도 나한테는 다른 베이시스트와는 상당히 다르게 들리는네요.

"그건 본인은 잘 모르는 법이지(웃음)."

— 당신의 베이스 선율은 어떤 때는 상당히 전통적이고, 또 어떤 때는 아주 혁신적인 것 같은데……. 그런 베이시스트는 좀처럼 달리 떠오르질 않는군요.
"나는 말이야, 베이스는 무엇보다 역시 저음역을 담당하는 기본 악기라고 생각해. 개인적으로는 길고 굵은 베이스 사운드를 좋아해. 스코트 라파로의 연주 스타일도 좋고, 그의 영향을 받아 베이스를 기타처럼 가볍게 치는 젊은 친구들의 연주도 좋아해. 그렇지만 나 자신은 어떤 스타일이냐 하면, 그런 연주 방식을 그다지 선호하진 않아. 그 이유는 베이스답게 성실하고도 확고한 베이스로 남길 바라니까. 너무 높은 음역에서 띠딩띠딩 화려하게 연주하고 싶진 않아. 불러준 곳에서 그렇게 해달라고 하면 물론 거절할 수 없겠지만, 오히려 저음역을 중심으로 견실하게 음악을 구성해가는 쪽을 더 좋아해."

— 화려하다는 얘기가 나왔으니 말입니다만, 음반으로 들은 한에서는 당신은 별로 화려한 솔로를 하진 않던데, 그것 역시 하나의 연주 철학 같은 건가요?
"아니, 그렇다기보다 음반에 관해 말하자면, 나는 우수한 밴드에서 활동할 때가 많았기 때문에 나설 기회가 별로 없었다는 게 솔직한 얘기겠지. 호른 연주자가 잇달아 솔로를 이어나가면, 베이스가 나설 자리는 없어지지. 나도 솔로 연주는 좋아해(웃음). 특히 게리 멀리건의 밴드에서는 말이지, 일단 첫번째로 게리가 원하는 만큼 실컷 솔로를 해. 그리고 나면 밥이 곧바로 그에 질세라 솔로로 나서지. 그러다보면 베이스나 드럼이 나갈 차례는 눈 씻고 찾아봐도 없어. 그리고 당시 나는 현을 상당히 높이 퉁겼기 때문에 모두를 깜짝 놀라게 할 만한 현란한 액션을 할 수 없다는 사정도 있었고. 지금은 좀더 약한 액션을 하게 되었고, 앰프도 놀랍도록 진화했으니 베이시스트가 솔로를 맡기가 꽤 편해졌지만."

—그렇지만 게리 멀리건 그룹의 해적판으로 떠도는 라이브 녹음에서는 크로 씨의 베이스 솔로를 상당히 길게 들을 수 있던데요. 특히 유럽 순회공연 때 이탈리아에서처럼요. 오래된 레코딩치고도 꽤 좋은 음질입니다만.

"그랬지. 그때 솔로를 꽤 맡았어. 당시는 이미 앰프를 썼으니까. 그로 인해 내 연주에도 상당한 변화가 있었다고 생각해. 나는 앰프를 통해서 나오는 쾅쾅 울리는 소리를 별로 좋아하진 않지만, 그래도 작은 앰프나 픽업*의 도움만으로도 베이시스트는 아주 많이 수월해졌지. 별다른 고생 없이도 소리를 길게 쭉 늘일 수 있고, 액션

* 전자기타나 베이스 등의 전사악기에서 현 등의 진동을 전기 신호로 변환해주는 전사부품.

을 좀 덜하면서 빠른 음절을 연주할 수도 있어. 섬세한 선율도 들려줄 수 있고. 그래서 음악 자체가 꽤 많이 변했다고 생각해."

빌 크로는 그 옛날, 아직 재즈가 대중음악에 가까운 것으로 존재했던 때가 그립다고 했다. 현재 뉴욕의 재즈판은 침체기 때보다는 어느 정도 회복되어서 클럽 수도 늘어나는 듯하지만, 그때는 역시 재즈가 모두의 것이었지, 라고 그는 설명했다. "지금은 재즈와 대중음악이 완전히 동떨어진 존재가 되어버렸으니까……. 1950년대에 뉴욕에서 재즈를 하는 것은 즐거웠어. 재즈 클럽이 몇 개씩이나 지붕을 잇대고 늘어서 있었고, 제 무대가 아닌 휴식 시간에는 다른 클럽으로 달려가 다른 밴드의 연주를 듣거나 가끔은 불쑥 뛰어들기도 했지. 당시 뉴욕에는 신나는 클럽이 하늘의 별만큼이나 많았어. 내가 개인적으로 가장 좋아했던 곳은 '하프노트', 연주 설비나 조건이 최고라고 할 수는 없지만, 분위기가 여하튼 멋졌어. 굉장히 사적이고 집 같으면서, 찾아오는 단골손님들도 느낌이 좋았어. 반대로 아무래도 좀 심하다 싶었던 곳은 '엠버스'였어. 좀처럼 믿을 수가 없었지. 비싼 출연료까지 지불하면서 그렇게 대단한 연주자를 불러놓고, 왜 다들 음악을 제대로 듣지 않는 건지. 도무지 이해할 수 없었어. 정말 형편없는 클럽이었지."

우리는 기분 좋은 봄날 오후, 정원 탁자에 마주 앉아 맥주를 마시며 그가 예전에 몸담았던 스턴 게츠의 밴드나 클라크 테리=밥 브룩마이어 쌍두 밴드에 관해 오래도록 이야기를 나눴다. 여기에 다 쓰지 못하는 것이 안타깝다. 며칠 후에 촬영을 맡은 마쓰무라 군은 뉴저지의 '트럼펫'이라는 재즈 클럽으로 그가 연주하는 모습을 찍으러 갔다. 나는 공교롭게도 다른 일이 겹쳐 갈 수 없었는데, 아주 열정적이고 유쾌한 연주였다고 전해들었다.

뉴욕의
가을

클로드 윌리엄슨 트리오_위드 빌 크로

• •　　• • •　　　• 　　•　•

비너스 레코드에서 발매된 빌 크로의 신보 〈뉴욕의 가을〉의 라이너노트로 쓴 글입니다. 1995년 7월. 내가 음악업계 사람도 아니고 평소 라이너노트는 되도록 쓰지 않지만, 인연이 깊은 크로 씨의 부탁이라 "좋습니다"라고 흔쾌히 승낙했습니다. 여기에 쓴 대로 나는 때마침 미국 횡단 여행을 하던 참이라 옹색한 모텔 책상에 앉아 이 글을 썼습니다.

이 CD의 연주 내용과는 직접적인 관계가 없겠지만, 나는 이 원고를 인디애나 주의 라 포르테라는 지명의, 솔직히 별 신통치 않은 작은 고장의, 솔직히 별 신통치 않은 '홀리데이 인 모텔'의 어느 방에서 쓰고 있다. 물론 미국 전역에 무수히 많은 홀리데이 인 체인 전부를 싸잡아 하는 말은 아니다. 개중에는 상당히 훌륭한 '현저하게 신통한' 홀리데이 인도 있다. 홀리데이 인 체인의 명예를 위해 이 말을 덧붙인다. 그러나 지금 단계에서 내가 확실하게 말할 수 있는 한 가지는 인디애나 주의 라 포르테라는 곳에 있는 홀리데이 인은 아쉽게도 숙박객에게 그다지 만족할 만한 인상을 심어주지 못한다는 사실이다. 어쩌면 쓸데없는 참견일지도 모르지만, 혹시 언제 차로 인디애나 주를 가로지르게 된다면, 되도록 이쪽은 미련 없이 그냥 지나칠 것을 권유한다.

실은 나는 지금 보스턴에서 로스앤젤레스까지 약 8000킬로미터 남짓을 자동차로 횡단중이다. 오늘 아침 캐나다의 채텀시에서 출발해 저녁 무렵까지 어떻게든 시카고에 도착할 예정이었지만, 도중에 좌절하고는 어쩔 수 없이 라 포르테라는 궁벽하기 이를 데 없는 곳(영어로는 미들 오브 노웨어)에서 하룻밤을 묵게 되었다. 그리고 나는 홀리데이 인 모텔의 별도 들지 않는 기묘한 인테리어의 한 객실(오십구 달러)의 탁자에 앉아 매킨토시 파워북 520을 놓고 타닥타닥 키보드를 치고 있다. 에어컨은 폐병을 앓는 노새처럼 색색거리지만, 소리만 요란했지 효과는 전혀 없다. 게다가 창 바로

밑에 실내 온수풀장이 있어서 머리가 이상해질 정도로 찌는 듯 무덥다. 이런 고문실 같은 건물에 숙박시설이라는 이름을 내걸다니, 이렇게 설계한 건축가가 엄연히 세상에 존재한다는 사실이 어이없다.

지금은 다른 탁자 위에 아이와의 CD라디오카세트를 올려놓고 클로드 윌리엄슨 트리오의 샘플 CD를 듣는 중이다. 내가 이 여행을 나서기 직전에 뉴욕 교외에 사는 빌 크로 씨가 보스턴의 우리 집으로 전화를 걸어, 변함없이 느긋하면서도 청년 같은 목소리로 "아아…… 하루키, 실은 이번에…… 으음, 일본 레코드 회사에서 클로드 윌리엄슨과 트리오로 CD를 내게…… 됐는데, 혹시 괜찮으면 자네가 라이너노트를 좀…… 으음, 써줄 수 있을까" 하고 물었다. "좋습니다. 기꺼이 쓰지요"라고 대답은 했지만, 좌우간 여행 준비에 워낙 쫓기다보니 보내온 음악을 차분히 들을 여유가 없었다. 그래서 나는 라디오카세트와 샘플 CD를 볼보850 왜건 뒷좌석에 던져넣고는, 만사를 제쳐두고 대륙 횡단 여행을 떠나게 된 것이다.

여행길에 어느 모텔이 됐든 묵을 때마다 위스키를 혼자 홀짝이며 방에서 이 CD를 몇 번이고 수없이 되풀이해 들었다. 잘 아시겠지만, 그것이 음악을 감상하는 이상적인 환경이라고는 빈말로도 할 수 없다. 그래도 솔직히 모텔 방에서 혼자 작은 라디오카세트에서 나오는 음악을 듣노라면, 신기하게도 이 피아노 트리오의 연주가 온몸에 스며든다. 그것도 멋지고 훌륭한 호텔방보다 오히려 변변찮은 모텔에서 챙겨간 위스키를 플라스틱 컵에 따라 느긋하게 마시면서 듣는 편이 훨씬 잘 어우러진다.

당신은 어쩌면 지금 이 CD를 완벽하고 훌륭한 스테레오 장치로 대낮에 그것도 말짱한 정신으로 듣고 있을지도 모른다. 물론 그러면 안 된다는 뜻은 아니다. 나쁠 건 하나도 없다. 그렇다고 이 연주의 가치가 변하는 것은 아니니까. 하지만 인디애나 주의 외진 시골의 홀리데이 인의 한 객실에서 웃통을 벗은 채, 어스름한 거울에 왜곡되게 비치는 제 얼굴(홀리데이 인의 실내설비 역시 신통치 않다)을 이따금씩 쳐다보면서 라디오카세트로 듣는 것도 나쁘지 않다. 왜 그런지 말로는 잘 설명할 수 없지만.

미국 서점의 한 책꽂이에서 빌 크로의 책 《안녕 버드랜드》를 우연히 발견했을 때, 나는 '어, 빌 크로? 그 빌 크로가 책을 썼나?' 하며 적잖이 놀랐다. 나는 아주 오래전부터 스턴 게츠와 게리 멀리건의 열렬한 팬이라 당연히 빌 크로의 이름도 확실히 기억했다. 화려함은 좀체 찾아볼 수 없지만, 품위 있고 견실하며 지적인 연주를 하는 베이시스트였다. 게리 멀리건이 명망 높은 피아노리스 퀘텟의 베이시스트라는 중요한 자리를 오랜 세월 그에게 맡겼다는 한 가지 사실만 보더라도 빌 크로라는 사람의 가치와 무게를 충분히 짐작할 수 있을 것이다. 오스카 페티포드, 레이 브라운, 폴 체임버스처럼 힘치게 밀고 들어오는 넘치는 박력은 없지만, 차분하게 짐

중해서 들어보면 빌 크로가 새겨나가는 야무지고 엄격한 선율은 묘하게 매력적이다. 그의 연주에는 '완고한 개인주의'라 부르고 싶은 독특한 풍격이 느껴진다(아무래도 그는 현실 생활에서도 꽤 완고한 것 같다).

좀 조심스럽지만, 빌 크로는 절대 역사에 길이 남을 재즈의 거장은 아니다. 그것은 뭐 확실하다. 혹시 빌 크로라는 베이시스트가 이 세상에 존재하지 않았다 해도 재즈의 역사는 지금과 그리 크게 다르지 않을 것이다. 하지만 그럼에도 그와 같은 '비거장' 뮤지션들이 각자 한구석을 착실하게 메워왔기에 재즈판이 지금처럼 풍요로운 깊이와 빛깔을 획득할 수 있었을 것이다. 재즈 베이시스트들이 하나같이 레이 브라운이나 폴 체임버스처럼 커다란 규모의 연주만 한다면, 그것 역시 조금은 버겁지 않았을까.

빌 크로는 1960년대 후반에 재즈의 일선에서 물러나 브로드웨이에서 뮤지컬 반주 일을 하면서 생계를 이어갔다. 매일매일 극장 연주석에 앉아 똑같은 악보를 묵묵히 연주한 것이다. 그때는 정통 재즈에 더없이 고통스러운 시절이었으며, 많은 베테랑 연주자가 그 시기에 은퇴나 다름없는 상황으로 내몰렸다. "그래도 세월이 변해 최근에는 드디어 다시 재즈 일로 살 수 있게 됐어"라고 크로 씨는 나에게 매우 기뻐하며 말했다. 이 CD에 담긴 연주를 듣다보면, 당시 기뻐서 어쩔 줄 몰라하던 그의 얼굴이 떠오른다. 여기에서 빌 크로는 아주 즐겁게, 활기 넘치는 연주를 들려준다. 여전히 완고한 듯하지만, 모서리가 꽤 둥글어졌다. "이게 여하튼······ 으음, 지금의 나야. 혹시 마음에 든다면······ 아하, 기쁘군" 하고 말하는 것처럼. 지극히 단순히 말하자면, 거기에서는 만사를 제 눈으로 똑똑히 지켜봐온 인간의 확실한 연륜 같은 게 느껴진다.

빌 크로 얘기만 쓰고, 이 앨범의 리더인 중요한 클로드 윌리엄슨에 대해서는 쓰지 않았는데, 그 역시 내가 개인적으로 좋아하는 재즈 뮤지션이다. 그의 곡이 그다지 많지는 않지만 어느 곡이나 감상 후에 확실한 감흥이 남는 상쾌하고 기분 좋은 작품이었다. 옛날에는 자주 들었다. 그로부터 꽤 오랜 세월이 지나 예전의 그 파웰 같은 앞으로 고꾸라질 듯한 강렬함은 얼마간 옅어졌지만, 그래도 이 사람 특유의 느슨하지 않은 '자세의 장점'은 여전히 건재하다. 빌 에반스와 허비 행콕의 등장으로 대부분의 피아니스트가 많든 적든 어쩔 수 없이 스타일과 음색을 바꾸게 된 이후의 재즈에서 옛날 그대로인 순정 팝 피아니스트의 수준 높은 연주를 듣고자 한다면 선택지는 한정될 수밖에 없는데, 클로드 윌리엄슨은 역시 그 목록의 상위에 위치한다고 해도 무리는 없을 것이다.

이 CD는 세상을 떠난 알 헤이그에게 바치는 음반이므로 헤이그의 원곡과 그가 사랑하고 아꼈던 스탠더드 곡을 중심으로 선곡되었다. 다들 매우 멋지고 잘 만들어진 곡이지만, 그것과는 별개로 나는 여기에서 특히 알 헤이그 씨와는 직접적인 관계가 없는 클로드 윌리엄슨의 원곡 '크로스 아더 네스트'와 빌 크로의 성겨운 원곡 '뉴스 프롬 블루포트'의 연주가 개인적으로 좋았다.

'뉴스 프롬 블루포트'는 크로가 만든 얼마 안 되는 곡 중 하나로 게리 멀리건의 명반 〈왓 이즈 데어 투 세이?〉에 수록되어 있다. 처음에 이 곡은 '양동이 머리'(이것은 아트 파머의 어린 시절 별명이다)라는 기묘한 제목이 붙었지만 파머가 "제발 부탁이니 그것만은 참아줘"라고 강력하게 항의해서 어쩔 수 없이 바꿨다고 한다. 물론 이것은 '블루스 프롬 뉴포트'를 달리 표현한 말이다. 이 사람은 왜 좀더 열심히 작곡하지 않았을까 고개를 갸웃거리게 만드는 매우 매력적인 블루스인데, 나는 멀리건 퀸텟의 팽팽하게 긴장된 생기발랄한 연주도 매우 좋아하지만 템포를 살짝 늦춰 느긋한 맛이 느껴지는 윌리엄슨 트리오의 버전도 마음에 든다. 좀 집요하지만 적어도 인디애나 주 라 포르테의 홀리데이 인 객실에서 들으면 아주 멋지다.

그리고 이것도 연주와는 전혀 관계없지만 이 고장의 '탄제린'이라는 레스토랑의 추천메뉴(라고 되어 있다)인 비프 웰링턴은 고기가 좀 지나치게 질긴 게 아닐까.

모두가
바다를
가질 수
있다면

시바타 모토유키 씨의 부탁으로 《록 피플 101》(사토 요시아키·시바타 모토유키, 신쇼칸)이라는 책에 싣기 위해 쓴 글입니다. 1995년 7월. 비치보이스에 관해서 여러 군데 쓴 기억이 있지만, 이 글이 가장 콤팩트하게 잘 정리된 것 같습니다. 이 글을 쓴 후에 비치보이스를 둘러싼 상황이 많이 변했습니다. 브라이언 윌슨의 기적적인 부활을 포함해 몇 가지 움직임이 있었습니다. 그 부분에 관해서는 졸저 《의미가 없다면 스윙은 없다》의 브라이언에 관련된 기술을 읽어주시기 바랍니다. 1990년대 중반은 대체로 이런 상황이었다는 내용입니다.

신화가 될 수 있는 록 밴드나 가수의 숫자는 지극히 한정되어 있고, 그 아우라를 그대로 간직한 채 무사히 살아남는 숫자는 더더욱 한정된다. 예를 들면 짐 모리슨, 제니스 조플린, 지미 헨드릭스는 신화의 옷은 걸쳤지만 그로 인해 그들은 (아마도) 유명을 달리할 수밖에 없었다. 만약 그들이 건강하게 오래 살았다면 전설이 되지 못했을 거라는 말은 아니다. 원하든 원하지 않든 지금에 와서는 그들이 남긴 음악에, 너무 이른 죽음이 이를테면 분리 불가능한 전제로서 합체되었다는 뜻일 뿐이다. 마치 푸시킨이나 모차르트의 작품이 너무나 짧았던 그들의 신화적인 삶을 결과적으로 내포하며 성립되는 것처럼. 비치보이스는 충분히 오래 살았고, 게다가 전설까지 된 흔치 않은 경우(그밖에는…… 밥 딜런?). 그들이 데뷔하고 벌써 삼십 년 넘는 세월이 흘렀다. 윌슨 형제의 한 사람, 데니스 윌슨은 마약과 술과 여성 편력에 절어 있다가 불우한 사고로 죽고 말았지만, 그밖의 오리지널 멤버는 마약에 빠지고 정신병에 걸리고 이혼하고 파산하고 서로 으르렁대며 크게 싸우고 소송까지 가는 등, 위태위태하면서도 모두 똑같이 돛대에 매달리듯 그룹에 머물렀고(그것은 조지프 콘래드가 묘사한 폭풍우를 맞고 나가떨어진 작은 화물선의 모습을 방불케 한다) 그들의 순회공연에는 여전히 놀라울 만큼 수많은 관객이 미국 각지에서 모여들었다. 비디오로 보는 한 브라이언 윌슨은 제대로 노래를 부를 수 없는 상태고, 다른 멤버도 꽤 많이 늙어 몇몇 젊은 보조 뮤지션의 도움 없이는 아마도 만족스러운 무대를 유지할 수 없을 듯한 상황이지만(최근에는 알 자딘의 아들까지 동원된 듯하다) 관객들은 대다수 그런 사실에 별로 신경쓰지 않는 것 같다. 사람들은 비치보이스라는 1960년대의 전설이자 기억이자 광경을 있는 그대로 목격하고 기리기 위해 그곳을 찾은 것이다. 설령 브라이언이 한 곡당 겨우 네 마디만 노래한다 해도 그게 무슨 상관이란 말인가. 그들이 지금 상태로 새 앨범을 취입하기는 무리겠지만, 이제 와서 대관절 누가 비치보이스의 신곡을 학수고대하겠는가. 레코드 가게에 가면, 캐피털* 시대의 골든 올디스**들을 CD로 재발매한 앨범을 얼마든 구할 수 있지 않은가.

1963년에 라디오에서 처음으로 비치보이스의 '서핑 USA'를 들었을 때 나는 약간의 충격 같은 것을 받았다. 당시 나는 열네 살이었고 그 무렵에는 아침부터 밤까지 틈만 나면 무조건 라디오를 켜 팝송을 들었다. 수많은 곡과 수많은 가수에게 푹 빠져들었지만(리키 넬슨, 엘비스, 보비 비, 보비 다린…… 그런 시대였다), '서핑 USA'는 그때까지 들었던 다른 곡들과는 완전히 달랐다. 그것은 정말로 신선했고 독창적이었다. 더 비치보이스라는 그야말로 편안한 이름의 밴드가 비음 섞인 목소리로 숨김없이 활짝 열어젖힌 채

*EMI가 소유하고 있는 미국의 음반사.
**흘러간 시절에 인기 있었던 음반늘.

부르는 '서핑송'에 나는 순식간에 반해버렸다. 노래가 내 마음의 문 같은 것을 힘껏 열어젖힌 것이다. 말로 잘 설명하기는 어렵지만 노래에 나와 관련된 특별한 뭔가가 담겨 있는 듯했다. 그 곡을 듣고 있으면 마음이 한 차원 넓어지면서 까마득히 멀리 있는 것도 뚫어져라 응시하면 보일 것만 같았다. 왜 그런 느낌이 들었는지는 모르겠다. 그도 그럴 것이 지극히 단순하고 깨끗한 노래였으니까. 멜로디는 척 베리의 '스위트 리틀 식스틴'에서 따온 것이고, 처비 체커의 '트위스트잉 USA'에서 아이디어를 얻은 곡이다(당시에 나는 두 곡 다 몰랐지만). 가사는 적당히 그 시대 서퍼들의 은어를 나열했을 뿐이다. '서핑 USA'는 이런 가사로 시작한다.

온 미국의 사람들이
바다를 가질 수 있다면 모두가
파도타기를 하겠지. 그래,
캘리포니아처럼.

나는 바다 바로 옆에 살았지만 안타깝게도 세토 내해에는 서핑을 할 만한 멋진 파도가 일지 않았다. 파도다운 파도가 치는 것은 태풍이 올 때뿐이었다. 그러니 서핑 같은 건 할 수도 없을뿐더러 서핑이 어떤 것인지도 몰랐다. 재킷 사진을 보고 대충 이런 거로구나 상상할 수밖에 없었다. 내가 난생처음 진짜 서핑을 본 것은 그로부터 이십 년이 지난 1983년, 서른네 살 때였다. 나는 겨울의 마카하 해변에서 믿기지 않을 정도의 높은 파도를 타는 사람들을 보고 '그랬구나, 저게 바로 서핑이구나' 하고 생각했다. 하지만 어쨌든 '서핑'이라는 말의 울림은 열네 살인 나에게 이루 말할 수 없이 이국적이고 매력적이었다. 그것은 낯선 사람들이 손이 닿지 않는 머나먼 곳에서 즐기는 멋진 미지의 스포츠였다. 모두가 즐겁게 그런 것을 즐기는 곳이 세상 어딘가에 있구나, 하고 생각했다. 당시 우리에게 캘리포니아란 그야말로 달과 다름없는 곳이었다.

캘리포니아 사람이 모두 서핑하는 건 아니라는 사실은 한참 후에 알았다. 그리고 브라이언 윌슨 역시 실은 서핑 같은 건 태어나서 한 번도 해본 적이 없다는 사실도 알게 되었다. 사실 그는 물을 무서워해서 바다 근처에 가는 것조차 질색했다. 브라이언은 정신적 문제를 안고 있는 고독한 청년이었고, 그에게 음악은 꿈을 꾸는 수단이었다. 그리고 꿈꾸는 행위는 그에게 하나의 치유였으며, 또한 가혹한 현실 속에서 살아남아 성장하는 데 꼭 필요한 작업이었다.

결국 이제 와서 돌이켜보건대 브라이언 윌슨의 음악이 내 마음을 그토록 뒤흔든 까닭은 '손이 닿지 않는 머나먼 곳'에 있는 것들을 그가 열정적이면서도 진지하게 노래했기 때문이 아닐까. 눈부신 태양 빛이 쏟아지는 말리부 해변, 비키니를 입은 금발의 소녀들, 햄버거 가게 주차장에 멈춰선 번쩍번쩍 빛나는 선더버드, 서프보드용 나무 캐리어를 장착한 스테이션왜건, 유원지 같은 고등학교, 그리고 무엇보다 언제까지고 바래지 않고 끝없이 계속되는 천진함. 십대 소년에게(또한 소녀에게도) 그것은 그야말로 꿈의 세계였다. 우리는 브라이언처럼 그런 꿈을 꾸고 브라이언처럼 그런 우화를 믿었다. 그것은 손을 뻗으면 닿을 것만 같았고, 우리는 그의 음악을 통해 그 가능성의 향기를 즐겼다. 브라이언은 어스름한 방 안에서 혼자(Now it's dark and I'm alone, but I won't be afraid in my room.), 캘리포니아라는 가공의 나라의 아름다운 우화를 우리에게 풀어놓았던 것이다. 구체적인 풍경을, 그곳에 있는 다양한 사물들의 아름다운 이름을 팔세토 창법으로 노래했다. 그들 노래 가사의 대부분은 단순하기 이를 데 없지만 그것으로 충분했다. 타고난 싱어송라이터 브라이언이 거기에 멜로디를 붙이면 미다스 왕의 전설처럼 모두가 황금의 언어로 변했다.

브라이언이 새로운 아우라를 획득한 '굿 바이브레이션'은 분명히 멋진 곡이었고, 〈펫 사운즈〉이후의 성숙하고 새로워진 비치보이스는 전과 다름없이 매력적인 밴드였다. 그렇지만 거기에는 '서핑 USA'가 선사해준 무조건적인 마력은 없었다. 그리고 영원한 청춘에 관한 꿈의 노래를 멈춘 브라이언은 두 번 다시 어스름한 방에서 나오지 않는 외톨이로 돌아갔다.

과감히 말해보자면, 비치보이스라는 밴드는 브라이언의 신경쇠약과 함께 사라졌다 해도 이상한 일이 아니었다. 브라이언이야말로 비치보이스의 영혼이며 심장이었기 때문이다. 그러나 비치보이스는 죽지 않았다. 무너질 만큼 문제로 가득한 가정을, 어떤 사람들은 그것이 가정이라는 이유만으로 온 힘을 다해 유지하려 애쓰듯이, 그들은 비치보이스라는 가치를, 모토를, 체재를 다 함께 힘을 모아 지켜냈다. 그들은 지난날의 창조력을 잃고, 좋든 싫든 제일선에서 밀려나야 했다. 그러면서도 죽음에 승복하지 않았다. 꿈을 노래하던 추억에 의해 그들 스스로가 되살아나듯 비치보이스는 겨울의 시대를 이겨냈고, 불안하긴 하지만 어떻게든 음악의 장에 발을 벋디디며 머물렀다.

그리고 세월이 흘러 비치보이스는 살아 있는 전설이 되었다. 브라이언은 기나긴 은퇴를 접고 무대 위에 다시 섰다. 그들은 지금도 여전히 캘리포니아의 꿈을 노래한다. 그것은 분명 기릴 만한 일일 것이다. 하지만 브라이언은 이미 그곳에 없다. 브라이언이 비치보이스의 영혼이며 심장이었다면, 그 영혼은 이미 얼어붙었고 심장은 고동을 멈췄다. 그들이 자신들의 장수를 자랑하면 할수록 그들은 더더욱 죽음을 향해 가는 듯 보인다. 물론 브라이언은 그곳에 있다. 한밤의 그믐달 같은 뻣뻣한 미소를 머금은 채로 야외 콘서트장 무대 위에서 묵묵히 키보드를 두드린다. 마이크를 향해 입을 벌린다. 하지만 브라이언은 그곳에 없다. 그는 어스름한 혼자만의 방 안에 있을 뿐이다. 죽은 사람의 눈도 번쩍 뜨게 할 것처럼 활기차게 날아다니는 마이크 러브 옆에서 그가 들려주는 얘기는 꿈의 기억이 아니라 꿈의 부재다. 그가 보여주는 것은 두 번 다시 돌이킬 수 없는 그 무언가다. 그래도 우리는 절실하게 브라이언을 사랑한다. 우리는 그 방에서 그 옛날 꿈의 울림의 흔적을 찾아헤맨다. 무언가가 조금이라도 남아 있지 않을까. 일찍이 그곳에는 정말로 아름다운 것이, 정말로 행복하고 정말로 복된 것이 그야말로 흘러넘칠 듯이 존재했으니까. 하지만 어떤 울림도 두 번 다시 공기를 뒤흔들지는 못한다.

연기가
눈에
스며들어

• •　　　•• •　　　•　　•

1998년 5월 폴리돌에서 나온 '포트레이트 인 재즈'라는 CD에 붙인 라이너노트입니다. 와다 마코토 씨와 내가 함께 쓴 책에 나오는 음악으로 만든 앨범입니다. 책을 읽으며 이 CD를 들으면, 내용을 더 잘 이해할 수 있을지…… 어떨지는 잘 모르겠지만.

CD의 라이너노트에 이런 내용을 쓰는 건 조금 망설여지지만, 나는 옛날부터 한결같이 LP판을 좋아했다. LP의 모양새가 좋고 촉감이 좋고 냄새가 좋다. 그 무게감이 좋고 거기서 흘러나오는 소리가 좋다. 두 손으로 레코드를 들고 라벨 혹은 음반에 파인 홈을 바라보는 것만으로도 한없는 행복에 젖어든다. 콤팩트디스크야 손에 들고 아무리 바라본들 즐겁지 않다.

그런 까닭에 나는 좋아서 자주 듣는 레코드는 촉감으로—특히 그 무게로— 기억한다. 예를 들어 아주 오래전에 사서 요즘도 즐겨듣는 호레이스 실버의 〈송 포 마이 파더〉는 지난 시대의 중량감 있는 판이기 때문에, 그 무게감이 묵직하지 않으면 바람직한(나에게 바람직하다는 뜻이지만) 〈송 포 마이 파더〉가 될 수 없다고까지 생각한다. 이따금 재발매된 레코드를 꺼내들면 '이건 바람직한 무게가 아니야'라고 느껴진다. 그리고 실제로 턴테이블에 올리면 소리도 확연히 다르다. 소리가 다르면 음악도 달리 들린다. LP판이 우리에게 주는 기쁨과 즐거움은 아마도 그런 면에 있는 것 같다. 간단히 말하자면 LP는 CD보다 훨씬 정이 깊다. 수고나 지출을 아끼지 않고 깊이 사랑해주는 만큼 반드시 보답이 돌아온다.

CD는 취급이 매우 간편하고, 언제 어디서든 깨끗하고 정확한 소리를 내주지만 LP와 열성적인 청자 사이의 '마음의 교류' 같은 것을 기대하기는 불가능하다. 나는 결코 회고적 취미가 강한 사람이 아님에도 밤에 혼자 술을 마시며 진지하게 음악이 듣고 싶을 때는 아무래도 LP 쪽에 손이 간다.

고등학교에 들어간 지 얼마 되지 않았을 때 같은데, 라디오 재즈 프로그램에서 셸리 맨과 안드레 프레빈의 트리오가 연주하는 〈마이 페어 레이디〉의 LP(컨템포러리) 중 한 곡을 듣고는 뛰어난 연주 감각에 크게 감동했다. 그래서 한 달 용돈을 모아 고베 모토마치에 있던 '일본악기'에서 수입 음반을 샀다. 이 음반을 아무튼 열심히 들었다. 이것만큼 끈질기게 들었던 음반은 달리 없는 것 같다. 너무 여러 번 듣다보니 그 애드리브까지 구석구석 다 외워버렸다. 그로부터 삼십 년도 더 지난 지금까지 전곡을 술술 따라서 노래할 수 있다. 수입 음반이라 상당히 비쌌지만 본전은 충분히 뽑았다.

데이브 브루벡의 〈타임아웃〉도 자주 들었다. 그것도 고등학교 초반 무렵이었다. 처음에는 '테이크 파이브' 때문에 즐겨 들었는데, 그러다보니 다른 곡들도 끌려 결국은 '테이크 파이브' 이외의 트랙만 듣게 되었다. 특히 아름다운 발라드 '스트레인지 메도라크'라는 A면 두번째 곡이 좋았다. 〈타임아웃〉의 곡들은 브루벡이 직접 편집한 솔로 피아노용 악보가 있어서 레코드를 들으며 피아노 연습도 열심히 했다. 그때까지는 구경조차 해본 적 없는 희한한 코드를 건반 위에서 더듬더듬 훑어가는 사이 '아하, 그래, 재즈라는 음악은 이런 풍으로 음을 구성해서 연주하는구나' 하고 처음 이해가 되었다. 그런 의미에서 브루벡 씨는 나에게 귀중한 재즈 선생님이기도 했다.

 여기서 내가 하고 싶은 얘기는 '옛날에는 정말로 레코드를 그토록 소중히 여기며 들었는데'라는 것이다. 지금은 그러고 싶어도 그렇게 열정적인 음악 감상은 불가능하다. 그것은 시대 탓이기도 하고 나이 탓이기도 하다.

 지금까지 입수한 수많은 LP를 떠올려볼 때 기억이 가장 생생한 것은―그렇다기보다 가장 가슴이 아픈 것은― 프랑스 보그에서 냈던 텔로니어스 멍크의 솔로 앨범이다. 이 음반은 대학에 들어간 해에 시부야 사쿠라가오카 도로변에 있던 조그만 중고 레코드 가게에서(분명 '미야코도'라는 이름이었다) 발견해서 샀다. 가격은 이천 엔 정도였던 것 같다. 오리지널 10인치 음반이고 재킷에도 음반에도 흠집 하나 얼룩 하나 없었다.
 나는 미타카의 아파트에서 살던 시절에 이 음반을 자주 들었다. 압도적으로 참신하게 해석한 '연기가 눈에 스미다'가 수록된 음반이다. 멍크는 뛰어난 솔로 앨범을 몇 장인가 냈지만, 처음으로 프랑스에서 녹음한 이 보그판 연주가 가장 맑고 깨끗하고 꾸밈이 없어 가슴속에 고스란히 파고든다.
 당시 수컷 고양이 한 마리를 키웠는데(그렇다기보다 실제로는 동거했다는 표현이 더 적절하겠지만) 그 고양이와 함께 오후에 볕

받이에 드러누워 이 멍크를 자주 들었다. 그 무렵에는 시위로 학교 수업이 거의 없었기 때문에 책을 읽거나 음악을 들을 시간만큼은 충분했다.

　복도를 사이에 둔 집의 학생도 우연히 멍크를 좋아했는데 그는 리버사이드에서 나온 솔로 앨범 〈텔로니어스 힘셀프〉를 소중히 간직하고 있었다. 장발의 이웃 남학생은 같은 학년이었고 이따금 기타로 블루스를 연습했다. 그의 집이나 내 집이나 손님이 찾아온 기억은 별로 없다. 그가 가끔 〈텔로니어스 힘셀프〉를 들고 내 방으로 왔고, 둘이서 그 앨범이나 내 보그 음반을 들으며 좋아하는 음악 얘기를 나누었다. 텔로니어스 멍크의 음악에는 어딘지 모르게 사람과 사람을 조용히 이어주는 힘이 있는 것 같았다.

　그런데 나는 결국 그 LP를 잃어버리고 말았다. 그것이 언제 어떻게 사라졌는지 도무지 짐작할 수도 없다. 그 음반은 나에게 특별히 중요한 것이어서 당연히 매우 소중히 간직했기 때문이다. 물론 다른 사람에게 빌려준 기억도 없다. 그런데 온 집 안을 다 뒤져도—원래 좁은 집이다—그 음반만은 찾을 수가 없었다. 세계 한 귀퉁이에 남몰래 뚫린 바람구멍으로 휙 빨려들어간 것처럼 자취도 형체도 없이 어딘가로 사라져버렸다.

　멍크의 보그 음반은 역사적인 의미를 가지는 훌륭한 연주이므로 늘 어떤 형태로든 카탈로그에 실린다. 그 오리지널 10인치 음반을 분실하고 몇 년이 지난 후에 나는 당시 도호 레코드에서 재발매된 12인치 음반을 다시 샀다. 그러나 턴테이블의 새 레코드에서 흘러나오는 음악은 내 귀가 기억하는 음악과는 상당히 달랐다. 그 안에 담긴 멍크의 연주 자체는 분명 같을 테지만 내가 사랑했던 그 독특한 분위기가 불가사의할 정도로 옅어져버린 것이다. 이유는 알 수 없지만 텔로니어스 멍크의 열 손가락이 자아내는 익숙하게 일그러진 양수적羊水的 세계에 전처럼 내 영혼이 자연스럽게 푹 빠져들 수가 없었다.

　나는 지금도 그 12인치 음반을 가지고 있지만 솔직히 그렇게 자주 듣지는 않는다. 멍크의 음악은 여전히 좋아하지만 좀처럼 그 보그판이 레코드장에서 꺼내지지 않는다. 스무 살 직전의 내가 볕 하나만큼은 잘 드는 미타카의 아파트에서, 어떤 착오로 강제로 표백되어버린 듯한 기묘한 심경으로 하염없이 귀를 기울였던 멍크의 피아노 선율. 그때와 같은 울림은 더는 거기에서 찾을 수 없다. 내가 그 시대에 품었던 강물 같은 슬픔, 혹은 숨이 막힐 듯한 기쁨이나 사랑했던 사람, 이루지 못한 염원 같은 것들은 텔로니어스 멍크의 그 10인치 레코드 속에 흡수된 채 어느 깊은 곳으로 가라앉아 사라져버리고 만 것 같다. 그런 것 같다.

　고작해야 물건이잖아, 라고 당신은 말할지도 모른다. 물론 그 말이 맞다. 음악에서 가장 중요한 것은 연주 자체의 훌륭함이다. 그것은 굳이 말할 필요조차 없을 것이다. 그렇지만 내가 그에 못지않게 멋지다고 생각하는 것은 우리가 그 음악의 훌륭함에 우리 자신의 마음이나 육체의 소중한 일부를 위탁할 수 있다는 사실이다. 그리고 재즈라는 음악에는 재즈로밖에 떠안을 수 없는 뭔가가 있다. 그렇기 때문에 우리는 재즈라는 음악을 이토록 가까이에 두고 사랑할 수 있는 것이다.

그러나 언젠가 나이가 더 들어서 인생에 대해 지금과는 또다른 사고방식으로 마주할 수 있을 때 문득 그런 생각이 떠오를 것이다. 콤팩트디스크든 무엇으로든 보그의 멍크 솔로를 다시 한번 차분히 온 마음을 다해 듣고 싶다고. 어쩌면 그것은 그 옛날의 '연기가 눈에 스미다'와는 또다른 근사한 울림을 선사해줄지도 모른다.

한결같은
피아니스트

• •　　　•• •　　　　　•　　•

재즈 피아니스트 사야마 마사히로 씨가 낸 CD 〈플로팅 타임〉(빅터 엔터테인먼트)에 쓴 짧은 라이너노트로 2002년 9월에 사야마 씨에게 직접 부탁받은 것으로 기억합니다. 글에도 썼듯 내가 고쿠분지에서 가게를 운영할 무렵, 그는 아직 음대생이었고 우리 가게에서 이따금 피아노를 쳤습니다. 오랜만에 들어보니 실력이 아주 많이 늘어서(당연한 얘기겠지만) 깜짝 놀랐습니다.

雜文集

이십대 중반 도쿄의 고쿠분지라는 시에서 재즈 카페를 시작했다. 결혼을 하고 빚을 떠안고, 경험도 없는 풋내기 주제에 무작정 장사를 시작한 것이다. 아침부터 밤까지 재즈를 듣고 싶다는 단 한 가지 이유로. 그렇게 세상은 더없이 단순했다. 1974년의 일이다.

집에 있는 아무도 안 쓰는 업라이트피아노를 가게로 옮겨, 주말이면 로컬 뮤지션들의 라이브 무대를 열었다. 당시 주오 선 근처에 뮤지션들이 많이 살아서 인재가 부족하지는 않았다. 모두 젊고 가난했지만 의욕이 충만했고, 얼마 안 되는 출연료로도 열정적인 연주를 선보였다. 라이브가 장사에는 전혀 도움이 안 됐지만, 뭐 그거야 피차 마찬가지였다.

사야마 마사히로 군(옛날 습관대로 '군'이라고 부르게 되는데)은 당시 아직 국립음대 학생이었고, 재즈 뮤지션으로는 그야말로 신출내기였다. 지금과는 다르게 비쩍 말랐고, 그래서인지 어딘지 모르게 뭔가 갈구하는 듯 눈빛이 살아 있었다. 사야마 군이 우리 가게에서 실제로 연주한 것은 그리 많지 않을 텐데, 신기하게도 그는 또렷이 기억에 남아 있다. 사야마 군은 '나 재즈 좀 하잖아'라는 식의 앙뉘하면서도 와일드한 분위기의 다른 젊은 뮤지션들과 달랐기 때문인지도 모른다. 학구적이라고 할까, 아무튼 자나 깨나 온통 피아노 생각뿐인 듯한 분위기가 감돌았다. 머릿속에는 오로지 코드 진행에 관한 생각밖에 없는 듯 보였다.

그렇기 때문에 그가 프로 뮤지션이 됐다는 소식을 접했을 때도

(그 무렵에는 나도 이미 프로 작가가 되어 있었다) 딱히 놀라지는 않았다. 뭐 하긴, 이상한 일도 아니지 싶었다. 그의 연주를 들었을 때도 그다지 놀라지 않았다. 그만의 독특한 빛깔인 예리한 결이 느껴지는 지적이고 구조적인 연주 스타일은 옛날과 다름없었다. 물론 예전과는 비교할 수 없을 정도의 실력이었지만 터치나 소리의 비전은 대체로 같았다. 그리고 옛날과 다름없는 한결같음이 절절히 묻어났다.

음악이든 글이든 뭔가를 꾸준히 창조해나가야 하는 고단함은 기본적으로 크게 다르지 않을 것이다. 적극적이고 긍정적인 자세를 유지하지 못하면 만들어진 작품에서 힘이나 깊이가 사라져버린다. 어쨌든 사야마 군이 언제까지나 다부지고 엄격하면서도 한결같은 '피아노 오타쿠'로 남아주기를 바란다. 그런 자세가 무엇보다 가장 소중하다고 나는 믿는다.

차마
말을
꺼내지
못해

● ●　　　　●● ●　　　　●　　●

오하시 아유미 씨가 거의 개인적으로 발행한 〈아르네〉라는 작은 잡지에 쓴 에세이입니다. 2003년 3월에 출간된 책에 실렸습니다. 지금은 이미 없어진 듯합니다만 느낌이 좋은 〈아르네〉 같은 잡지에 글을 쓰자니 왠지 모르게 마음이 훈훈해졌습니다. '차마 말을 꺼내지 못해'는 말하자면 'I Can't Get Started'의 의역인 셈인데 옛날부터 이 제목으로 불려왔고 아주 멋진 제목이므로(누가 붙였을까?) 나도 그렇게 쓰기로 했습니다.

무슨 일을 하다보면 반사적으로 어떤 노래가 머릿속에 떠오를 때가 있다. 당신은 없는가? 예를 들어(어디까지나 예일 뿐이지만) 드넓은 바다를 눈앞에 접하면 '바다는 넓구나 크구나'라는 동요가 무심코 입 밖으로 흘러나온다. 혹은 소리를 내지는 않더라도 자연스레 마음속으로 그 한 구절을 따라 흥얼거릴지도 모른다.

생각해보면 당신은 아마 여섯 살 때도 열다섯 살 때도 서른두 살 때도 드넓은 바다를 눈앞에 두면 '바다는 넓구나 크구나' 하고 노래를 하거나 생각을 떠올렸을 테고, 조금 과장되게 표현하자면 요컨대 그 노래의 한 구절이 하나의 연속적인 행위로, 한 오라기(사소한) 씨실로 인생을 관통해왔다는 말이 된다. 따라서 당신은 당신 안에 잠들어 있는 여섯 살이나 열다섯 살이나 서른두 살의 자신과 '바다를 눈앞에 둔' 심정을 아주 잠깐이나마 이를테면 반사적으로 공유한다. 그것은 썩 나쁘지 않은 기분이다.

우리의 인생이란 기억의 축적으로 완성된다. 그렇지 않은가? 혹시 기억이 없다면, 우리에게는 지금 현재의 우리밖에 기댈 곳이 없는 셈이 된다. 기억으로 말미암아 우리는 어떻게든 자기라는 존재를 하나로 묶고, 동일시하고, 존재의 중추 같은 것을—설령 그것이 하나의 가설에 불과하더라도— 일단 설정할 수 있는 것이다.

서두가 너무 길어졌는데 나는 비행기에 탈 때면 늘 반사적으로 '차마 말을 꺼내지 못해'라는 노래를 떠올린다. '차마 말을 꺼내지 못해'는 버넌 듀크 작곡, 아이라 거쉰 작사의 오래된 옛 미국 노래로 1930년대 후반에 큰 인기를 끌었다. 상당히 세련된 가사이므로 첫 부분을 옮겨본다.

나는 비행기로 세계일주도 했다.
스페인 혁명도 조정했다.
북극점까지 답파했다.
그런데 너를 앞에 두고, 그 한 걸음을 내디딜 수가 없다.

여하튼 1930년대였으니 비행기로 세계일주를 하는 건 대단히 큰 모험일 것이다. 보통 사람이라면 도저히 불가능한 일이다. 북극점? 그렇다, 북극점도 아직은 거의 미지로 남아 있던 시절이다. 그리고 그 무렵, 스페인에서는 때마침 격렬한 내전이 벌어지고 있었고 공화제를 지지하는 열정적인 모험가들은(예를 들어 어니스트 헤밍웨이 같은 사람이) 파시스트와 싸우기 위해 의용군에 참가하여 스페인으로 향했다. 아마 비행기(플레인)와 운을 맞추기 위해 스페인을 들춰냈을 테지만(이런 종류의 짧은 노래에 정치적 소재를 곁들이는 예는 지극히 드물기 때문에) 이 가사를 들어보면 1930년대의 로맨티시즘 같은 것이 눈앞에 휙 떠오른다. 일본으로 말하면 쇼와 초기에 해당할 것이다. 1929년 대공황의 상흔도 여전히 깊고 세계적으로도 절대 밝은 시절이 아니었으며, 그후의 시대는 거대한 전쟁을 향해 점점 더 어두워져가지만, 그럼에도 사람들은 어두운 구름 언저리에서 희망의 여명을 간절히 찾아헤맸다. 그런 심정은 그 시대에 태어나지 않았던 나도 어렴풋하게나마 이해할 수 있다. 누구든 언제든 어두운 구름 언저리에서 희미하더라도 로맨틱한 빛을 찾으며 살아가게 마련이다.

예를 들어 시드니로 향하는 비행기, 출발 시각은 밤, 가랑비가 내리고 저 멀리 나리타공항의 관제탑 등불이 희미하고 부옇게 보인다. 나는 홀로 좌석에 앉아 있다. 무릎 위에는 읽던 책이 놓여 있다. 출발을 앞두고 샴페인이 나온다. 이쯤 되면 더는 어쩔 수가 없다. 어찌 됐든 '차마 말을 꺼내지 못해'의 첫머리가 자동적으로 머릿속에 떠오른다.

> I've flown around the world in a plane.
> I've settled revolutions in Spain.
> And the North Pole I have charted.
> But can't get started with you.

그리고 나는 눈을 감고, 스페인 전쟁을 떠올린다. 나는 스페인 내전에 참가한 적도 없고 참전할 생각도 없었지만(그야 아직 태어나지도 않았으니까), 그런데도 싫든 좋든 스페인 내전이 한창인 시대의 풍경 속으로 들어간다. 그리고 머리 위의 암운과 그 뒤편에 자리하고 있을 밝고 따뜻한 태양을 떠올린다.

'차마 말을 꺼내지 못해'는 육십 년도 더 전에 만들어진 매우 감상적인 짧은 곡이다보니 아무래도 최근에는 연주되는 경우가 드물다. 젊은 재즈 뮤지션은 일단 이런 골동품 같은 곡을 잘 선택하지 않는다. 가사 역시 젊은 사람들은 무슨 소리인지 전혀 이해가 안 갈 것이다. '스페인 혁명? 북극점?' 하며 고개를 갸웃거릴 게 뻔하다. 아니, '차마 말을 꺼내지 못해'라는 심정 자체도 자칫하면 제대로 전달되지 않을지도 모른다. 그렇지만 옛날 뮤지션들은 이 곡을 즐겨 연주했다. 발라드 연주의 기본곡 같은 존재였다.

얼마 전 불현듯 생각이 나서 우리 집 레코드장을 뒤적여봤더니 이 곡의 연주가 대략 40여 종이나 나왔다. 어마어마한 숫자다. 내가 기억해내지 못하는 연주도 많을 것이다. 1937년에 큰 인기를 끈 버니 베리건 악단의 연주를 비롯해 레스터 영, 콜먼 호킨스, 찰리 파커, 그리고 스턴 게츠가 세상을 뜨기 직전에 녹음한 실로 아름다운 연주에 이르기까지 다양하고 멋진 연주들이 남아 있었다. 그중에 '이거다' 싶은 연주를 팔십 분짜리 미니디스크에 녹음해(참 한가한 사람이다) 차 안에서 운전하면서 별 생각 없이 듣다보니 갑자기 무턱대고 비행기가 타고 싶어졌다. 어디든 좋으니 머나먼 나라로 떠나고 싶어졌다.

그러나 가령 이 세상에 '차마 말을 꺼내지 못해'의 뛰어난 연주가 백 개 이백 개 존재한다 해도 내가 좋아하는 '차마 말을 꺼내지 못해'는 옛날부터 단 하나로 정해져 있다. 유일무이한 '차마 말을 꺼내지 못해'는 이것뿐이라고 할 만큼 최고 경지에 이른 연주가 있다. 바로 빌리 홀리데이가 카운트 베이시 악단과 함께 1937년 11월 3일에 녹음한 것이다. 정규 레코딩은 아니다. 당시 카운트 베이시와 빌리 홀리데이는 레코드 회사와 맺은 계약 조건상 솔로 녹음밖에 할 수 없었기 때문에(재즈 역사로서는 크나큰 비극이다) 프로듀서인 존 하몬드가 라디오에서 중계된 연주를 '개인적으로' 녹음했고 그것이 훗날 LP로 발매되었다. 그렇다보니 정규 앨범에 비해 소리가 조금 떨어지는 건 사실이지만 연주는 더없이 훌륭하다. 베이시 악단의 파워는 실로 젊고 압도적이며 편곡도 재미있다. 특히 악단의 앙상블 간주 뒤에 나오는 레스터 영의 끈끈하고 속깊은 정이 묻어나는 테너 솔로는 그야말로 절품이다. 레스터 영이 뿜어내는 한숨과도 같은 프레이즈는 정말로 '차마 말을 꺼내지 못하는' 것처럼 빌리의 노래에 촉촉하게 휘감기며 얽혀드는 것이다. 물론 두말할 필요도 없이 빌리 홀리데이의 프레이징*은 완벽해서 토를 달 여지가 없다. 그 무렵 빌리는 카운트 베이시 악단과 함께 여행중이었고, 이 '차마 말을 꺼내지 못해'를 공연 곡목의 하나로 삼

* 음악의 흐름을 유기적인 의미 내용을 갖는 자연스러운 악구로 구분하는 일.

았다. 따라서 물 만난 고기처럼 발랄하게 맘껏 스윙한다.

그녀는 1938년 6월에도 베이시 악단 픽업 멤버의 반주로 '차마 말을 꺼내지 못해'를 스튜디오에서 녹음했다. 현재 발매되는 빌리 홀리데이의 '차마 말을 꺼내지 못해'는 대체로 이 버전이다. 그러나 앞에서도 썼듯이 계약상 우두머리인 베이시만 빠지고 다른 피아니스트가 피아노 앞에 앉았다. 이것도 꽤 좋은 연주였고 레스터 영의 솔로도 여전히 마음에 와닿지만, 한 해 전 11월 녹음에서의 엄청나게 작렬하는 불꽃까지는 보이지 않는다. 만약 세상에 1938년에 녹음한 '차마 말을 꺼내지 못해'만 남아 있다면 분명 그것으로 만족했을 것이다. 하지만 1937년 녹음을 이미 들어버린 귀에는 조금 성에 차지 않는다.

1937년의 빌리 홀리데이의 노래와 반주를 맡은 베이시 악단의 연주가 얼마나 멋진지, 얼마나 훌륭하게 하나의 세계를 표현해냈는지, 실제로 당신에게 "자, 이거예요"라며 들려주면 좋겠지만 안타깝게도 일단은 글로 쓸 수밖에 없다.

1929년에 나는 주식을 최고가로 팔아넘겼다.
영국에 가면 왕실의 초대를 받는다.
그런데 네 앞에만 서면 내 마음이 너무나 아프다.
왜냐하면 난 네게 차마 말을 꺼내지 못하니까.

이것이 이어지는 가사인데, 어떤가, 꽤 근사하게 심경을 읊은 노래이지 않은가? 그러니 이 세상에는 비행기를 탈 때마다 나처럼 '차마 말을 꺼내지 못해'의 첫머리 한 구절을 무심코 흥얼거리는 사람이 몇 백 명, 아니 몇 천 명이나 존재할 게 틀림없다고 혼자 추측해본다. 그리고 우리는 각자의 스페인 내전과 각자의 북극점을 안고, 각자의 먹구름과 각자의 빛을 끌어안고, 밤하늘을 향해 조용히 떠오르는 것이다.

노웨어 맨
어디로도 갈 수 없는 사람

● ●   ●● ●   ●   ●

Nowhere Man(John Lennon/Paul McCartney)

이 글은 〈에스콰이어〉 일본판에 연재했던 '무라카미 송스' 원고 중 하나입니다. 내가 번역한 가사와 에세이, 와다 마코토 씨의 그림이 곁들여진 상당히 즐거운 연재였습니다. 그런데 당시 비틀스 노래 가사의 번역 게재에 대한 허가가 나지 않아 원고가 '창고'로 들어가고 말았습니다. 단행본에도 수록할 수 없었습니다. 이번에도 교섭이 되지 않았습니다. 그래서 안타깝지만 가사의 번역 부분은 제외시켰습니다. 내 탁 2004년 후반에 썼나고 믹연하게 기익합니다.

사실, 이번 연재에서는 밥 딜런과 레넌+매카트니의 곡은 다루지 않기로 결정했다. 뛰어난 곡과 가사가 너무 많아서 하나만 고르기도 고역일 테고, 가사 번역집 같은 것도 이미 나와 있기 때문이다. 그런데 주위에서 부디 꼭 번역해달라는 목소리가 많아 이 곡만은 예외로 삼기로 했다.

'노웨어 맨'은 내게도 매우 깊은 추억이 담긴 곡이다. 《노르웨이의 숲》이라는 소설의 마지막 장면을 쓸 때, 이 곡을 떠올렸다. 주인공은 외톨이로 '어디도 아닌 곳'에 있었고, 그곳에서 연인에게 전화를 건다. 그리고 이야기는 끝이 난다. 사운드트랙이라고는 할 수 없지만 책상에 앉아 그 대목을 쓰는 내내 아주 자연스럽게 이 곡이 귓가에 맴돌았다. 나는 그때 로마 교외의 언덕에 있는 작은 아파트에 살았는데, 문득 글 쓰던 손을 멈추고 주위를 둘러보니 문자 그대로 내가 '어디도 아닌 곳'에 있는 것처럼 느껴졌다.

'노웨어 맨'은 '노르웨이의 숲'과 마찬가지로 1965년에 발표된 〈러버 소울〉 앨범에 수록되어 있다. 일본 제목은 분명 '외톨이 그 녀석'이었다. 이 곡의 저작권자는 레넌+매카트니로 되어 있지만 실제로는 레넌 혼자 작사 작곡한 노래다. 라디오에서 흘러나온 이 노래를 처음 들었을 때 '우아, 멋지다'라고 감탄했던 기억이 난다. 인상적인 곡이었다. 한 번 들으면 잊을 수가 없다. 머리를 짜낸 흔적이 느껴지기보다는 우화적이라고 할 만큼 단순한 가사지만, 타고난 유연한 유머 감각과 왠지 모를 아련한 슬픔 같은 것이 기분 좋게 감돈다.

뭘 해도 잘 풀리지 않는다. 아무리 머리를 굴려도 좋은 생각이 떠오르지 않는다. 어디로 가야 할지 알 수가 없다. 스스로가 텅 빈 것처럼 느껴진다. 이런 시기는 아마 정도의 차이는 있겠지만 누구의 인생에나 있게 마련이다. 존 레넌의 인생에도 이런 시기가 있었다. 내 인생에도 물론 몇 번인가 있었다. 스무 살 전후의 나날이 특히 그랬다.

그런 사람이라면
당신이나 나나 좀 닮지 않았나요?

Isn't he a bit like you and me?

정말 그래, 라고 나도 생각한다. 그래도 존 레넌 씨가 그런 말을 건네온다면 어쩐지 조금은 다행스런 일이 아닐까?

빌리
홀리데이
이야기

• •   • • •   •   •

〈에스콰이어〉 러시아판(2005년 9월호)의 의뢰를 받고 쓴 원고입니다. 일본에서는 이 지면이 첫 발표인 셈입니다. 그러나 빌리 홀리데이의 이 얘기는 어딘가 다른 데도 쓴 기억이 납니다. 아마 어느 CD 라이너노트일지도 모릅니다. 대체로 같은 내용입니다. 그런데 어떤 앨범이었는지는 기억이 안 납니다. 어쨌든 이건 실제로 있었던 이야기입니다.

간혹 젊은 사람들에게 "재즈는 어떤 음악인가요?"라는 질문을 받을 때가 있다. 그러나 그렇게 난데없이 마치 콘크리트 벽에 고무 점토를 내던지듯 물어오면 이쪽은 뭐라고 대답해야 좋을지 몰라 공연히 그저 고개만 갸웃거릴 뿐이다. 그것은 예를 들자면 "순문학이란 어떤 문학인가요?"라는 질문과 같아서 "그건 이런 것입니다" 하고 한마디로 딱 잘라 설명할 수 있는 깔끔하고 구체적인 정의라는 게 존재하지 않기 때문이다.

그러나 설령 정의가 없다 해도 어느 정도 재즈를 들어온 사람이라면 음악을 아주 잠깐만 들어보고도 '아하, 이건 재즈다' 아니, 이건 재즈가 아니야'라고 바로 판단할 수 있다. 그것은 어디까지나 경험적이고 실제적인 것으로 '재즈란 무엇인가'에 대한 판단 기준을 일일이 칼같이 적용한 결과는 아니다. 누가 뭐라고 하든 재즈에는 재즈 고유의 향기가 있고, 고유의 울림이 있으며, 고유의 감촉이 있다. 재즈와 재즈가 아닌 것을 비교해보면 향기가 다르고 울림이 다르고 감촉이 그리고 마음을 흔드는 방식이 다르다. 어떻게 다른가는 실제로 그 차이를 경험해보지 않으면 알 수 없기 때문에 경험해보지 못한 사람에게 그것을 말로 전달하는 일은 실로 지난한 과제다.

그러나 나는 일단 글 쓰는 일을 생업으로 삼은 인간이므로 '그건 경험이 전부야. 설명한다고 알 수 있는 게 아니야. 뭐든 좋으니 재즈 CD를 열 장쯤 차분히 듣고 나서 다시 찾아와'라는 식의 깐깐

한 노인네 같은 언사를 무작정 입 밖에 낼 수는 없다. 그렇게 말해버리면 편하겠지만(그리고 아마도 그것이 정당한 대응일 거라는 생각도 있지만) 그렇게 매정하게 내치듯 단정해버리면 대화는 벽에 부딪쳐 툭 끊기고 만다. 그리고 그것은 글쟁이가 취할 올바른 태도가 아니다.

재즈란 어떤 음악인가?
빌리 홀리데이 이야기를 해보자.

아주 먼 옛날, 지금으로부터 삼십 년도 더 지난 옛날. 내가 아직 소설가가 되기 전, 그렇다기보다 내 머릿속에 소설을 쓰겠다는 생각이 털끝만큼도 없었던 시절의 일이다. 이것은 진짜 있었던 일이다. 나는 그 무렵 도쿄 고쿠분지 역의 남쪽 출구에 있는 작은 빌딩 지하에서 재즈 바를 하고 있었다. 열다섯 평쯤 되는 가게로 한쪽 구석에는 업라이트피아노가 놓여 있고 주말이면 이따금씩 라이브 연주도 했다(나중에 센다가야로 이전할 때 간신히 그랜드피아노를 들여놓을 수 있었다). 꽤 많은 빚을 떠안고 있었고 일 자체도 힘들었지만, 솔직히 그런 것은 별로 신경쓰지 않았다. 아직 이십대 중반이었으니 마음만 먹으면 얼마든지 일할 수 있다고 생각했고 가난도 고통스럽지 않았다. 아침부터 밤까지 좋아하는 음악의 바다에 풍덩 빠져서 일할 수 있다는 것만으로도 행복했다.

고쿠분지는 다치카와와 가까워서 아주 자주는 아니었지만 이따금 미국인 병사가 불쑥 가게를 찾기도 했다. 그중 한 사람, 아주 조용한 흑인이 있었다. 그는 대체로 일본인 여성과 둘이 왔는데, 이십대 후반쯤 되어 보이는 호리호리한 여성이었다. 두 사람이 연인인지 친구인지는 내가 알 길이 없지만 굳이 얘기하자면 '친한 친구'가 가장 적당한 표현일 것이다. 내가 그 커플을 또렷이 기억하는 까닭은 옆에서 보기에도 그런 미묘한 거리감이 매우 좋아 보였기 때문이다. 끈적끈적한 분위기도 아니고, 그렇다고 해서 생판 남처럼 딱딱하게 대하지도 않고. 그들은 가볍게 술을 마시고, 나지막한 목소리로 도란도란 얘기를 나누며 재즈를 들었다. 그는 가끔 나를 불러서 "빌리 홀리데이의 판 좀 틀어주세요"라고 말했다. 응, 빌리 홀리데이 음악이면 뭐든 좋아요.

딱 한 번 그가 빌리 홀리데이의 노래를 들으며 흐느껴 울던 기억이 있다. 밤늦은 시간이었고 다른 손님은 별로 없었다. 그때 그가 혼자 있었는지, 늘 같이 오던 여성과 함께였는지는 기억이 잘 나지 않는다. 빌리 홀리데이의 어떤 레코드를 틀었는지도 기억나지 않는다. 그렇지만 여하튼 그는 카운터 구석 자리에 앉아서 큼지막한 두 손으로 얼굴을 감싸고 어깨를 떨며 조용히 울었다. 나는 물론 되도록 그쪽으로 시선을 주지 않으려고 조금 떨어진 곳에서 일하고 있었다. 빌리 홀리데이의 레코드가 다 돌아가자, 그는 자리에서 조용히 일어나 계산을 하고 문을 열고 나갔다.

그것이 그와의 마지막 만남이었던 것 같다. 그후 일 년쯤 지나 내가 그 흑인 병사를 거의 잊어갈 무렵, 종종 그와 함께 오던 여성이 우리 가게에 모습을 드러냈다. 혼자였다. 비 내리는 밤이었다. 그날도 가게에는 손님이 적고 한산했다. 그녀는 레인코트를 입고 있었다. 그때 내렸던 비와 그녀의 레인코트 냄새가 지금도 어렴풋이 기억난다. 계절은 가을이었던 것 같다. 비 내리는 가을밤, 그리고 가게 안이 조용할 때면 나는 자주 사라 본이 노래하는 '9월의 비'를 턴테이블에 올렸다. 아마 그날 밤도 그랬을 거라 짐작한다. 그런 타입의 밤이었다.

그녀는 카운터에 앉아 내 얼굴을 보고 빙긋이 웃으며 "안녕하세요"라고 인사했다. 나도 "안녕하세요"라고 인사했다. 그녀는 위스키를 주문했다. 나는 술을 준비해 건넸다. 그러고 나서 그녀가 내게 이야기해주었다. 그가—그 흑인 병사가— 얼마 전에 본국으로 돌아갔고, 그는 고향 사람들이 그리워질 때마다 우리 가게에 와서 빌리 홀리데이의 노래를 들었다고. 우리 가게를 마음에 들어했다며, 그녀는 그리운 듯 추억을 풀어놓았다.

"그런데 그가 지난번에 편지를 보내왔어요." 그녀가 내게 말했다. "자기 대신 그 가게에 가서 빌리 홀리데이를 들어달래요." 그리고 그녀는 빙그레 미소를 머금었다. 나는 레코드장에서 빌리 홀리데이의 오래된 레코드 한 장을 꺼내 턴테이블에 올렸다. 그리고 슈어에서 나온 타입Ⅲ 바늘을 레코드 홈 위에 살며시 얹었다. LP판은 멋스러운 물건이다. LP를 걸 때 우리가 취하는 일련의 동작은 생활 속에서 마주하는 주위의 다양한 형태의 행위와 어딘가에서 매끄럽게 이어지는 것처럼 느껴진다. LP가 언젠가는 시대에 뒤처진 물건이 될 줄, 그 무렵에는 상상조차 할 수 없었다. 하긴 그렇게 따지면, 내가 소설가가 되고 언젠가 나이를 먹을 거라는 사실 역시 전혀 상상하지 못했지만.

빌리 홀리데이의 노래가 끝난 후, 나는 바늘을 들어올리고 레코드를 재킷에 넣어 다시 진열장에 넣었다. 그녀는 남아 있던 위스키를 비우고 자리에서 일어섰고, 마치 바깥 세계로 나서는 특별한 준비를 하듯 레인코트를 조심스럽게 걸쳤다. 그녀는 밖으로 나갈 때, "여러모로 고마웠습니다"라고 말했다. 나는 말없이 고개를 끄덕였고 그러고 나서 "저야말로"라고 대답했다. 그다음에 무슨 말을 해야 좋을지 그 당시 나는 생각이 잘 나지 않았다. 말이 떠오르지 않았다. 나는 좀더 제대로 된 말을, 뭔가 좀더 확실하게 마음이 담긴 말을 건넸어야 했다. 그러나 늘 그렇듯이, 내 머릿속에는 도무지 적절한 말이 떠오르지 않았다. 참으로 안타까운 일이었다. 왜냐하면 이 세상 이별의 대부분은 그대로 영원한 이별이 되기 때문이다. 그때 입 밖에 내지 못한 말은 영원히 갈 곳을 잃어버리기 때문이다.

나는 지금도 빌리 홀리데이의 노래를 들을 때마다 조용했던 그 흑인 병사를 자주 떠올린다. 멀리 떨어져 고국을 그리며 카운터 한쪽 구석에서 소리 죽여 흐느껴 울던 남자의 모습을. 그 앞에서 조용히 녹아들던 온더록의 얼음을. 그리고 멀리 떠나간 그를 위해 빌리 홀리데이를 들으러 왔던 여성을. 그녀의 레인코트 냄새를. 그리고 필요 이상으로 젊고 필요 이상으로 내성적이며, 그런 주제에 두려워할 줄 몰랐던 나 자신을. 그러면서 누군가가 마음으로 느낄 수 있을 적절한 말이라곤 도무지 찾아내지 못하는, 거의 속수무책이었던 나 자신을.

"재즈란 어떤 음악인가요?"라고 누군가 묻는다면, 나는 "이런 게 바로 재즈지"라고 대답할 수밖에 없다. 나에게 재즈란 그런 존재다. 꽤나 긴 정의지만, 솔직히 말해 나는 재즈라는 음악에 대해 이보다 더 유효한 정의는 알지 못한다.

《언더그라운드》에 관하여

村上春樹

雜文集

도쿄
지하의
흑마술

지하철 사린 사건과 《언더그라운드》에 관해 써달라는 미국 어느 잡지의 의뢰를 받고 쓴 글인데, 결국 실리지 않았습니다. 글을 쓴 시기는 아마도 2000년 조금 전이었던 것 같습니다. 그러니 여기서 처음으로 발표하는 셈입니다. 외국인 독자가 지하철 사린 사건의 실상을 보다 정확하게 이해할 수 있도록 시간을 들여 정성을 다했습니다만, 아마 잡지 쪽에서는 이것과는 조금 다른 종류의 글을 기대했던 것 같습니다. 이런 일은 일본에서도 간혹 있긴 합니다.

雜文集

1929년 10월 주가 대폭락, F. 스콧 피츠제럴드는 대서양 너머 저 멀리 북아프리카 사막에서 뉴스를 접했다. 그 소리는 사막 끝까지 메아리쳤다(we heard a dull distant crash which echoed to the farthest wastes of the desert), 라고 그는 훗날 회고했다. 그런데 피츠제럴드는 그때 그 사건이 세계 역사에 얼마나 막대한 영향을 미칠지 이해했을까? 어쩌면 그는 월가의 소동보다는 아내 젤다의 정신병과 소설가로서의 슬럼프 같은 개인적인 문제로 훨씬 더 속을 태웠는지 모른다.

"들었어?"
"별일 아니야."
"우리나라로 돌아가서 확인해보는 게 낫지 않을까?"
"됐어—별일 아니야."

_스콧 피츠제럴드 〈마이 로스트 시티〉

어떤 나라의 역사에나 혹은 어떤 사람의 역사에나 몇 번의 극적인 분수령이 있게 마련이다. 예를 들어 미국에는 1929년, 시저에게는 루비콘, 히틀러에게는 스탈린그라드, 비틀스에게는 '서전트 페퍼스' 등. 어떤 경우에 그런 것들은 누구의 눈에나 훤히 보이는 명백한 전환점이다. 사람들은 숨을 죽이고 숙연하게 그 지점을 통과해낸다. 그러나 어떤 경우에는 그 충격을 동시적으로 감지하기 어려울 때가 있다. 그 일의 진정한 의미는 장기어음의 결제일처럼 나중에야 슬그머니 들이닥친다. 응분의 세월이 지난 후에야 '아, 지금 와서 돌이켜보니 그것이 하나의 분기점이었어'라고 새삼스레 알아차리는 것이다.

어쨌든 후세의 역사가가 제2차 세계대전 이후의 일본 역사를 더듬고자 할 때, 1995년이라는 해는 중요한 이정표가 될지도 모른다. 그것은 일본이라는 국가가 크고 격하게 그 항적을 전환시킨 해였다. 하지만 어느 특정한 개인이 책임질 사항은 아니다. 조르조 데 키리코의 그림 속에 나올 법한, 얼굴도 이름도 없는 수상쩍고 불가사의한 누군가가, 그 누구도 아닌 누군가가 어스름한 조타실에서 조용히 키를 돌린 것이다.

나는 태평양을 사이에 둔 머나먼 매사추세츠 주 케임브리지에서 그 불길한 해를 맞았다. 보스턴 교외의 대학에서 소규모의 학생들을 대상으로 일본 문학 수업을 맡고 있었고, 매년 봄이면 그 근사한 보스턴 마라톤 대회에 나가 달렸고, 짬짬이 장편소설을 썼다. 일본을 떠나 미국 동해안에서 생활한 지 사 년이 지나고 있었다. 달력이 1995년으로 바뀌고 얼마 지나지 않아 음울한 뉴스 두 개가 일본에서 날아들었다. 그런데 내가 그때 귀로 접한 소리는 피츠제럴드가 들었던 '저 멀리 흐릿하게 울리는 메아리'가 아니었다. 또렷하게 들리는 불길한 굉음이었다.

'슬슬 귀국할 때가 되었는지도' 하고 생각했던 기억이 난다. 그리고 뉴잉글랜드를 떠날 준비를 시작했다.

  1995년은 오히려 조용히 찾아왔다. 그 벽두는—물론 지금 와
생각하면 그렇다는 뜻이지만— 조금 지나치게 조용했던 것 같다.
혹시 이 세상에 진정한 예언이라는 것이 존재한다면, 예언자는 나
무 망치를 들고 나라 안에 있는 종이란 종은 다 치며 돌아다녔을지
도 모른다. 그러나 내가 아는 한, 그런 일을 하는 사람은 단 한 명
도 없었다. 새해는 여느 때와 마찬가지로 조용히 밝았고, 사람들은
여느 때와 마찬가지로 설날에 신사를 찾았고, 두 손 모아 평화와
건강과 번영을 기원했다. 떡을 구워 먹고 도소주*를 마셨다. 그해
의 간지는 '저猪', 일본에서는 멧돼지를 '외곬으로 돌진하는 동물'
이라 여긴다. 냉정하게 주위 상황을 살펴보지 않고, 그저 기세에
몸을 맡긴 채 앞으로만 내달릴 뿐이다. 그것이 일본이라는 나라에
대한 하나의 비유일 수도 있다는 사실을 새해가 밝을 즈음 느낀 사
람은 과연 몇이나 될까. 물론 비유는 어디까지나 비유일 뿐이다.
그것은 비유적인 의미에서만 사람을 상처입히고, 죽인다.

  1995년은 일본이 제2차 세계대전에 패한 지 정확히 오십 년째
를 맞는 해였다. 그러나 대부분의 일본인은 마땅히 기념해야 할 이
해를 과연 어떤 심경으로 어떻게 평가하며 맞아야 할지 혼란스러

---

* 일본에서 불로장수에 효험이 있다고 하여 설날에 축하주로 마시는 술.

웠다. 일본 경제는 거품 붕괴의 어두운 그림자에 슬금슬금 잠식당하고 있었다. 주가는 계속해서 불안한 하락세였고, 급격한 엔고로 인해 자동차나 반도체, 가전 산업 분야 등 수출에 주력하는 산업은 벼랑 끝까지 내몰렸다.

그러나 그런 상황임에도 일반 시민들의 생활은 그다지 어려워지지 않았다. 그 시점에서 결정적인 피해자는 주식과 부동산 투기로 인생 최고의 봄을 구가하던, 이른바 '버블 벼락부자'와, 안이한 수익만 추구하며 재테크에 몰두한 기업이었고, 일반 사람들은 그들의 급격한 몰락을 오히려 '건전한 현상'으로 인식했다. 사람들은 고개를 내저으며 "지금까지가 이상했던 거야"라고 말했다. "경기가 지나치게 과열됐어. 별것도 아닌 녀석들이 돈을 너무 많이 벌어들였지. 이제 일본 사회도 조금은 성숙한 안정감을 보일 테지."

일본 경제는 여전히 풍요로웠고, 기업도 개인도 아직은 손실을 흡수할 만한 충분한 저축과 여력이 있었다. 경기침체는 대부분의 국면에서 연착륙을 위한 과도기적 현상으로 받아들여졌다. 일본 경제가 부상을 입은 것은 분명하지만, 그래도 가라앉지 않은 '무적 전함'처럼 당당하게 태평양 서쪽 끝자락에 떠 있었다. 미국 경제는 아직 리세션*의 상처에서 회복되지 않았고, 거리에는 핏자국이 선명하게 남아 있었다. 독일은 통일 이후 진창과도 같은 경제적

* 일시적 경기 후퇴.

혼란에 빠져 심하게 고생하고 있었다.

그러나 겉보기와는 다르게 세상은 크게 방향을 전환하는 듯 보였다. 그해 봄에 엔 달러 환율은 팔십 엔대를 찍고 사상 최고치를 기록했지만, 그것은 일시적으로 세계를 제패하는 것처럼 보였던 일본 경제의 '스탈린그라드'였다. 제트코스터처럼 폭락하는 지가와, 그에 보조를 맞춰 폭락하는 주가는 금융기관의 보유자산 대부분을 서서히 확실하게 부실자산화했다. 몸속에서 위험한 고름이 조용히 증식해가듯이. 그리고 마침내 지옥의 문이 열리는 것이다.

1월 17일 오전 5시 46분에 거대한 지진이 아무런 예고도 없이 고베와 그 주변 도시를 습격했다. 그것이 최초의 악몽이었다. 쌀쌀한 아침이었고, 해가 뜨기도 전이어서 사람들 대부분은 따뜻한 이불 속에 곤히 잠들어 있었다. 그래서 떨어져내린 콘크리트에 짓눌리고, 무너진 가옥에 생매장되고, 화염에 삼켜졌다. 육천사백 명이 넘는 사람들이 목숨을 잃었다.

맨 처음 CBS 뉴스에서 이 보도를 들었을 때, 좀처럼 사실로 받아들일 수가 없었다. 고베는 일본에서도 가장 지진이 적은 곳 가운데 하나로 알려져 있기 때문이었다. 나도 소년 시절을 고베 근교에서 보냈지만, 십팔 년 동안 지진다운 지진을 경험한 기억이 없었다. 거기에 사는 사람들은 어느 누구도(지진으로 집을 잃은 우리 부모를 포함해서) 언젠가 큰 지진이 자기들을 덮칠지 모른다고는 꿈에도 생각하지 않았을 것이다.

　게다가 엎친 데 덮친 격으로 대지진에 대한 일본 정부의 위기 대처 능력이 믿기지 않을 만큼 허술했다. 그들은 문자 그대로 경악을 금치 못하고 멈춰섰고 신속하고도 적절하게 대처하는 데 실패했다. 몇몇 나라에서 구조팀을 파견하겠다고 밝혀왔지만 수용을 주저하거나 거부했고, 자위대의 현장 파견을 지연시켰다. 시간은 헛되이 흘러갔고, 그러는 사이에 수많은 이들의 생명이 폐허 더미 속에서 꺼져갔다. 무방비 상태의 정치가와 경직된 관료 시스템이 그 주된 원인이었다. "내가 결단하고, 결단의 책임도 내가 지겠다"고 말할 수 있는 인간이 권력의 중추 안에 단 한 사람도 없었던 것이다.

　대지진은 많은 일본 국민에게 더없이 음울한 두 가지 인식을 심어주었다.

① 우리는 결국 불안정하고 폭력적인 땅 위에서 살아가고 있다.
② 우리 사회의 시스템은 아무래도 뭔가 잘못된 부분이 있는 것 같다.

　그러나 불안정하고 폭력적인 것은 땅만으로 그치지 않았다. 한신 대지진이 발생한 지 불과 두 달 후에 사람들 앞에 그 사실이 들이닥친다. 3월 20일에 '옴진리교'라는 신흥종교 단체가 사린 가스

(나치가 제2차 세계대전 중에 개발한 맹독 가스로 사담 후세인이 쿠르드인 진압에 사용했다고도 알려져 있다)를 이용해 도쿄의 지하철을 습격한 것이다. 변장한 다섯 명의 행동대원이 세 노선의 다섯 개 열차에 올라타 200밀리리터 분량의 액상 사린이 든 비닐봉지 두 개씩을 바닥에 겹쳐서 내려놓고, 뾰족한 우산 꼬챙이로 찔렀다. 월요일 아침 러시아워 때였다. 그 결과 승객 및 지하철 역무원 열두 명(무라카미 주 : 2010년 3월 현재, 사망자 수는 열세 명이 됨)이 목숨을 잃었고, 삼천 명이 넘는 시민들이 병원으로 실려갔다. 무차별 테러였다. 도쿄 도내는 전쟁 이후 최대의 혼란을 맞았다. 텔레비전에서는 "여기는 흡사 전쟁터 같습니다"라고 아나운서가 카메라를 향해 소리쳤다.

사망자 수는 한신 대지진보다 훨씬 적지만, 이 사건은 일본인의 정신을 근본부터 크게 뒤흔들었다. 일본인은 지진이나 태풍처럼 자연이 불러일으키는 카타스트로프(대재앙)와 함께 살아온 민족이다. 극단적으로 표현하자면, 자연이 빚어내는 폭력성은 무의식적으로 정신 안에 프로그래밍되어 있다. 사람들은 마음속 어딘가에서 늘 카타스트로프의 도래를 준비하고 있으며, 그 피해가 아무리 막대하고 부조리해도 이를 악물고 이겨내는 법을 배워왔다. '제행무상'이라는 말은 일본인이 가장 사랑하는 어휘 중 하나다 — 모든 것은 변해간다. 일본인은 붕괴를 견뎌내면서 덧없음을 깨달으면서 끈기 있게 설정된 목표를 향해 나아가는 민족이다.

그런데 지하철 사린 사건은 일본인이— 적어도 내가 떠올릴 수 있는 한에서는— 지금껏 본 적도 경험한 적도 없는 완전히 새로운 종류의 카타스트로프였다. 그것은 ① 종교단체가 교의의 연장선상에서 일으킨 ② 특수한 독가스 병기를 쓴 계획적 범죄였으며, ③ 사실상 일본인이 일본인을 무차별적으로 죽이는 것을 목표로 삼았다. 그것이 의미하는 바는 일본이 '세계에서 유례없이 안전하고 평화로운 나라'라는 공유관념의 붕괴였다. 사람들은 생각했다. '우리 사회에는 분명 몇 가지 결함이 있을지도 모른다. 그러나 적어도 우리는 안전한 사회에 살고 있다. 어느 도시 어느 거리든 범죄를 만날 두려움 없이 자유롭게 걸어다닐 수 있다. 그것은 하나의 달성이 아니겠는가.' 그러나 이제 그것은 덧없는 환상일 뿐이다.

　이 사건을 통해 많은 사람들이 '순수의 시대'가 끝나버렸다고 생각했다. 옴진리교 교단이 시도한 무차별 살인의 피해자는 당신이었을지도 모르고 나였을지도 모른다. 그리고 그 무기는 이번에 사용된 사린 가스보다 훨씬 더 파괴적이고 치명적인 '어떤 것'이었을지도 모른다. 옴진리교는 실제로 세균병기를 개발했고 핵 개발까지 염두에 두고 있었기 때문이다. 그들은 러시아산 대형 군용 헬리콥터를 구비하고 탱크에까지 눈독을 들였다.

　이같은 사실이 알려지자, 많은 이들이 충격을 받았다. 그들은 훨씬 더 많은 사람들을 조직적으로 죽이려 한 것이다! 사람들은 고개를 갸웃거렸다. 인간을 그렇게까지 전투적인 증오로 몰아세운 데는 대관절 어떤 정신적 기저가 깔려 있을까? 그리고 그러한 증오는 돌연변이처럼 생겨난 것일까? 아니면 우리 자신이 만들어온 시스템이 필연적으로 낳은 것일까?

수사가 진행되고 사건의 범인이 잇달아 체포되기에 이르자, 사람들의 충격은 당혹으로 변해갔다. 지하철 사린 사건의 실행범 다섯 명 전원이 흔히 보는 단순 무식한 '광신도'가 아니라 아주 높은 수준의 교육을 받은 지적 '엘리트'였기 때문이다.

지요다 선에서 역무원 두 명의 목숨을 앗아간 하야시 이쿠오(당시 48세)는 평판이 좋은 심장외과 전문의였다. 마루노우치 선에서 승객 한 명을 죽게 한 히로세 겐이치(당시 30세)는 와세다 대학(나의 출신학교다)의 이공학부 응용물리학과를 수석으로 졸업하고 대학원에 진학한 사람이었다. 마찬가지로 마루노우치 선에서 이백 명에게 중경상을 입힌 요코야마 마사토(당시 31세)는 도카이 대학에서 응용물리학을 전공했다. 히비야 선에서 승객 한 명을 죽게 만든 도요타 도오루(당시 27세)는 도쿄 대학 이학부의 응용물리학과 출신으로 일본에서도 손꼽히는 훌륭하고 우수한 연구실의 박사과정에 진학했다. 같은 히비야 선에서 무려 여덟 명의 승객을 죽게 만든 하야시 야스오(당시 37세)는 고가쿠인 대학에서 인공지능을 연구했다.

그들은 본래대로라면, 일본 산업사회의 중추를 떠맡아야 마땅할 사람들이었다. 만약 십 년이나 십오 년쯤 일찍 태어났다면 그들은 아마도 그 두뇌와 기능을 활용해 일본 경제의 눈부신 발전에 공헌하고 사회의 기둥이 되었을 것이다—지극히 자연스럽게, 분명 스스로 아무런 의심도 없이. 그러나 그들은 그 길을 가는 것을 좋게 보지 않았다. 그들은 사회 시스템에서 자주적으로 중도이탈하고, 세간에서 보기에는 황당무계하고 위험하다고 하는 신비주의적인 신흥종교 속에서 그것을 대신할 새로운 시스템을 찾아냈다. 그들은 사회적으로 존경받는 직업을 그만두고, 대학 연구실을 떠나고, 전 재산을 교단에 기부하고, 가족을 버리고, 종교적 이상을 추구하며 출가를 강행했다. 그리고 종국에는 교조 아사하라 쇼코의 명령대로 잔혹하게 무차별 살인을 감행하게 되었다(무라카미 주: 그들은 정확하게는 "구루가 그렇게 하라고 명령한 것으로 추측했다"고 증언했다. 그것은 아마도 일본인밖에 할 수 없는 고등 기술일지도 모른다. 제2차 세계대전에서 일본의 전쟁 책임의 최종 지점이 블랙홀 속으로 사라져버린 것과 마찬가지다).

아이러니하다면 아이러니한 일이겠지만—어쩌면 조금도 아이러니하지 않을지도 모르지만— 그들이 죽인 사람들은 엘리트 기업인도 아니고, 일본의 시스템을 담당하는 고급 관료(그들이 본래 표적이라고 추측되지만)도 아니었다. 지하철역에서 사린 가스를 마시고 호흡 곤란에 빠져 영문도 모른 채 격렬한 고통 속에서 목을 쥐어뜯으며 죽어간 사람들은 시스템 안에서 하루하루를 부지런하

雜文集

고 성실하게 보내는 지극히 '평범한 사람들'이었다. 나는 책을 위해 사건 피해자들을 육십 명 넘게 인터뷰했지만, 반수 이상의 사람들이 대학 교육을 받지 못했다는 사실을 알고 적잖이 놀랐다. 실행범들에 필적할 만한 고학력자는 아주 소수에 불과했다.

그리고 그 다섯 명의 범인들 모두 이공계에서 수학한 '엘리트'라는 것 외에 또 한 가지 공통항이 있었다. 대부분이 당시 삼십대였다는 점이다. 그들은 1960년대 후반 학생운동의 시대 이후에 등장한 '뒤늦은' 세대였다. 대학에 들어갔을 때는 이미 커다란 정치적, 문화적 운동이 끝난 뒤였다. 진자는 방향을 바꾸었고 기득권층이 다시금 권력을 손에 넣었다. 그들의 눈앞에 펼쳐진 광경은 '잔치가 끝난 후'의 께느른한 고요함이었다. 일찍이 높이 세웠던 이상은 빛을 잃었고, 날카롭게 외쳐댔던 말은 힘을 잃었으며, 도전적이던 카운터컬처도 첨예함을 잃었다. 짐 모리슨도 지미 헨드릭스도 이미 없고, 라디오에서 흐르는 음악은 왠지 서글픈 디스코뿐이었다. '좋은 것은 모두 이전 세대에게 엉망으로 침해당했다'는 막연한 실망감에 휩싸였다.

그들은 '시라케 세대'*라고 불린다. 그들보다 앞선 '단카이 세대'가 뜨겁고 집단적인 경향을 띠며, 공격적이고 수직적 사고로

* '시라케'의 원형동사 시라케루는 '빛바래다, 흥이 깨져 어색해지다'라는 의미. 학생운동이 시들해진 시기에 성인이 되어 정치적 무관심이 만연했던 세대.

내달리기 쉬운 반면, '시라케 세대'는 냉정하고 개인주의적이고 방어적인 데다 사고도 수평적이라고 일반적으로 간주되어왔다. 그러한 의미에서, 그들은 경제적으로 풍요로운 배경에 등장한, 새로운 일본인 타입이라고 부를 수 있을지도 모른다.

'단카이 세대'가 정치적인 색채가 짙은 관념론을 중심축으로 한 '공유감'을 중심 명제로 삼았던 데 반해, 그들은 오히려 타자와의 차별성을 중시했다. 예를 들어 남들과 다른 옷을 입고, 다른 음악을 듣고, 다른 책을 읽는 것을 지향했다. 그것은 물론 잘못된 일은 아니다. 인간은 마땅히 자유로워야 하며, '다른 누구도 아닌 나'로 존재해야 한다. 그러나 세상사란 그리 간단히 풀리지 않는다. 거기에는 암묵적으로 커다란 사회 규칙이 하나 있었다. '그 차이가 세간의 상식을 벗어날 정도로 커서는 안 된다'는 규칙이다. 큰 줄기에서 보면 '같은 것'이면서도 개별적인 국면에서는 '타인과 조금 다른' 것. 아주 간단히 표현하자면, 전면적인 개인주의를 받아들일 만한 기본적 토양이 일본에는 아직 충분히 갖춰지지 않았다는 의미가 될 것이다. 그것이 그들 세대가 직면할 수밖에 없었던 현실이었다.

그런 상황에서 그들이 추구하는 차이는 끊임없이 세분화하고 기교를 더해갔다. 그것은 결과적으로 스스로의 정체성을 확립하는 건설적인 차이를 포기하고, 차이를 만들어내는 것 자체만을 목적으로 하는 '출구 없는 차이'로 변질되어갔다. 그리고 거품 경제의 출현과 함께 그 차이에 점점 더 많은 돈을 쏟아붓게 되었다. 조르지오 아르마니로, BMW로, 빈티지 와인으로, 세상사는 카탈로그처럼 진전되어갔다. 1960년대 젊은이들이 내세웠던 '이상주의'는 어제의 뻐꾸기시계처럼 과거의 유물이 되었다. 그러한 경쟁이 야기하는 것은 대부분의 국면에서 드러나는 한없는 폐색감이며, 목적 상실에서 비롯한 욕구불만이다.

그들 세대의 어떤 부분이 어처구니없을 만큼 무방비하게 신비주의적으로 운동화한 것도 어쩌면 그런 숨 막힘이 원인이었을지도 모른다. 강력한 아우라를 가진 누군가가 시스템 밖에서 나타나 창문을 활짝 열어젖히고 신선한 공기를 안으로 불러들여, '개별적 차이니 뭐니 그런 성가신 것은 신경쓸 필요가 없다. 이리로 와 시키는 대로만 해라'고 말을 건넸을 때 그들은 저항할 수 없었다. 그러한 유혹에 대항할 만한 이상적인 지주가 존재하지 않았기 때문이다.

출근길에 지하철 사린 사건의 피해를 입은 삼십대 직장인들 대부분이 범행에 대해 분노를 쏟아놓았지만, 그러면서도 "옴진리교에 빠진 사람들의 마음을 개인적으로 전혀 이해 못 하는 건 아니다"라고—조금 작은 목소리로— 덧붙이는 모습에 나는 적잖이 놀랐고 또한 깊은 생각에 잠길 수밖에 없었다.

내가 만나 이야기해본 옴진리교 신자의 대부분은 그런내로 '건실한' 중류층 가정에서 자란 사람들이었다. 딱히 불행한 성장과정을 겪은 이들이 아니다. 지극히 평범한 가정에서 태어나 별문제 없이 자라났다. 기본적으로 성실히 공부했고, 성적도 좋았다—적어도 나쁘지는 않았다. 외모도 빠지지 않는다(전체적으로 말끔하기만 해서 개성이 약간 부족한 경향은 있지만). 부모에 대해서는 정도의 차이는 있지만, 대체로 비판적이었으나 그렇다고 해서 별나게 반항적이었던 것은 아니다. 학교를 좋아하진 않았지만 교칙을 어기거나 등교거부를 하지는 않았다. 사회를 불신하고 물질주의적 풍조에 비판적이었지만, 그것을 안에서부터 개량하고자 하는 사회적 인식은 갖추지 못했다. 교우 관계는 대체로 좁고, 마음을 터놓는 대화 상대는 거의 없었다. 고독했고 추상적인 생각에 빠지는 일도 많았다. 생과 사를 비롯해 우주의 형성 과정과 구조에 관해 진지하게 고민했다. 이성과 연인이 되는 데 난항을 겪었고, 혹시 사귀더라도 건전한 관계를 유지하는 것은 쉽지 않았다. 대학 전공계열은 이과인 경우가 많았다.

그러한 타입의 사람들은—주변에서는 어쩌면 '괴짜' '오타쿠'라고 불릴지도 모른다—어느 사회에나 일정 비율로 존재하게 마련이다. 그리고 지금까지의 일본 사회는 대부분의 경우, 그들을 유익한 전문가로 기꺼이 수용해왔다. 그들은 기업에 들어가 연구원이 되거나 대학에 남아 학자가 되어 신제품을 개발하고 전문적 연구에 성과를 이뤄냈다. 그들은 그들 나름대로 '일본산업 주식회사'의 구성원으로서 활동할 수 있는 무대를 제공받았던 것이다. 사회는 그들을 적극 수용할 만한 여지가 있었고 또 수용된 쪽 역시 나름대로 성숙하게 '사회화'했다.

그러나 어느 시점부터 그들은 사회 시스템에 '수용되는' 것을 망설이고 거부하기 시작했다. 이것은 중대한 전환이었다. 대체 무엇이 그들을 이렇게 변화시켰을까? 답은 확실하다. 사회 자체가 목적을 상실했기 때문이다. 좀더 구체적으로 말해, 가시적인 목적의 상실이다. '사회화'가 더는 자명한 선善이 아니게 된 시점에서 그들은 '노'라고 선언한 것이다. 그것은 반항이라기보다는 오히려 순수한 의문의 연장선상에서 비롯된 것이었다. 그들이 제기한 의문의 대부분은 정당했다. '전후 오십 년간 그토록 열심히 일하고 끊임없이 물질적인 풍부함을 추구한 결과 우리는 지금 어디에 도달했는가? 우리 사회가 최종적으로 지향하는 곳은 과연 어디인가?'

어쩌면 기묘하게 들릴지 모르지만, 전후 일본에서 이러한 근원적인 의문이 제기된 일은 드물었다. 왜냐하면 대부분의 이전 세대에게 그 대답은 너무나 자명했기 때문이다. "우리는 풍요로워지기 위해 일한다. 우리가 몇 가지 문제를 안고 있는 건 분명하지만, 사회 자체가 부유해지면 그 문제들은 자연히 해소될 것이다", 이것이 미래에 대한 기본 전망이었다. "노력하면 세상사는 좋은 쪽으로 발전한다." 이런 인식은 유토피아적인 환상에 가까운 동시에 철저하고 효과적인 테제이기도 했다.

그런데 '사회의 경제적 발전이 그대로 개인의 행복으로 이어지는 것은 아니다'라는 것을 실감한 최초 세대가 이 시점에 등장한 것이다. 설령 수입이 두 배가 되었다 해도 땅값은 그보다 훨씬 더 뛰어올라 사람들은 직장 가까이에서 제대로 된 집을 살 수 없었다. 그들은 훨씬 먼 교외에 집을 마련하고, 매일 한 시간 반에서 두 시간씩 살인적인 만원전차에 시달리며 출퇴근하고, 대출금을 갚기 위해 시간 외 근무까지 하며 소중한 건강과 시간을 소모했다(무라카미 주 : 도쿄 도의 근로자가 연봉의 다섯 배 금액으로 살 수 있는 적당한 신축 단독주택-부지 100평방미터-은 1970년에는 도심에서 20킬로미터 떨어진 역 주변이었지만, 버블 전성기인 1990년에는 60킬로미터 지점까지 멀어졌다. 버블이 붕괴되고 현재는 45킬로미터 지점까지 회복되었다). 직장내 경쟁은 혹독해서 유급휴가도 변변히 받을 수 없었다. 밤늦게 귀가하면 아이들은 이미 침대에서 깊이 잠들어 있었다. 주말과 휴일은 주로 피로를 풀기 위한 휴식으로 소진했다.

내가 인터뷰했던, 히비야 선을 이용하여 출퇴근하던 직장인은 자조적으로 웃으며 이렇게 말했다. "굳이 누가 사린을 안 뿌리더라도 이 전차에서 사망자가 안 나오는 것 자체가 신기할 정도예요." 그 정도로 심하게 붐비는 것이다—그야말로 살인적으로. 어떤 경우에는 숨도 못 쉴 지경이다. 러시아워에 출입문 언저리에서 떠밀려 팔뼈가 부러진 사람도 있었다. 한 여성은 통근전차에서 자주 서서 잔다고 했다. 탄 순간부터 내릴 때까지 거의 옴짝달싹도 할 수 없으니까. "거긴 거의 전쟁터예요"라고 한 직장인이 속마음을 털어놓았다. "게다가 우리는 그 일을 매일 아침, 일주일에 닷새, 정년을 맞을 때까지 삼십 년 넘게 계속할 수밖에 없습니다."

"괴롭지 않으십니까?"라고 내가 물었다.

그는 얼굴을 살짝 찌푸렸다. 괴롭지 않을 리가 있나, 라고 그는 표정으로 말하고 있었다. 구태여 그 말을 입 밖에 내지는 않았다. 그 말을 소리내어 뱉으면 아마도 자기 안에서 뭔가가 무너져버리기 때문일 것이다. 대신 그는 이렇게 말했다. "아시겠어요? 다들 그렇게 살아요. 나만 그렇게 사는 게 아닙니다."

그것이 우리나라다.

일본이 제아무리 경제적 번영을 숫자로 떠들며 자랑해도 사회를 구성하는 '보통 사람들'은 그에 걸맞은 풍요로운 생활을 제 손에 얻었다고는 실감하기 힘들었다. 그것은 아무리 다가서도 자꾸만 멀어지는 사막의 신기루와 비슷했다. 그렇기 때문에 그들은— 옴진리교에 귀의한 사람들은— 자기 자신이 안이하게 사회화하는 것에 대해 "노"라고 말할 수밖에 없었던 것이다. "다들 그렇게 사는 건지 모르지만, 나는 그렇게 살고 싶지 않다"고.

문제는 사회의 메인시스템에 "노"라고 외치는 사람들을 받아들일 만한 활력 있는 서브시스템이 일본 사회에는 선택지로 존재하지 않있다는 데 있다. 그것이 현대 일본 사회가 안고 있는 불행이며 비극일지도 모른다. 서브시스템의 결락이 근본적으로 해결되지 않는 한, 비슷한 범죄가 또다시 일어날 가능성은 충분하다. 옴진리교 교단만 무너뜨린다고 그걸로 해결될 단순한 문제가 아닌 것이다.

1980년대 이후에 등장한 일본의 신흥종교 대부분은 예부터 전해내려오는 종교 및 그들 각 파와는 성향을 달리했고, 1960년대 후반부터 1970년대 중반에 걸친 카운터컬처의 영향을 농후하게 받았다. 일본에서는 미국처럼 드럭컬처나 코뮌 운동이 큰 영향력을 가지지 못했지만, 대신에 요가를 비롯한 동양 신비사상으로 기우는 경향이 현저했다. 그것은 주로 자연지향을 바탕으로 한 신체성의 복권復權을 제창했다. 그들 종교는 대부분의 경우, 과학의 정합성을 넘어선 '초능력'을 간판으로 내걸었다.

예를 들어 아사하라 쇼코는 '공중부양'과 '수중 쿰바카'(물속에서 장시간 무호흡으로 견디는 수행)를 큰 자랑거리로 삼았다. 예전 같으면 황당무계한 것으로 치부되고 머릿속에서 밀려났을 게 틀림없다. 그러나 옴진리교로 달려간 '엘리트'들은 그것을 결코 황당무계하다고 여기지 않았다. 그들은 그러한 초월적 능력의 존재를 있는 그대로 믿었을 뿐만 아니라 컴퓨터를 이용해 그런 능력을 이론화하고 계량화하고자 노력했다.

아사하라 쇼코는 또한 사람들에게 가까운 장래에 닥칠 아마겟

돈(세계 최후의 전쟁)의 도래를 예언했고, 그렇기 때문에 교단은 무장의 필요성을 강하게 주장했다. 우리는 일본이라는 국가 안에 또 하나의 국가를 만들어 정의를 위해 싸워야 한다고. 아사하라 쇼코는 일본과 미국과 프리메이슨을 가상의 적으로 삼았다. 그리고 그들은 화학 병기인 사린을 생산하기 위해 거대한 설비를 계획했다. 러시아에서 무기를 사들이고, 신자 단체를 러시아로 보내 그곳 군인의 지도하에 사격훈련을 받게 했다. 신자들이 기부한 거액의 재산이 그 자금원이 되었고, '엘리트'들은 인터넷상의 정보를 모아 각종 화학 병기의 제조법을 정리했다(인터넷을 통해 일반인이 얼마나 많은 치명적인 정보를 쉽게 손에 넣을 수 있는지, 당신은 알고 있는지). 아사하라 쇼코는 의심할 여지 없는 반사회적인 편집증이었다. 그는 아돌프 히틀러를 높이 평가했고, 그를 하나의 롤모델로 삼았다. 그러나 그의 그런 편집증은 종교적 교의 및 초능력과 만나 일종의 최면성을 가진 비전을 획득하게 되었다. 신자들은 닫힌 집단생활 속에서 철저하게 정신을 통제당했고, 그들 대부분은 정도의 차이는 있지만 그러한 편집증적 비전을 공유하게 되었다.

옴진리교에 귀의한 몇몇 사람들을 인터뷰했을 때, 나는 그들 모두에게 공통질문 하나를 던졌다. "당신은 사춘기 때 소설을 열심히 읽었습니까?" 대답은 대체로 빤하다. 노! 그들 대부분은 소설에 흥미가 없었고, 위화감까지 있는 듯 보였다. 사람에 따라서는 철학이나 종교에 깊은 관심을 가지고, 그런 분야의 책을 열심히 읽기도 했다. 애니메이션에 빠져 있는 사람도 많았다. 다시 말해 그들의 마음은 주로 형이상학적 사고와 시각적 허구 사이를 오갔다는 뜻이 될지도 모른다(형이상학적 사고의 시각적 허구화 또는 그 반대).

그들은 이야기라는 것의 성립 방식을 충분히 이해하지 못했을지도 모른다. 잘 아시겠지만, 여러 갈래의 다른 이야기들을 경험해 온 인간은 픽션과 실제 현실 사이의 선을 자연스레 찾아낸다. 또한 '이건 좋은 이야기다' '이건 그다지 좋은 이야기가 못 된다'라고 판단해낸다. 그러나 옴진리교에 이끌린 사람들은 그 중요한 선을 제대로 읽어낼 수 없었던 것으로 보인다. 다시 말해 픽션이 본래적으로 발휘하는 작용에 대한 면역성을 갖추지 못했다고 말해도 좋을 것이다.

옴진리교의 교주인 아사하라 쇼코가 제시한 세계관에는 세계에 관한, 생명에 관한, 어떤 귀중한 진실이 담겨 있었을지도 모른다. 그것은 인정하자. 나는 아사하라 쇼코의 종교 사상을 송두리째 부정하지는 않겠다. 그것이 설령 티베트 밀교 교리의 편의적인 각색에 불과하더라도 거기에는—적어도 초기 단계에는—분명 많은 이들의 마음을 사로잡을 만한 원초적이고 소박한 흡인력이 있었던 것 같다. 또한 아사하라는 사람들의 육체 속에 깃든 각종 잠재력을 이끌어내는 데 능력을 발휘했다고 많은 사람들이 증언했다. 특히 초기 신자들은 아사하라가 선보인 많은 기적 같은 현상들을 체험해왔(다고 말했)고, 그로 인해 그들은 아사하라에게 백 퍼센트 충성을 맹세하게 되었다.

그러나 아사하라가 내세운 세계관은 기본적으로 하나의 픽션이었다. 요컨대 '실증의 범위 밖에 있는 것'이었다. 아니, 나는 그것을 비난하자는 게 아니다. 오해를 감수하고 말하자면, 모든 성립 과정의 종교는 기본적으로 이야기이자 픽션이다. 그리고 대부분의 국면에서 이야기는—이를테면 백마술로서— 달리 예를 찾을 수 없는 강력한 치유력을 발휘한다. 그것은 우리가 뛰어난 소설을 읽을 때 자주 체험하는 일이기도 하다. 한 권의 소설이, 한 줄의 말이, 우리의 상처를 치유하고 영혼을 구제한다. 다만 두말할 필요 없이 픽션은 늘 현실과 엄격하게 구별되어야 한다. 어떤 경우에 픽션은 우리의 실재를 깊게 삼켜버린다. 예를 들어 콘래드의 소설이 우리를 실제로 아프리카의 깊은 정글 속으로 끌고가듯이. 그러나 우리 모두는 언젠가는 책장을 덮고, 현실로 돌아와야만 한다. 우리 모두는 픽션이 아닌 다른 곳에서 현실세계와 마주선 우리 자신을, 아마도 픽션과 힘을 상호교환하는 형태로, 완성해나가야만 한다.

그러나 옴진리교에 귀의한 사람들은 더없이 위험한 편도 차표만 손에 쥐고 있을 뿐이었다. 거기에는 아무래도 왕복 차표를 파는 창구 자체가 존재하지 않았던 것 같다. 그처럼 공정한 사전 동의가 결여된 픽션은 너무도 쉽게 '시스템으로서의 허구'로 그 모습을 바꿔나간다. 우리 대부분은 그것을 실감적으로 알고 있다. 그러나 '픽션에 익숙하지 않은' 신자들 대부분은 그러한 위험을 고려하지 않고, 아사하라가 제시한 픽션을 사실과 뒤죽박죽 섞어 고스란히 받아들이고 말았다. 그리고 일단 전면적으로 수용된 허구는 그 흐름을 타고 끝없이 폐쇄적으로 체계화한다. 그 결과, 그들은 이를테면 동심원적으로 아사하라 쇼코의 내재적인 개인적 픽션에 먹혀들고 마는 것이다. 마치 고래에게 먹힌 요나처럼. 아사하라 쇼코의 픽션이 움직이면 그들의 그것도 움직였고, 아사하라 쇼코의 픽션이 부풀어오르면 그들의 그것도 부풀어올랐다.

그렇기 때문에 아사하라 쇼코의 픽션이 치명적인 버그―그것은 아마도 그의 영혼에 잠재적으로 내재했으리라고 상상하지만―에 오염되었을 때, 그들 또한 그 버그에 오염되어버린다. 한 인간의 악몽과 망상이 많은 사람들을 동시적이면서도 동질적으로 가동하게 만들어버린 것이다. 그래서 그들은 아사하라의 망상 혹은 그 이야기가 발휘하는 흑마술이 명령하는 대로(혹은 암시하는 대로) 사린 봉지를 안고 '지배 체제'에 대한 덧없고 잘못된 방향의 공격을 감행했다. 하나의 커다란 시스템에서 엇나간 그들을 받아들여줬다고 믿었던 부드러운 그물이 실은 위험하기 이를 데 없는 거미줄이었던 셈이다.

그러나 물론 이야기는 거기에서 끝나지 않았다. 옴진리교 교단은 그토록 크고 참담한 사건을 일으킨 후에도, 주재자 대부분이 교도소에 들어가 재판을 받는 와중에도 새로운 신자를 계속해서 영입하고 있다. 그들의 인터넷 홈페이지는 여전히 수많은 젊은이들을 끌어당긴다. 위험하다고 사람들은 말한다. 그러나 그것은 일본 사회가 구조적으로 안고 있는 더 큰 위험에 대한 예고에 불과할 뿐이다.

＊

내가 《언더그라운드》를 쓰기로 하고, 가해자 측이 아니라 피해자 측 인터뷰만 최대한 많이 모으기로 결정한 동기는 그때까지 일본의 매스미디어에 피해자의 목소리가 거의 등장하지 않았기 때문이다(무라카미 주 : 해외에서는 대부분의 경우, 사린 사건 피해자와 유족들의 증언을 모은 《언더그라운드》와 옴진리교 신자 및 옛 신자들의 증언을 모은 《약속된 장소에서》가 하나로 통합된-그리고 얼마간 축약된- 형태로 출판되었다). 매스미디어의 관심은 옴진리교라는 종교 집단으로 집중했고, 그 구루＊인, 이상한 외양을 한 반맹의 남자, 마을의 소규모 요가교실 주재자에서 거대한 종교 조직의 구루로 우뚝 올라선 수수께끼에 휩싸인 인물, 아사하라 쇼코에게 시선이 집중되었다. 그로 말미암아 상처받은 쪽 사람들은 일종의 '배경' 정도의 취급밖에 받지 못했다. 그들은 그저 '우연히 거기에 탄 가엾은 사

＊힌두교, 불교, 시크교 및 기타 종교에서 일컫는 스승으로 사유를 너그한 신성한 교육자를 지칭함.

람들'일 뿐이었다. 극단적으로 말해, 그게 누구여도 상관없었다. 단지 우연히 그 지하철에 타서 사린 가스를 마시고 피해를 입은 '보통 시민'인 것이다. 그들은 얼굴도 없고, 고유한 목소리도 갖고 있지 않다. 영화 속 행인 같은 존재인 것이다.

따라서 나는 그들 피해자에게도 생생한 얼굴과 목소리가 있다는 사실을 알리고 싶었다. 그들이 대체될 수 없는 개별자이자 동시에 각자 고유한 이야기를 가지고 살아가는 더없이 소중한 존재임을(요컨대 그들은 어쩌면 나고 당신이었을지도 모른다는 것을) 그 책을 통해 조금이나마 드러내고 싶었다. 그것이 소설가가 해야 할 하나의 역할이라고 생각했다. 어쩌면 소설가는 아둔하고 요령이 없을지도 모른다. 그러나 적어도 세상사를 안이하게 일반화하지는 않는다.

사람들의 목소리에 귀를 기울이고 싶었다.
아니, 그보다 내 일이라고 상상해보고 싶었다.
때는 1995년 3월 20일. 월요일. 기분 좋게 맑게 갠 이른 봄날 아침이었다. 바람이 아직 차가워서 거리를 지나는 사람들 모두가 외투 차림이었다. 바로 전날은 일요일, 그다음 날은 경축일―즉, 징검다리 휴일 사이에 낀 평일이었다. 어쩌면 당신은 '오늘 하루는 쉬고 싶었는데'라고 생각했을지도 모른다. 그러나 안타깝게도 여러 가지 사정 때문에 당신은 휴가를 내지 못했다.

그래서 당신은 평상시와 같은 시간에 눈을 뜨고, 세수를 하고, 아침을 먹고, 옷을 챙겨입고 역으로 향한다. 그리고 여느 때처럼 혼잡한 지하철에 몸을 싣고 회사로 향한다. 평소와 다를 것 없는 지극히 평범한 아침이었다. 인생 가운데 구별할 수 없는 단 하루였을 뿐이다.

가발을 쓰고 가짜 수염을 붙인 다섯 명의 젊은 남자들이 갈개로 뾰족하게 갈아둔 우산 꼬챙이로 기묘한 액체가 든 그 비닐봉지를 찌르기 전까지는.

공생을
원하는
사람들,
원치 않는
사람들

● ●   ●● ●   ●   ●

모리 다쓰야 씨가 만든 영화 〈A2〉에 관해 쓴 글입니다. 2002년 3월, 교도 통신의 의뢰로 썼습니다. 옴진리교(알레프)의 신자로 생활하는 사람들의 모습을 자연스러우면서도 집요하게 묘사한 다큐멘터리 영화인데, 전작 〈A〉와 마찬가지로 꽤 화제가 되었습니다. 교단을 탄핵하지 않았다는 이유로 비판도 받았습니다. 하지만 나는 그 두 영화가 성실하게 만들어진 소중한 기록이라고 생각합니다.

雜文集

모리 다쓰야 감독의 〈A2〉는 '포스트아사하라' 체제하의 옴진리교 모습을 시간을 들여 면밀하게 취재한 다큐멘터리 영화로 제목 그대로 전작 〈A〉의 속편에 해당한다. 〈A〉에 비해 저돌적이라 할 만큼 닥치는 대로 임했던 성향은 옅어졌고(두말할 필요 없이 왕년의 네오리얼리즘을 떠올리게 하는 나이브한 스타일이 〈A〉의 대표적인 매력이라는 뜻이다), 기법은 더 세련됐고 화면은 더 선명해졌고 작품의 방향성도 더 명확해졌다.

그러나 작품으로서 어느 쪽이 더 뛰어난가, 더 인상적인가 하는 비교는 별 의미가 없을 것이다. 우리가 이들 두 작품을 세트로 같이 볼 수 있기 때문에 거기에 있는 상황을 더 정확하고 더 입체적으로 파악할 수 있는 것이다. 그리고 오히려 이들 두 작품이 서로 다르기 때문에 계속성의 의미가 더욱 뚜렷이 드러나는 것이다.

〈A2〉에는 1995년의 지하철 사린 가스 사건 후, 사 년에서 육 년 동안의 세계가 그려져 있다. 옴진리교는 이름만 바뀌었을 뿐, 여전히 존속하며 종교 활동을 이어나가고 있다. 아사하라가 후기에 추구했던 반사회적, 폭력적 조직 행동은 물론 봉인되었지만(그것을 실행할 만한 현실적인 여유도 없을 것이다), 출가 제도를 중심으로 하는 엄격하고 공격적인 수행 체제가 그 근간을 이루고 있다는 점에는 변화가 없다. 아사하라에 대한 개인적인 숭배 역시 드러내놓고 입에 올리진 않지만 여전히 계속되고 있는 게 분명하다.

아사하라의 사진은 그들의 수행 시설 안에서 쉽게 눈에 띄고, 아사하라에 대해 어떻게 생각하느냐고 개인적으로 물어봐도 대부분 갈피를 잡을 수 없는 묘한 대답만 돌아온다. 실제로 〈A2〉에서도 "혹시 그때 구루가 사린을 뿌리라고 명령했다면, 나도 뿌렸을 겁니다"라는 취지의 발언을 하는 신자가 나온다.

옴진리교 신자들의 집단 거주지나 수행장이 근처에 생기면, 이웃에 사는 건전한 일반 시민들은 겁을 먹고 혼란스러워하고 화를 낸다. 생각해보면 당연한 일일지도 모른다. 과거에 집단 테러 사건을 일으킨 정체 모를 패거리가 모여 알 수 없는 뭔가를 하는 셈이니까.

그런 까닭에 사람들은 '살인 집단 옴은 마을을 떠나라!'라는 피켓을 만들어서 히스테리적인 시위를 반복하고 온갖 방법으로 괴롭힘을 일삼는다. 무슨 수를 써서라도 신자들을 쫓아내려 한 것이다. 동사무소에서는 전입신고를 처리하지 않고, 학교에서는 신자 아이들을 거부한다(물론 헌법 위반이다). 그리고 그들은 마침내 신자들을 마을에서 추방해버린다. 그렇다면 쫓겨난 옴진리교 신자들은 어디로 갈까? 당연히 어딘가 다른 곳으로 갈 수밖에 없다. 신분을 속이고 몰래 집을 얻어 집회 장소로 삼는다. 그리고 또다시 같은 일이 반복된다. 두더지 게임처럼.

그러나 그렇게 배척하는 쪽의 움직임 가운데서도 '이런 일을 되풀이해봐야 발전이 없잖아'라는 심리가 생겨났다. 〈A2〉에는 그런 사람들의 모습이 상당히 극명하게 묘사된다. 망보는 초소를 짓고 그곳에서 신자들을 감시하다보니, 감시 대상과 차츰 사이가 좋아져서 '한 사람 한 사람은 그렇게 나쁜 녀석들이 아닌데'라고 생각하기 시작한 아저씨들. 그들은 신자에게 책이나 식료품을 넣어주며 어떻게든 그들을 '개화'시키려 한다. 자기들의 '건실한' 사회 속으로 다시 끌어내려 한다(물론 돌아오지 않는다).

또는 반 권력(반 경찰)이라는 심정적 공통항을 통해, 입장은 완전히 다르면서도 옴진리교 신자들과의 대화를 원하는 일부 우익민족주의자들. 혹은 옴진리교 간부에게 어떻게든 사죄를 받으려 애쓰는 마쓰모토 사건*의 피해자 중 한 사람인 고노 요시유키 씨. 그러나 그 시점의 옴진리교 간부 쪽에서는 고노 씨에게 사죄한다는 것이 명백하게 결정된 사항이 아니었기 때문에 이야기는 서로 엇갈려 거의 부조리를 만들지만.

그런 사람들은 옴 신자를 무조건 머릿속에서 배제하기보다 오히려 그들과 공생하는 새로운 길을 발견함으로써 반대로 자신들이—혹은 자신들이 속한 사회가— 원활하게 기능할 수 있다고 믿는 것처럼 보인다. 기본적으로는 지극히 정당한 사고방식이다. 그리고 표면적으로는 교단 측에서도 그런 상대가 내미는 손을 상냥하게 받아들이려는 것처럼 보인다. 그러나 과연 그럴까? 자기들을

* 1994년에 나가노 현 마쓰모토 시에서 맹독 사린이 살포되어 사망자 여덟 명, 중경상자 육백육십 명을 낸 사건.

둘러싼 사회와 공생해나가고자 하는 의지가 신자들에게 정말로 존재할까?

그런 부분의 인식이—경우에 따라서는 부조리하기까지 한—서로 엇갈리는 실상이야말로 〈A2〉라는 작품이 우리에게 영상으로 제시하는 중대한 주제가 아닐까, 하고 영화관 객석에서 불현듯 생각했다. 그러한 의식의 차이가 실은 우리 사회의 커다란 어긋남 같은 것을 만들어내는 건 아닐까 하고.

우리가 살고 있는 일반적인 사회는 비유하자면 '열린 서킷'이지만, 그 사회 속에는 여러 개의 '닫힌 서킷'이 병렬적으로 존재한다. 역설적이지만 우리는 그런 폐쇄성을 납득하고 허용하는 것으로 개방성의 원리를 유지해나간다고도 말할 수 있다.

옴진리교(알레프)도 그러한 우리 신체 속에 있는 '닫힌 서킷'의 하나다. 그것은 독립된 교의를 가지고 그 논리를 바탕으로 대의를 추구했으며, 결과적으로 무차별 살인이라는 범죄를 저질렀다. 그러나 우리는 그들에게 파방법*을 적용하지 않고, 종교단체로서의 존속을 허가했다. 달리 말해 우리 사회는 깊은 상처를 끌어안으면

---

* 파괴활동방지법의 줄임말로 1952년에 공포된 일본의 법률. 폭력주의적 파괴활동을 행하는 단체에 대한 규제 조치를 확정하는 한편 그 활동에 관한 형벌 규정을 보충하여 공공의 안전을 확보하는 것을 목적으로 함.

서 개방성을 유지하는 쪽으로, 무리한 선택을 한 것이다. 그리고 그것은 아마도 올바른 선택이었다고 나는 생각한다.

그러나 별다른 일이 없는 한, 교단의 폐쇄성이 앞으로 변할 리는 없을 것이다. 왜냐하면 그들이 원하는 것은 현세에서 벗어난 곳에 수행 공간을 만들고, 현실 사회와 다른 가치관을 바탕으로 자신의 내면을 추구하는 일이기 때문이다. 아사하라가 있든 없든 거기에는 이미 확고한 수행 운영 시스템이 기능하고 있다. 주변의 현세 사람들은 그들을 박해할지도 모른다. 그러나 그 박해는 오히려 그들의 결속을 공고히 하는 요인이 될지도 모른다.

그와 동시에 그들은 현실적으로 사회에서 자기들의 자리를 필요로 한다. 즉, 수행할 수 있는 장소, 생활비를 벌기 위한 경제활동의 기반, 그런 것이 없이는 활동을 계속해나가기 어렵기 때문이다. 그런데 그들은 과연 바깥 현실과의 실질적인 '공생'을 원할까? 그것은 매우 의심스럽다. 왜냐하면 그들의 시스템은 애당초 그러한 상호 교환적 '공생'을 필요로 하지 않기 때문이다.

그렇다면 과연 기본적으로 공생을 필요로 하는 사람들과 굳이 공생을 필요로 하지 않는 사람들이 같은 사회에서 공생할 수 있을까? 영화 〈A2〉는 우리에게 이러한 본질적인 의문을 던진다.

나는 《언더그라운드》라는 책을 통해 육십 명이 넘는 지하철 사린 가스 피해자들과 인터뷰했다. 그리고 그후에 《약속된 장소에서》라는 책을 위해 옴진리교 신자(및 과거 신자) 몇 사람과 인디뷰를 했다. 청취 과정에서 내가 흥미를 느낀 것은 사건 자체와의 관련성보다는 오히려 그들이 어떠한 사람들인가 하는 문제였다. 그들이 어디에서 태어났고, 지금까지 무엇을 하며 살았고, 어떠한 경위와 이유로 거기에 있었는가, 그것부터 먼저 알고 싶었다. 다시 말해 나는 그들의 개인적인 히스토리를 수집한 셈이다.

그런데 둘 가운데 어느 쪽 히스토리가 더 와닿았느냐 하면, 압도적으로 '보통 사람들'이 들려준 내용이었다. 그들이 들려주는 히스토리에는 현실에 단단히 뿌리를 내리지 않고서는 획득하기 어려운 심오한 깊이가 있었고, 그것은 소설가인 내 의식에 확실하게 와닿는 종류의 이야기였기 때문이다.

그에 비해 신자(과거 신자)가 들려주는 개인적 히스토리의 대부분은, 통상적이지 않은 경험을 포함하고 있는 것은 분명하지만 성립되는 방식이 단조롭고 심오함이 부족했으며 그런 만큼 어필하는 면도 희박했다. 좀더 일반적으로 부연하기 위해서 '히스토리'를 '내러티브(이야기)'라는 말로 바꿔 생각해도 좋다.

폐쇄적 집단 안에서 '의식의 언어화'는 '의식의 기호화'로 결부되는 경향이 있다. 그들은 물론 의식의 언어화에 더없이 열심이다. 그러나 그들이 거기서 언어로 생각하는 것은 사실 언어라는 형태를 취한 기호에 불과할 때가 많다. 좁고 긴밀한 커뮤니티 안에서는 정보의 기호화가 쉽고, 그 방식이 훨씬 더 효과적으로 전달되기 때문이다. 기호화된 정보를 동료와 동시에 공유함으로써 연대감도 더욱 강해진다. 토론의 장 같은 곳에서 이런 유형의 기호화한 언어는 엄청난 힘을 발휘한다.

그러나 그러한 기호화는 장기적으로 보면 확실하게 개인의 내러티브=히스토리의 잠재력을 떨어뜨리고 그 자립성을 손상시킨다. 이것이 내가 소설가로서 그들과 대화를 나누며 매우 절실하게 느꼈던 점이다.

다시 말해 그것은 너무나 위험한 일이다.

그에 비해 우리는 굉장히 비효율적인 혼돈으로 점철된 사회에서 살아가고 있다. 매일매일 신문을 보면 한눈에 알 수 있다. 그런 곳에서 재빨리 벗어나 마음 편한 동질적인 커뮤니티 속으로 쏙 들어가고 싶은 심정도 이해 못 하는 바는 아니다.

모리 다쓰야 감독은 〈A2〉에서 "사회는 확실하게 열악해지고 있다"고 코멘트한다(상당히 절제된 태도를 취하지만, 이는 제작자 측의 중요한 메시지임이 분명하다). 그러나 과연 그럴까?

솔직히 나는 사회가 열악해지고 있다고 쉽게 단언하지 못하겠다. 사회는 딱히 좋아지지도, 그렇다고 나빠지지도 않고, 그저 나날이 다양한 형태의 혼란에 빠질 뿐이지 않을까, 라는 것이 나의 기본적인 관점이다. 거칠게 표현하자면 사회란 애당초 열악한 것이다. 그러나 아무리 열악해도 우리는—적어도 우리의 압도적 다수는—그 속에서 어떻게든 살아나길 수밖에 있다. 가능하면 성실하고 정직하게. 중요한 진실은 오히려 그것이다.

 좀더 파고들자면 거기에 있는 외적인 혼돈은 타자로, 장해로, 배척할 대상이 아니며 오히려 우리의 내적인 혼돈의 반영으로 받아들여야 한다고 나는 생각한다. 거기에 있는 모순이나 저속함, 위선이나 나약함은 우리가 내면에 안고 있는 모순이나 저속함, 위선이나 나약함과 같은 것이 아닐까? 바다에 들어갔을 때 몸을 감싸는 바닷물과 우리 안의 체액이 서로 성분으로써 호응하듯이…….

 그렇게 생각하면 우리의 마음은 어느 정도 가벼워질지도 모른다. 우리 피부의 안(자기)과 밖(사회)이 원활하게 소통하기 시작할지도 모른다. 우리가 안고 있는 개인적인 내러티브가 양자 사이를 연결해주는 장치로서 필연성을 가지기 시작할지도 모른다. 거기에 유효한 소통이 시작되면, 우리의 시점은 복합화되고 우리의 행위는 얼마간 중층적인 성향을 띨지도 모른다.

 대부분의 사람들은 옴진리교에 들어가 자기 자신을 추구하는 젊은이들을 '순수'하다고 느낄 수도 있다. 그러나 순수하다는 것이 과연 어떤 의미일까? 혹시라도 그것이 그저 단순히 바깥의 혼돈이나 모순을 배척하는 것이라면, 그것은 동시에 자기의 체액=내러티브를 배척해버리는 것이 되지 않을까?

 우리는 아마 그런 의미에서도 좋든 싫든 이 사회에 존재하는 몇몇 '폐쇄성'을 자기 자신의 일부로 받아들여야 할지도 모른다. 물론 범죄는 마땅히 범죄로 심판받아야 하고, 교단은 그들의 행위에 대해 책임을 져야 한다. 그러나 사건을 범한 실행범 몇 명을 교수형에 처하는 것만으로 우리 사회가 받은 내면의 깊은 상처가 과연 치유될 수 있을까? 절대 치유될 리 없으며, 또한 그리 간단히 치유되어서도 안 될 일이다. 우리는 앞으로도 꾸준히 그 아픔을 자신의 아픔으로 받아들이고 느껴야 한다.

그들을 아픔으로 거둬들이는 것, 어떤 경우에는 허용하는 것—그것이 결국은 그들과 '공생한다'는 의미일 거라고 나는 생각한다. 그러한 수용을 통해 우리의 내러티브는 깊이를 더해갈지도 모르고 또한 그 집합체로 조성된 사회 역시 그 깊이를 더해갈지도 모른다.

사회가 본래 제아무리 열악하다 해도, 개선의 여지가 아주 조금밖에 없다고 해도, 조금씩이라도 좋으니 우리는 그것을 보강해나가야만 한다. 그러한 의지야말로, 고통을 견디면서 사회의 개방성을 유지하고자 하는 강한 의지야말로, 우리 안의 폐쇄성을 올바르게 활성화하지 않을까. 나는 기본적으로 그렇게 생각한다. 설령 상대가 그것을 원하든 원치 않든.

물론 영화 〈A2〉에는 그렇게까지 구체적인 메시지가 담겨 있지는 않다. 거기에는 공정하고 솔직한 영상 정보가 있다. 모든 판단은 관객 한 사람 한 사람의 몫이다. 나도 그중 한 사람으로 영화를 보며 나 나름의 결론에 도달했을 뿐이다.

피와 살이
담긴
말을
찾아서

• •　　　•• •　　　•　　•

《언더그라운드》 출판 당시, 고단샤의 소책자 〈책〉(1997년 4월호)에 실은 글입니다. 《언더그라운드》는 내게 상당히 큰 규모의 작업이었기 때문에 어깨에 힘이 들어갔을 법도 한데, 이 원고는 아주 담담하게 썼습니다. 작품을 마친 후라 어쩌면 힘이 쭉 빠져버린 상태였을지도 모릅니다. 예전에 쓴 글을 간혹 이렇게 다시 읽어보면 내가 썼지만 꽤 흥미로울 때가 있습니다.

雑文集

《언더그라운드》라는 논픽션을 쓰기 위해 일 년 동안 육십이 명에 달하는 지하철 사린 사건 피해자 및 관계자 들을 인터뷰했다. 대체로 닷새에 한 사람(정도)을 만나는 페이스였다. 사실 좀더 많은 사람들의 이야기를 듣고 싶었지만 여러 사정으로 그 정도가 양적 한계였다.

한 사람당 인터뷰 시간은 평균 한 시간 반에서 두 시간 정도였다. 개중에는 네 시간 가까이 한 적도 있지만, 어디까지나 예외적인 경우였다. 뭐 어쨌거나 전부 합산하면 꽤 긴 시간이었다. 할 때는 몰두해서 시간 같은 건 거의 의식하지 않았는데, 이렇게 작업을 마치고 120분짜리 녹음테이프가 꽉꽉 들어찬 종이상자가 산더미처럼 쌓여 있는 걸 바라보니 상당히 감개가 무량하다.

"그렇게 많은 사람들의 이야기를 듣고 원고를 쓰려면 힘들었겠어요"라는 말을 자주 듣는다. 그러나 솔직히 말해 그다지 힘들지 않았다. 물론 시간과 노력은 들었지만 딱히 피곤하지는 않았다. 원래 남의 이야기 듣는 걸 좋아하니까. 말하는 데 별로 자신이 없어서 누가 인터뷰하자고 오면 긴장해서 말을 제대로 못할 때가 많은 편이다(대체로 자기 생각을 유창하게 말할 줄 아는 사람은 굳이 고생해가며 소설을 쓰지도 않는다). 대신에 나는 사람들의 이야기를 듣는 게 좋았다. 그중에서도 보통 사람이 들려주는 보통 이야기가. 그 얘기를 언젠가 소설의 소재로 쓰려고 해서가 아니라 그냥 난순히 "호오, 그래서 어떻게 됐나요?"라며 흥미진진하게 듣는다. 얘기를 잘 들어주는 편이라고 해도 좋을 것이다. 덕분에 인터뷰이 대부분이 상당히 솔직하게 다양한 이야기를 들려주었다(실제로 글로 옮긴 후에는 '지나치게 개인적'이라는 이유로 채택하지 못한 내용이 많았지만).

물론 지하철 사린 사건의 현장을 글로 재현하는 것이 이번 인터뷰의 주된 목적이므로 단순히 '흥미진진'한 데서 그칠 수는 없다. 나의 작업 동기도, 들려주는 사실도, 더없이 심각하고 진지하다. 그런데도 인터뷰 상대가 '어떤 사람인가'를 알아내는 데는 그 '흥미진진'한 호기심이 중요한 역할을 해낸다. 호기심이라는 말이 적절치 않을지도 모르지만, 실제로 그 상대가 어떤 사람인지 속속들이 파고들어 피부로 느끼지 않고는 '그 사람에게 지하철 사린 사건은 무엇이었나'라는 가장 중요한 부분을 이해할 수 없기 때문이다. 상대가 들려주는 말만 문장으로 늘어놓는다면, 그래서는 피와 살이 담긴 인터뷰가 될 수 없다. 어디에서 그런 말이 나오는지 출처를 파악해둘 필요가 있다.

그런 작업을 일 년간 꾸준히 계속해왔다. 다양한 분들을 만나뵙고 다양한 이야기를 듣고 다양한 경험을 했다. '고마운 체험이었다'고 쉽게 한마디로 말할 수도 있지만, 그것이 나에게 무엇이었는지 여전히 실감할 수 없는 상태다. 그리 간단히 결론을 내릴 수가 없다.

그래도 단 한 가지 눈에 보이게 변화된 점이 있다. 전철에 타면 아주 자연스럽게 주위 승객들을 둘러보게 되었다는 것이다. 그리고 '여기 있는 이 사람들 모두가 각자 심오한 인생을 사는구나'라고 생각한다. '그래, 어떤 의미에서 우리는 고독하지만, 어떤 의미에서는 고독하지 않다'라고 생각한다. 이 작업을 하기 전에는 생각조차 하지 못했던 부분이다. 그것은 단지 전철이요, 단지 '낯선 타인'일 뿐이었다.

그것은 지금 나에게 하나의 큰 수확이다.

번역하는 것, 번역되는 것

村上春樹

雜文集

번역하는
것과
번역되는
것

국제교류기금이라는 단체에서 간행하는 잡지 〈국제교류〉에 쓴 글입니다. 1996년 10월에 나온 73호.
나 역시 번역하는 사람이라 내 책을 번역해주는 사람에게 되도록 친절하게 대하려고 노력합니다. 한 권의 책을 번역하는 일은 어찌 되었든 뼈를 깎는 힘든 작업이므로 작가로서 뭔가 도울 게 있다면 먼저 손을 내밀고 싶다고 늘 생각합니다.

雜
文
集

과거에 쓴 작품은 웬만하면 일단 다시 읽지 않습니다. '과거는 돌아보지 않는다'라고 하면 꽤나 멋지게 들리지만, 내 소설을 집어든다는 게 왠지 멋쩍고, 다시 읽어본들 어차피 마음에 안 들 게 뻔하니까요. 그보다는 앞을 내다보며 다음 할 일을 생각하고 싶습니다.

그래서 옛날 책 가운데 내가 무엇을 어떤 식으로 썼는지 까맣게 잊어버리는 경우도 있습니다. 독자가 "그 책에서 이런이런 부분은 어떤 의미였습니까?"라고 물어오면, '그런 부분이 있었나' 하고 고개를 갸웃거릴 때가 자주 있습니다. 잡지에서 우연히 어떤 책의 문장을 접하고는, '이거 썩 나쁘지 않은데'라고 생각했는데, 그게 실은 내 글을 인용한 것일 때도 있습니다. 상당히 염치없는 말이지만.

그런데 반대로 인용된 글이 마음에 들지 않을 때는, '아, 이거 내가 쓴 글이다'라고 예외 없이 한눈에 알아봅니다. 이유는 잘 모르겠지만 늘 그렇습니다. 좋은 부분은 대체로 잊어버리고 불만이 있는 부분만 유난히 기억을 잘합니다. 왜 그런지 신기합니다.

아무튼 그런 까닭에 소설을 완성하고 외국어로 번역되는 몇 년 후에는 내가 과연 그 책에 뭘 썼는지, 생각나지 않을 때가 많습니다. 물론 줄거리를 완전히 잊어버리지는 않지만, 아무래도 세부적인 묘사 대부분은 마치 여름날에 쏟아진 소나기가 아스팔트 표면에서 소리도 없이 싹 증발해버리듯이 내 기억에서—원래 기억력이 별로 뛰어나지도 않지만— 말끔하게 사라져버립니다.

　나는 영어로 번역된 내 소설은 일단 팔락팔락 넘겨보는데, 한번 시작하면 꽤 재미있어서(나도 줄거리를 잊어버렸기 때문에) 설레기도 하고 웃기도 해가며 마지막까지 쭉 읽을 때도 있습니다. 그래서 나중에 번역자가 "번역은 어땠습니까?"라고 물으면 "아 네, 술술 읽히던데요. 잘된 거 아닌가요"라고 대답하는 수밖에 없습니다. "여기는 이렇고, 저기는 저렇고⋯⋯" 하는 식의 기술적인 지적은 백 퍼센트라고 할 만큼 전무합니다. 소설이 번역되면 어떤 느낌입니까, 라고 물어도 솔직히 말해 그런 실감은 거의 없습니다.

　그래도 막힘없이 술술 읽히고 즐길 수 있다면, 그 번역은 번역의 의무를 다한 게 아닐까—라는 것이 내가 원작자로서 가지는 기본적 관점입니다. 내가 생각하는 이야기, 설정하는 이야기는 결국 그런 것이니까. 그 이야기가 그 이상으로 뭔가를 말할 수 있느냐 하는 것은 그런 '프런트 가든' 부분부터가 제대로 정리되고 나서야 비로소 시작되는 '프런트 룸' 혹은 그 안에 있는 '센트럴 룸'의 문제가 됩니다.

　내 작품이 다른 언어로 변형되는 기쁨 중 하나는 그런 식으로 내 작품을 다른 형태로 다시 읽어보는 것이라고 해도 좋을 겁니다. 일본어 그대로는 다시 읽지 않았을 작품인데 누군가의 손을 거쳐 다른 언어로 바뀐 상태에서 적절하게 거리를 두고 돌아보고, 다시 보고, 그러니까 준準 제삼자로 냉정하게 받아들일 수 있습니다. 그렇게 함으로써 스스로를 다른 장소에서 재평가할 수 있는 것입니다. 그래서 나는 내 소설을 번역해주는 번역자들을 매우 고맙게 생각합니다. 내 책이 외국 독자들과 만나는 것도 더없이 기쁜 일이지만, 그와 동시에 내 책을 나 자신이 읽는—지금 상황에서는 안타깝게도 영어에 국한되지만— 것도 상당히 기쁜 일입니다.

다시 말해 내가 만들어낸 문장 세계가 다른 언어의 시스템 안에서 바뀌어, 나와 나 자신 사이에 하나의 쿠션을 만든 느낌이고 그래서 긴장을 풀고 안심할 수 있습니다. 그럼 처음부터 아예 외국어로 소설을 쓰면 되지 않느냐는 얘기도 나올 법하지만, 기술적 능력 한계로 그리 쉽지 않습니다. 따라서 나는 지금까지 나름대로 모국어 일본어를 머릿속에서 일단 외국어처럼 만들어—즉, 의식적으로 언어의 생래적 일상성을 탈피하여— 문장을 구축하고, 그것을 이용해 소설을 쓰고자 노력했다고 말할 수도 있을 것입니다. 돌이켜보면, 맨 처음부터 일관되게 그렇게 해온 것 같기도 합니다.

그런 면에서 나의 창작 작업은 번역 작업과 밀접하게 호응한다—고 할까 오히려 어떤 면에서는 표리일체라고 해도 좋을지 모릅니다. 나 자신이 번역 작업(영어→일본어)을 꽤 오래해왔기 때문에 번역이 얼마나 힘든 작업이며 또한 얼마나 즐거운 작업인지 나름대로 알고 있습니다. 또한 번역가 한 사람 한 사람에 따라 텍스트가 얼마나 크게 달라지는지도 어느 정도 알고 있습니다.

훌륭한 번역에 가장 필요한 요소는 두말할 필요 없이 어학 실력이겠지만, 그에 못지않게—특히 픽션의 경우— 나름의 편파적인 사랑이 필요하지 않을까 생각합니다. 극단적으로 말해, 그것만 있다면 나머지는 아무것도 필요하지 않다는 생각까지 듭니다. 내가 내 작품이 번역될 때 가장 바라는 것이 있다면 바로 그것입니다. 편파적인 사랑이야말로 내가 이 불확실한 세상에서 가장 편파적으로 사랑하는 것들 중 하나입니다.

내 안의 《파수꾼》

· ·   · · ·   ·   ·

2006년 5월에 출판된 《시리즈 – 좀더 알고 싶은 명작의 세계 ④ 호밀밭에서 잡아줘》(다나카 게이시 편저, 미네르바쇼보)에 쓴 글입니다. 《호밀밭의 파수꾼》이라는 번역본을 내어 세간에 꽤 화제가 되었습니다. 물론 그만큼 반향도 컸습니다. 따라서 번역에 대한 나의 견해 비슷한 것을 어디에서든 대강이나마 설명해둘 필요가 있다고 생각해서 이 글을 썼습니다.

《호밀밭의 파수꾼》의 번역 작업은 예상보다 훨씬 빠른 속도로 진척되었다. 그렇다기보다 막상 일을 시작하자, 펜을 내려놓을 수 없는(요즘에는 이런 말이 관용적인 표현에 불과하지만) 느낌이었다. 이것은 역시 원문이 가진 활기, 구어체의 경묘함, 매끄러움, 그리고 무엇보다 이야기 자체의 재미에서 비롯되었을 것이다. 덧붙이자면 샐린저의 문체가 내 문체와 잘 맞는 지점이 분명 있었으리라. 솔직히 말해 나 자신은 샐린저의 작품에 '영향을 받았다'고 딱히 생각하지 않지만, 어린 시절에 읽고 마음이 움직였던 기억은 있으니 어쩌면 자연스럽게 새겨진 게 있는지도 모른다. 굳이 열렬한 비틀스 팬이 아니라도 그들의 웬만한 히트곡 정도는 외우고 있는 것처럼. 이 책에는 분명 그러한 자연스러운 영향력 같은 것이 있다.

예전부터 《호밀밭의 파수꾼》의 번역은 언젠가 한번 도전해보고 싶었다. 권하는 사람도 많았고, 나 또한 그 문체가 어떤 꼴의 일본어로 바뀔지 궁금했다. 그런데 막상 알아보니 하쿠스이샤에서 이 책의 판권을 독점으로 가지고 있었다. 따라서 계약 조항에 의거해 다른 출판사에서는 출판할 수 없었고, 하쿠스이샤에서는 노자키 다카시 씨의 정평 있는 번역으로 이미 간행되어 있었다. 한 출판사에서 한 책의 번역판을 복수로 낸 예는 찾아볼 수 없었다. 그런 까닭에 아쉽지만 내가 《호밀밭의 파수꾼》을 번역할 가능성은 아무래도 매우 낮았다.

그런데 내 홈페이지가 있던 시절, "언젠가 기회가 되면 《호밀밭의 파수꾼》을 번역해보고 싶군요"라는 말을 지나가듯 한 적이 있는데, 그에 대한 독자들의 반응이 상당했다. 뜻밖에도 "꼭 해주세요"라는 격려의 메일이 아주 많이 날아들었다. 그래서 '아아, 이 소설은 여전히 인기가 많구나'라고 새삼 감탄했는데, 아마도 그런 상황이 하쿠스이샤 편집자의 눈에까지 띄었던 모양이다. "노자키 씨의 기존 번역과 같이 가는 식으로 새 번역판을 내보시겠습니까?"라는 제안을 받았다. 편집자와 만나 얘기를 나눠보니, 한 출판사에서 다른 번역으로 병행 출간하는 일은 궁리만 잘하면 현실적으로 불가능한 일은 아니라고 했다. 그래서 "그렇다면"이 되어, 기꺼이 그 제안을 받아들이게 되었다.

나는 기본적으로 고전이 될 만큼 뛰어난 명작은 몇 가지 다른 번역이 있어도 좋다고 생각한다. 번역은 창작이 아니라 기술적인 대응의 한 형태에 불과하므로 다양한 다른 형태의 접근이 병렬적으로 존재하는 게 당연하다. 사람들은 흔히 '명번역'이라는 표현을 쓰는데, 그것은 달리 말하면 '매우 뛰어난 하나의 대응'이라는 의미이다. 유일무이한 완벽한 번역이란 원칙적으로 있을 수도 없으며, 그런 것이 있다손 치더라도 장기적인 안목으로 봤을 때는 작품에 오히려 좋지 않은 결과를 초래하지 않을까 싶다. 적어도 고전이라 불릴 만한 작품에는 몇 가지 얼터너티브(대안)가 필요하다. 양질의 몇 가지 선택지가 존재해 다양한 측면에서 집적하여 오리지널 텍스트의 본디 모습이 자연스레 떠오르게 하는 것이 번역의 가장 바람직한 자세가 아닐까. 《호밀밭의 파수꾼》은 이미 그러한 '고전'의 범주에 들어간다고 생각한다. 노자키 씨의 번역은 두말할 필요 없이 훌륭하지만, 번역한 후로 세월이 꽤 지났고, 그사이 일본어 자체도 많이 변했다. 우리 라이프스타일도 변했다. 이제 서서히 새롭게 재고해보아도 좋을 것이다. 전해들은 얘기로는, 노자키 씨 역시 기존 번역을 손보리라 생각하셨던 듯한데, 애석하게도 그 전에 세상을 떠나고 말았다. 그래서 외람되지만, 내가 미흡하나마 지금 하나의 선택지를 제공하게 된 것이다.

다만 중장년 세대에게는 노자키 씨가 번역한 《호밀밭에서 잡아줘》가 이미 하나의 '정석'으로 자리 잡고 있어서, 말하자면 '뇌리에 깊이 각인된 최초의 기억'으로 기능하는 경향이 있다. 그것을 어느 정도는 예상했지만, 그 기억의 깊이는 내 예상을 훨씬 웃돌았다. 그런 세대에게(실은 나도 그중 한 사람이지만) 나의 새 번역은 극단적으로 표현하면 '성지 침범'처럼 느껴진 듯하다. 그런 데서 비롯된 심리적 반발과도 같은 반응은 솔직히 말해 적지 않았다. 그러한 현상은 물론 노자키 씨의 번역이 훌륭하기 때문이겠지만, 생각하기에 따라서 이것은—하나의 번역과 오리지널 텍스트가 오랜 세월 동안 이렇게까지 일체화한다는 것은— 조금은 무서운 일이기도 하다. 나도(한 사람의 번역가로서 또한 내 작품이 외국어로 번역되는 소설가로서) 많은 생각을 하게 되는 면이 있었다.

이번에 《호밀밭의 파수꾼》을 번역하고서 새삼스레 든 생각은 '이 소설은 사회(세간)에서 이탈하고자 하는 소년의 공포심을 아주 생생하게 묘사한 이야기'라는 것이었다. 기억을 더듬어보니, 나 역시 그런 심정을 나름대로 실감할 수 있을 것 같다. 이 소설을 처음 통독한 것은 고등학생 때였다. 나 자신이 그런 삶의 소용돌이 한가운데에 푹 빠져 있었던 터라 소설의 전체상을 파악하기 어려운 점이 있었지만, 사십 년 가까이 지난 지금 다시 꼼꼼히 읽어보니(그렇다기보다 한 줄 한 줄 일본어로 옮기다보니) 그 무렵의 일이 매우 생생하게 느껴졌다. '아하, 그래, 이런 얘기였어'라며 나도 모르게 팔짱을 꼈다.

생각해보면 나도 홀든처럼 학교라는 기관에 좀처럼 정이 가지 않았다. 공부도 좋아하지 않았고, 그렇다보니 시험 성적도 그다지 좋지 않았다. 수업이 따분할 때면 거의 책만 줄곧 읽었다. 나는 원래 "이걸 해"라고 위에서 강요하면, "네, 알겠습니다"라고 순순히 받아들이는 성격이 못 된다. 간단히 말해 멋대로 굴면서 내가 하고 싶은 일에만 집중했다. 게다가 우연이겠지만, 선생님들 대부분은 개인적으로 그다지 존경하고 싶은 타입이 아니었다. 수업 방식에도 탐탁지 않은 점이 많았고, 폭력도 더러 행사했다. 학교 규칙은 지나치게 많고 지나치게 사소해서 거의 초현실적일 만큼 무의미했다. 그나마 반에 몇몇 친한 친구와 매력적인 여학생이 있었던 덕분에 중고등학교를 다녔고, 만약 그런 존재가 없었다면 학교 따위 꽤 쉽게 그만두었을지도 모른다. 공동생활에도 서툴렀다. 대학 진학 후 도쿄로 와서 어느 학생 기숙사에서 지내게 됐지만, 그곳 생활에 진절머리가 나 반년도 못 견디고 뛰쳐나와버렸다.

나는 책이라면 종류를 안 가리고 많이 읽는 소년이었기 때문에 딱히 학교 공부를 따로 안 해도 기본적인 지식은 자연스레 쌓여서 시험 과목이 많지 않은 사립대학 정도는 그럭저럭 갈 수 있었다. 요즘은 그렇게 만만하지 않겠지만, 당시는 아직 여유를 부릴 수가 있었다. 그러나 대학에 들어간 후로도 학교가 달갑지 않기는 마찬가지였다. 강의는 대체로 다채롭지 못했고, 아쉽게도 교육의 질적 수준 역시 극적으로 높지는 않았다. 캠퍼스는 어수선하고 너무 복작거렸다. 물론 동맹휴교나 학교폐쇄가 계속된 탓도 있겠지만, 그런 연유로 학교에는 잘 가지 않고 아르바이트만 했다. 출석이 변변찮으니 행사나 일정도 잘 몰랐고, 그 때문에 종종 시험을 못 치르는 경우도 있었다. 당연히 만족할 만한 학점도 받지 못했고, 그 결과 본의 아니게 칠 년이나 질질 끌며 대학에 다니는 처지가 되었다. 뭐 하긴, 오 년째 대학에 다니며 결혼도 하고 이미 가게 같은 것도 시작했으니 순수한 학생이라고 할 수는 없었겠지만.

그래서 공부를 못하는(혹은 의욕이 전혀 없는) 홀든의 모습을 보면서 그 심정이 나도 어느 정도 이해가 갔다. 지금도 이따금 학창 시절 꿈을 꾼다. 꿈속에서 나는 시험 날짜를 잘못 알거나 출석 일수가 턱없이 모자라서 진급하지 못한다. 혹은 시험을 보러 갔긴 했는데 도무지 알 수 없는 문제가 나와서 '큰일났군, 이건 전혀 모르는데' 하며 머리를 감싸쥔다. 내 인생은 점점 어두워져간다. 장래의 가능성은 점점 좁아진다. 세상은 냉랭하게 나를 버린다. 그런 꿈이다. 그런 꿈을 꾸다가 눈을 번쩍 뜨면, 이루 말할 수 없이 암담한 기분에 젖어든다. 지금 와 생각하면 아주 먼 옛일이고 유급이든 낙제든 아무려면 어떠냐 싶지만, 꿈속에서는—꿈이라는 걸 모르니까—나도 꽤나 필사적으로 '큰일났네, 어떡하지' 하며 매번 심각하게 고민한다. 그 고통스러운 기분은 눈을 뜨고도 한동안 계속된다.

전기를 읽어보면, 작가인 샐린저 역시 홀든처럼 공부를 본디부터 싫어했던 것 같다. 여러 가지 이야기들을 종합해보면, 아무래도 심각한 학습장애로 고민했던 듯하다. 도저히 책상에 앉아 공부에 정신을 집중할 수 없었던 것이다. 요즘 세상이라면 일종의 정신장애로 파악되어 나름의 대책을 취할 수 있겠지만, 당시에는 아직 그런 관념이 없었다. 주위 사람들이 보기에는 단순히 '게으름뱅이'일 뿐이다. 그래서 '근성을 고쳐보겠다'는 아버지의 의향에 따라 스파르타식 사관학교에 보내진다. 그것은 소년 샐린저에게는 정신적으로 매우 가혹한 상황이었을 게 틀림없다. 제 몸에 대체 무슨 일이 일어나는지, 본인도 제대로 자각할 수 없었던 것이다. 그러한 출구 없는 혹독함이 《호밀밭의 파수꾼》이라는 소설 안에 매우 농밀하게 담겨 있는 듯 보인다.

게다가 샐린저는 유대계다. 불황의 바람이 거칠게 몰아친 1930년 대 미국에서는(미국뿐만이 아니라 세계적으로 그러했지만), 안티 세미티즘(반유대주의) 풍조가 상당히 강해서 유대계는 그리 쉽게 사회에서 환대받지 못했다. 그들이 사회적으로 어느 정도 높은 지위에 오르려면 자신이 직접 가게나 회사를 경영하거나 전문직(변호사나 의사나 연구자, 교육자)의 길을 걷는 수밖에 없었다. 그리고 전문직으로 출세하기 위해서는, 당연한 얘기겠지만 좋은 학교에 들어가 좋은 성적을 거둬야만 한다. 따라서 학업에 문제가 있고 잇달아 학교에서 쫓겨나는 것은 샐린저에게 더없이 심각한 사태였을 게 틀림없다. 아버지는 당연히 아들에게 실망하며 화를 냈고, 이러지도 저러지도 못하는 어머니는 눈물만 흘렸을 것이다. 본인도 분명 견디기 힘들었을 것이다.

　이번에 《호밀밭의 파수꾼》이라는 이야기를 어른의 눈으로 다시 읽고 가장 절실하게 느낀 점은 이 소설 전체를 관통하는 그러한 안타까움이었다. 세상과 원만하게 타협하지 못하고, 그렇다고 자기 평가의 축을 제 안에 정립하지도 못한 채, 이리저리 휩쓸리며 우울해하는 한 소년의 모습이—그것은 정도의 차이는 있겠지만 우리 자신의 모습이기도 하다— 내 앞에 떠올랐다. 요설로 벽을 쌓아 올리고 유머로 얼버무리고, 때로는 무턱대고 강한 척하기도 하지만, 그런 안타까움이 일관되게 흐르고 있다, 라고 할까. 그 안타까움은 유머로 얼버무리거나 요설로 감추지 않고는 감당할 수 없을 만큼 심각하다.

그래서 이번에 다시 읽고 소년기의 그런 안타까움을 절절히 피부로 느끼면서 나는 처음 읽었을 때보다 훨씬 더 샐린저라는 작가에게 자연적인 친밀감과 공감을 느꼈다. 고등학생 때 처음 이 책을 읽었을 때 유연한 감각과 거침없고 자유로운 문체, 엉뚱한 수사법, 뉴욕 거리에 대한 생생한 묘사에 가장 끌렸던 기억이 있지만.

요컨대 《호밀밭의 파수꾼》이라는 소설은 세상 거의 모든 사람들이 제 모습을 비춰볼 수 있는 개인적인 거울로 기능해온 듯 느껴진다. 그때 그 사람이 서 있는 장소에 따라, 빛의 양이나 내리쬐는 각도에 따라, 필시 다양한 다른 모습들로 선명하게 드러날 것이다. 장기간에 걸쳐 그런 다면적인 검증을 견뎌낸 소설은 내 독서 경험에서 보더라도 그다지 많지 않다. 그렇기 때문에 미국에서 출간된 지 반세기도 더 된 이 작품을, 조금 별난 열여섯 살 소년의 개인적인 이야기를, 지금도 놀랄 만큼 많은 사람들(그 대부분은 젊은이들이다)이 집어들어 열심히 그리고 절실하게 읽는 것이며, 앞으로도 변함없이 많은 이들이 계속해서 읽어나갈 것이다. 그런 확신이 새삼스레 다시 들었다.

《호밀밭의 파수꾼》이라는 작품을 문예비평적인 각도에서 상세하게 따져보는 것은 그리 어려운 일이 아닐 것이다. 감정적 호불호로 정리해버릴 수도 있다. 그러나 《호밀밭의 파수꾼》을 대신해 《호밀밭의 파수꾼》의 역할을 맡아줄 소설은 달리 없을 것이다. 내가 지금 와서 이런 말을 강조해봐야 별 의미는 없겠지만, 그야말로 유일무이한 소설이다.

준 準
고전소설로서의
《롱 굿바이》

하야카와쇼보에서 《롱 굿바이》를 냈을 때, 〈미스터리 매거진〉(2007년 4월호)에 쓴 글입니다. 이 책의 후기를 잡지용으로 짧게 정리한 내용입니다. 원래 글은 꽤 기니까 그것이 읽기 성가신 분은 이 글을 읽어주십시오. 챈들러에 관해서는 하고 싶은 말이 아주 많다보니 나도 모르게 글이 길어지고 말았습니다.

챈들러의 《롱 굿바이(기나긴 이별)》를 처음 읽은 것은 고등학생 때였고, 그후로 사십 년 동안 기회가 될 때마다 이 책을 다시 읽어왔다. 일본어 번역(시미즈 순지 옮김)으로 먼저 읽고, 그다음에 영어 원문으로 읽었다. 그후로는 그때그때 기분에 따라 번역판을 읽거나 원문을 읽었다. 처음부터 끝까지 쭉 읽을 때도 있고, 적당히 책장을 들척이며 부분부분 골라 읽을 때도 있었다. 커다란 유화 한 폭을 멀리서 바라보기도 하고 가까이 다가가 세부를 살펴보기도 하는 것처럼. 그래서 상세한 부분까지 한 구절 한 구절 선명히 기억한다.

그렇다면 나는 왜 이 《롱 굿바이》라는 소설을 그토록 몇 번이고 되풀이해 읽었을까? 아니, 반대로 표현하는 편이 이해하기 쉬울지도 모르겠다. 그렇게 되풀이해 읽는데도 왜 질리지 않는 걸까?

이 책이 질리지 않는 첫번째 이유로 뛰어난 문장을 들 수 있다. 챈들러 특유의 활달한 문체는 분명 《롱 굿바이》에서 최고점을 기록했다. 이 소설을 처음 읽었을 때, 나는 문체의 '비범함'에 그야말로 기겁하고 말았다. 이런 문체도 가능하구나 하고. 챈들러의 문장은 모든 의미에서 지극히 개인적이고 독창적이며 그 누구도 흉내낼 수 없는 종류의 것이었다. 챈들러 생전에도 사후에도 그의 문체를 흉내내려는 시도는 수없이 있었지만, 대체로 성공하지는 못했다. 그런 의미에서 보면 그의 존재는 재즈에서 찰리 파커의 존재와 비슷하다. 어법을 빌려 쓰는 정도는 가능하다, 라고 할까, 그 어법은 이제는 귀중한 퍼블릭 도메인(문화적 공유자산)이 되었다. 그러나 그 스타일=문체의 핵심을 자기 것으로 만드는 일은 그 누구도 불가능하다. 그것은 철저히 순수하게 한 개인에게 귀속하는 사유재산이기 때문이다. 문장을 (대강) 비슷하게 모방할 수는 있다. 그러나 모방한 문체에는 대부분의 경우 본래 깃들어 있던 생명은 사라져버린다.

챈들러 문장의 어디가 어떻게 특이하며 독창적인가 하고 나 나름대로 분석해본 결과를 이 책(단행본)의 상당히 긴 후기에서 보다 깊이 다루고 싶고, 《롱 굿바이》라는 소설의 구조적인 탁월함에 관해서도 가능한 한 많이 얘기하고 싶다. 또한 이 책이 어떤 식으로 소설가인 나에게 감화를 주었는가 하는 점에 관해서도. 관심이 있는 분은 한번 읽어보셔도 좋을 것 같다.

《롱 굿바이》는 잘 아시는 바와 같이 시미즈 순지 씨가 번역한 《기나긴 이별》이 이미 있고, 그 책 역시 하야카와쇼보에서 출간되었다. 이 책의 번역본 제목을 굳이 《롱 굿바이》라고 한 데는 시미즈 씨의 기존 번역과 구별하려는 이유도 있었다. 앞에서도 썼듯이 나 역시 시미즈 씨의 번역으로 《롱 굿바이》라는 소설을 처음 알았다. 아주 잘 읽히는 뛰어난 번역이었다. 다만 이 책이 '하야카와 포켓 미스터리' 시리즈로 번역된 때가 1958년이므로, 이 글을 쓰는 시점에서는 출판된 지 거의 반세기를 앞두고 있다. 평소 나는 번역이라는 작업을 가옥에 비유해, 이십오 년이 넘으면 슬슬 보수를 시작하고 오십 년에는 크게 개축 혹은 신축하는 게 대체적인 기준이라고 생각해왔다. 내가 번역한 작품도 이십오 년을 맞으면 조금씩 보수 작업에 들어간다. 물론 가옥과 마찬가지로 번역에 따라 경년 변화에 약간의 차이가 나는 것은 당연하겠지만, 오십 년이나 지나면(설령 중간에 어느 정도 보수가 있었다 해도) 역시 어휘의 선택이나 진부한 표현이 차츰 눈에 띄게 된다.

언어만이 아니라 번역 방법 자체만 봐도 큰 변천이 있다. 번역 기술도 착실하게 진화해간다. 또한 인터넷의 등장 이후로 특히 현저하다고 할 수 있겠지만, 다른 문화나 다른 언어에 관한 정보량도, 작가나 작품 배경에 관한 정보량도 옛날과 오늘날은 압도적으로 다르다. 그런 의미에서, 내가 이런 말을 하는 것은 주제넘은 일일지도 모르지만, 이《롱 굿바이》의 새로운 번역을 세상에 내놓기에는 지금이 일단 타당한 시점이라고 할 수 있을 것이다. 구체적인 경위를 서술하자면 이 년도 더 지난 일인데, 하야카와쇼보 편집부에서 이 책을 번역해볼 의향이 있느냐고 연락해왔고, 나도 전부터 하고 싶었던 책이라 흔쾌히 수락했다.

또 한 가지, 내가 감히 재번역에 도전하고 싶다고 생각한 이유는 시미즈 씨의《기나긴 이별》에는 꽤 많은 문장 혹은 문장의 세부가 아마도 의도적으로 생략되었다는 사실이다. 이것은 챈들러 소설을 애호하는 많은 독자들이 오랫동안 적잖이 불만으로 여겼던 부분이기도 하다. 시미즈 씨가 어떤 이유 혹은 사정으로 세부를 그렇게까지 대폭 삭제하고 번역했는지, 물론 나는 알 길이 없다. 그것이 출판사의 의향이었는지 아니면 번역자의 의향이었는지 알 수 없기도 매한가지다. 그러나 1958년에(미국에서 출판된 지 불과 사년 후였다) 적어도 일본에서는 아직 챈들러의 이름이 문명으로서 충분히 인정되지 않았고, 추측건대 그것은 아마도 '전체적으로 짧게 다듬어진 문장'이 하나의 큰 요인이었을 것이다. 그게 아니면 좀더 일반적인 의미에서 '미스터리 소설의 번역은 그렇게 세세하게까지 정확할 필요는 없다. 줄거리와 분위기만 제대로 전달하면 된다'는 것이 당시의 통념이었는지도 모른다. 반세기가 지난 지금에 와서는 그 부분의 사정은 수수께끼에 휩싸여 있다.

다만 시미즈 씨의 명예를 위해 큰 목소리로 덧붙여 말하자면, 시미즈 씨가 '설령 간략하게 줄여서 번역했다 하더라도, 그런 사실과는 무관하게 아무런 부족함 없이 유쾌하게 읽을 수 있는 생기 넘치는 읽을거리'라는 것은 만인이 인정하는 바이며, 그의 손으로 번역된 《기나긴 이별》이 일본 미스터리 역사에 미친 영향은 실로 다대했다. 그 공적은 크게 칭송받아야 마땅하며 나 역시 선배 번역가의 작업에 깊고도 솔직한 경의를 표한다. 어쨌거나 나도 처음 이 소설을 시미즈 씨의 번역으로 읽고 감탄한 한 사람으로서 개인적으로도 감사해야 마땅하다. 여하튼 좋았던 옛 시절의 느긋한 번역이라고 할까, 사소한 것에 구애받지 않는 대인의 풍격이 느껴지는 번역이나.

그러나 그것은 그렇다 하더라도 오늘날 레이먼드 챈들러라는 작가의 중요성을 고려할 때, 그리고 그의 작품들 가운데 이 작품이 차지하는 위치를 생각할 때, '완역판'이라고 해야 할까 일단은 한 차례 세밀한 부분까지 번역되고, 현대의 감각(에 가까운)으로 재검토한 《롱 굿바이》가 시미즈 씨 번역과 같이 있어도 좋을 것이며, 또한 있어야 옳다는 것이 내 생각이다. 기본적으로, 시미즈 씨 번역은 동시대에 활기찬 여세를 몰아 작업한 것이고 무라카미 번역은 이를테면 '준 고전'으로 좀더 엄격하게 번역된 버전이라는 관점으로 봐주시면 좋을 것 같다. 굳이 말할 필요도 없겠지만, '가능하면 온전한 번역으로 읽고 싶다'는 생각이냐 혹은 '조금 생략했더라도 즐겁게 읽으면 된다'는 생각이냐는 전적으로 독자 개개인의 선택에 달려 있다. 또는 더러는 양쪽을 다 읽고 싶어하는 열의 있는 독자도 있을지 모른다. 실제로 그렇게 마음먹어주신다면, 내 입장에서 더없이 기쁜 일이겠지만.

말코손바닥사슴(무스)을 쫓아서

《롱 굿바이》와 마찬가지로 《안녕, 내 사랑》의 후기를 짧게 줄인 것으로 〈미스터리 매거진〉(2009년 5월호)에 실린 글입니다. 나는 대개 이 년에 한 권 페이스로 챈들러의 장편소설을 번역합니다. 이 작업은 일이라기보다는 이미 취미 활동으로 완전히 굳어졌습니다. 챈들러를 번역하는 일은 정말 즐겁습니다.

챈들러가 남긴 일곱 권의 장편소설 가운데 좋은 세 작품을 고르라면, 대부분의 독자가 아마 《롱 굿바이》《빅 슬립》과 이《안녕, 내 사랑》을 고르지 않을까. 나 역시 같은 생각이다. 따라서 《롱 굿바이》 다음 순서로 이 책을 번역할 때 거의 망설임이 없었다. 어쨌든 개인적으로 아주 좋아하는 작품이다.

맨 처음 읽은 것은 고등학생 때인데, 내 머릿속에 깊이 남아 있는 부분은 터무니없이 완력이 센 거한 무스 머로이의 모습과 말로가 홀로 도박선으로 숨어드는 장면이다. 자세한 줄거리는 잊어버렸지만, 그 두 가지 이미지가 머릿속에 줄곧 각인되어 있다. 그렇게 또렷한 몇몇 이미지를 남기는 것이 역시 뛰어난 소설의 자격 중 하나가 아닐까 싶다. 읽을 때는 감탄하고 혹은 나름대로 감동까지 했지만 어느 정도 시간이 지나면 결국 아무런 이미지도 남지 않는 작품이 세상에는 결코 적지 않다.

챈들러가 작품마다 그런 선명한 이미지를 독자의 뇌리에 혹은 손바닥에 확실히 남긴다는 것은 역시 작가로서의 폭넓은 도량과 압도적인 문장력 덕분일 것이다. 《안녕, 내 사랑》을 번역하면서 새삼 실감했다. 이 사람이 쓰는 문장에는 심지가 있고, 몰아가는 힘이 있다. 처음 세 장만 읽어봐도 묘사의 적확함과 절묘한 리듬감을 확연히 느낄 수 있을 것이다.

《안녕, 내 사랑》은 챈들러가 《빅 슬립》에 이어 두번째로 필립 말로를 주인공으로 내세운 장편소설이다. 1940년에 완성했고, 그해 크노프 사에서 출판했다. 유럽에서는 이미 큰 전쟁이 시작된 후였다. 미국은 아직 가담하지 않았지만, 주위에는 무시무시한 폭력의 징후가 가득했다. 소년 시절을 영국에서 보낸 챈들러는 전장이 된 유럽 대륙에 정신이 팔려 좀처럼 집필에 집중할 수 없었던 모양이다.

하드커버 《안녕, 내 사랑》의 초판 발행 부수는 고작 이천구백 부, 출간 당시 판매량은 미국에서 만천 부, 영국에서 사천 부로 지금은 상상이 잘 안 가는 변변찮은 부수였다. 당시 소설가들 대부분이 장편소설로 인세를 받기보다 주로 잡지에 단편을 팔아서 생계를 이어갔다 하더라도 판매량은 너무나 적었다. 출판사는 그쪽 분야 책치고는 광고에 돈을 들였지만, 세상에는 미스터리 신간들이 넘쳐났고, 그 시장에서 일반 대중의 주목을 끌기는 만만한 일이 아니었다. 대부분의 비평가들은 간과했고, 신문이나 잡지 역시 거의 다루지 않았지만, 일단 책을 집어든 비평가는 하나같이 입을 모아 '훌륭하다'고 절찬했다. 그러나 안타깝지만 그런 목소리도 전반적인 판매에는 별다른 영향을 주지 못했던 모양이다.

크노프 사의 사장 알프레드 크노프는 챈들러의 책을 개인적으로 높이 평가하고 책에 대해서 좋은 이미지를 갖고 있었기 때문에 저렴한(그리고 그다지 품위가 없는) 페이퍼백 출간을 원치 않았다. 그 결과 챈들러의 뜻과는 무관하게 판매 부수는 그대로 멈춰버렸다. 하드커버 《빅 슬립》도 이미 절판되어서 읽고 싶으면 도서관을 찾아가야 했다. 하지만 그런 와중에도 챈들러의 '말로 시리즈'는 입소문을 타고 서서히 확실하게 평가를 높여가고 있었다. 그래도 챈들러가 세간에서 큰 인기를 끌기까지는 아직 시간이 더 필요했다. 진정한 높은 평가와 폭넓은 인기를 얻은 것은 오히려 그가 세상을 뜬 후였다.

《안녕, 내 사랑》은 기존에 잡지에다 발표한 조금 긴 단편 세 편을 바탕으로 완성했다. 〈트라이 더 걸〉(1937년 1월)과 〈비취〉(1937년 11월)와 〈개를 좋아한 남자〉(1936년 3월)였다. 당시 《안녕, 내 사랑》과 동시 진행으로 쓴 《호수의 여인》 역시 단편소설 〈베이시티 블루스〉(1938년 6월)와 동명의 〈호수의 여인〉(1939년 1월)을 바탕으로 했다. 당시 펄프매거진*은 거의 일회용 상품이어서 저자가 작품을 다르게 쓰더라도 딱히 신경쓰는 사람이 없었다. 챈들러는 그런 식으로 단편소설의 내용을 전용하는 작업을 자조적으로 '캐니벌라이징(죽은 고기 찾아다니기)'이라고 불렀다. 캐니벌라이징은 이야기를 새로 만드는 시간을 줄일 수 있으니 편할 것처럼 보이지만, 챈들러의 경우 의외로 그 작업에 상당한 시간이 소요된 것 같다. 그는 장편소설로 새로이 고쳐 쓰는 데 특별한 각오로 임했고, 질적인 완성도를 추구했다. 챈들러가 목표한 수준은 매우 높았다.

* 20세기 초반에 유행했던 갱지로 만든 싸구려 대중오락 잡지.

따라서 원래 있던 것—생활을 위해 술술 풀어낸 글—을 철저하게 새로 쓰다보면, 백지상태에서 쓰는 것보다 오히려 시간을 더 잡아먹게 되는 것이다. 그리고 원래 따로따로 쓴 몇 편의 단편소설들을 하나의 합쳐진 이야기로 원활하게 짜맞추고 봉합하는 일도 나름대로 수고스럽게 마련이다(그리고 그런 노력에도 불구하고 결과적으로 보면 완벽하게 정합성을 가지지 못한다. 자잘하게 터진 흔적이 여기저기서 눈에 띈다).

게다가 그는 이 작품을 집필하는 중임에도 애국심에 이끌려 1939년 9월, 전쟁에 참전하여 독일을 상대하던 캐나다 육군에 지원했다. 그러나 연령 문제로 지원은 받아들여지지 않았다. 만약 그때 그가 육군에 받아들여졌다면, 어쩌면 《안녕, 내 사랑》은 영원히 빛을 보지 못했을지도 모른다. 그렇게 생각하면 조금 섬뜩하기도 하다. 신체도 그리 강건하지 않았을 듯한 쉰한 살의 미스터리 작가를 병사로 편입시키는 데 별로 적극적이지 않았던 캐나다 육군에게 깊은 감사를 표하고 싶을 정도다.

《롱 굿바이》가 맨 처음 출간된 것이 1953년이고, 《안녕, 내 사랑》이 1940년이므로 그사이에 십삼 년의 세월이 흘렀다. 《롱 굿바이》를 읽은 분들도 아마 같은 느낌을 받았겠지만, 책 속의 필립 말로는 여전히 젊다. 나이도 명확하게 나오지 않고 설정으로도 그다지 연령의 변화가 없는 게 분명힌데(잘 아시겠지만 시리즈물의 사립

탐정이나 경찰관은 거의 나이를 먹지 않는다), 읽어본 인상으로는 '꽤 다르다'는 느낌이다. 말로는 두 작품 모두에서 변함없이 냉소적으로 얘기하고 남의 심기를 건드리는 농담을 즐겨하지만(그 때문에 자주 따끔한 맛을 보지만), 《롱 굿바이》의 말로가 중년 남성의 미묘하게 억눌린 듯한 쓸쓸함 같은 것을 풍기는 데 비해, 이 책의 말로의 언동에서는 서른 살 안팎 남자의 얼마간 가벼운 냉소주의적 분위기가 묻어난다. 각각 독특한 맛과 특징이 있지만, 이미 중년이 지나버린 나로서는 《롱 굿바이》의 말로 쪽에 좀더 자연스럽게 공감하게 된다. 《안녕, 내 사랑》의 말로의 언동을 옮기다보면, 번역을 하다가도 '어허 이런, 자네도 젊었군' 하며 나도 모르게 쓸쓸한 미소가 베어나는 일이 몇 번이나 있었다. 그러나 물론 천성적인 수줍음이 돌연 폭력배 같은 물길을 따라 흐르고 마는 심정도 충분히 이해가 간다. 젊은 날의 말로의 그런 모습은 또 그것대로 상당히 매력적이다. 거기에서는 1950년대에 젊은 날의 로버트 미첨이 자아내던 '부드러운 냉혹함'도 어렴풋이 느껴진다. 다만 이 책을 원작으로 한 영화 〈안녕, 사랑하는 여인이여〉에서 주연을 맡았을 때의 미첨은 이미 예순 살에 가까워서 안정감이 조금 과한 듯했다.

이번 작업은 번역자로서 진심으로 즐겼다. 챈들러만큼 번역이 즐거운 작가가 또 있을까. 집 한 채 한 채, 포석 하나하나에 의미가 깃든 거리를 걸어가는 느낌이어서 몇 번을 오가도 흥취가 다하는 법이 없다. 아침에 장편소설을 쓰고 오후에는 이 작품을 번역하면서 피로를 푸는 것으로 몇 달을 보냈다. 이 번역 원고를 통해 그러한 기쁨과 감사의 마음이 조금이라도 전달된다면, 번역자로서 그보다 더한 기쁨은 없을 것이다.

스티븐 킹의
절망과 사랑

양질의 공포 표현

1985년 6월에 호쿠소샤에서 출간한 《모던호러와 U.S.A.—스티븐 킹 연구독본》이라는 책에 실은 글입니다. 당시는 킹 씨가 지금처럼 유명하지는 않았습니다. 그래서 나는 그의 뛰어난 작품을 더 널리 알리고 싶었습니다. 요즘은 그의 최신작을 그다지 열심히 읽지 않지만, 당시에는 신간이 나오면 곧바로 사서 읽었습니다.

雜文集

맨 처음 읽은 스티븐 킹의 책은《캐리》였는데, 솔직히 그 소설은 그다지 마음에 들지 않았다. 무엇보다 뒷맛이 별로 좋지 않았고, 염력이라는 설정도 딱히 색다르지 않았다. 상당히 재미있었다는 점은 인정하지만, 그렇다고 해서 스티븐 킹이라는 이름을 머릿속에 확실히 각인할 만큼 강렬하지는 못했다.

내가 다른 수많은 호러물 작가와 킹을 구별해서 생각하게 된 것은 두번째 작품인《살렘스 롯》(일본 내 개봉명: 저주받은 마을)부터였다. 이 소설은 첫머리 몇 줄부터 '오호' 하고 감탄하게 만드는 밀도 높은 긴박감이 있었고, 결말은 여전히 어둡지만 뒷맛이 결코 나쁘지 않았다. 그리고 그다음 작품《샤이닝》으로 가면, 스토리가 제트코스터처럼 섬뜩함을 띠기 시작한다. 어어 하고 어리둥절해하는 사이, 킹은 문자 그대로 모던 호러의 왕(킹)으로 단숨에 뛰어올랐다. 그후로 킹의 소설은 거의 다 읽었다. 팬이라고 해도 좋을 정도다.

나는 원래 러브크래프트나 하워드의 소설을 매우 좋아했고 포 같은 작가보다 배울 점이 더 많다고 생각했기 때문에, 이른바 통속 괴기소설에는 상당히 점수가 후한 편이라고 생각한다.

그러나 내가 스티븐 킹의 소설이 재미있다고 느낀 이유는 그런 괴기적인 측면에서뿐만이 아니다. 내가 그의 소설에서 가장 재미있다고 느낀 점은 그것이 환기시키는 감정의 질이다.

자짓 간과하기 쉬운데, 괴기소설(호러 미스터리)에서 가장 중요한 요소는 독자를 얼마나 무섭게 만드느냐 하는 점이 아니다. 그저 단순하게 무섭게 만드는 글 정도는 솜씨가 조금 있는 작가라면 누구나 쓸 수 있다. 중요한 것은 그것이 얼마만큼 독자를 uneasy(불안)하게 만드느냐 하는 것이다. uneasy(불안)하면서도 uncomfortable(불쾌)하지 않은 것이 양질의 괴기소설이 갖춰야 할 조건이다. 이는 상당히 어려운 조건이다.

그러한 조건을 충족하려면 작가는 '나에게 공포란 무엇인가?'라는 개념을 확실하게 파악해야 한다. 그래야만 비로소 일급 괴기소설 작가가 될 수 있다. 스티븐 킹을 전후로 등장한 수많은 공포소설 작가들의 말로를 보면, 그 조건을 충족하는 일이 얼마나 어려운지 충분히 알 수 있지 않을까?

그에 비해 킹의 소설은 약간의 기복은 있을지라도 독자의 감정의 어떤 부분을 확실하고도 꾸준하게 자극한다. 그렇기 때문에 러브크래프트나 하워드의 소설을 계통적으로 읽어볼 가치가 있는 것과 마찬가지 의미에서 킹의 소설 역시 계통적으로 읽어볼 만하다. '스티븐 킹의 소설이 왜 무섭고, 왜 읽는 사람의 감정을 자극하고 불안하게 만드는가'라는 생각을 해보면서 우리는 스티븐 킹이 정의한 공포의 질을 알고, 나아가 우리 세계나 일상 속에 숨어 있는 내재적 공포를 밝혀낼 수 있기 때문이다.

물론 이러한 작업이 공포소설·괴기소설이라는 협의적인 장르에서만 가능한 것은 아니다. 공포는 모든 종류의 작품이나 퍼포먼스 속에 살아 숨쉬고 있다. 아마도 현대라는 시대에는 공포를 지우고는 의식을 표현할 수 없다고 생각할 정도다.

그렇지만 협의의 괴기소설이 그 협의성으로 인해 안에서 집중적으로 갖춘 공포(대부분의 경우 그것은 소설로서의 구축성·밀도를 희생으로 삼는다)는 다른 장르의 작품은 추구하지 않는 것이며, 그것은 우리에게 자주 공포라는 감정의 명확한 구조를 제시해준다. 시대에 구애받지 않고 통속적 괴기소설이 우리를 끌어당기는 이유가 바로 거기에 있다. 우리는 자기 안에 있는 불안을 불쾌하지 않은 형태로 명확하게 밝혀주기를 원하며, 그러한 욕구를 충족시키는 데는 이른바 '순수문학적' 문학성이 반드시 필요한 것은 아니다.

스티븐 킹이 말하는 공포는 한마디로 '절망'을 담보로 한다. 스티븐 킹 소설의 등장인물들은 절망의 그림자를 두려워하면서 어떤 잠정적인 가치관을 바탕으로 구원이 내재된 삶을 추구한다. 그것은 대부분의 경우 남녀의 사랑이나 가정이다. 처음에는 그것이 제대로 기능하는 것처럼 보인다. 그러나 절망은 늘 거역할 수 없는 초자연적인 힘으로 그들 위에 쏟아져내린다. 사랑으로도 그 힘을 제지할 수 없다. 왜냐하면 그들의 몸에는 이미 태어날 때부터 '절망'이라는 각인이 찍혀 있기 때문이다. 뒤집어 말하면 그들은 절망이라는 '구원의 부재'를 통해서만 사랑을 말할 수 있는 셈이다.

예를 들어 《살렘스 롯》의 남자와 소년은 흡혈귀로 변한 연인을 죽이고 부모를 죽임으로써 잠정적인 사랑을 자기 안에 간직한다. 《샤이닝》에서는 아버지를 죽임으로써, 《저주받은 천사》에서는 세상을 다 불살라버림으로써, 《죽음의 지대》에서는 반대로 스스로를 희생해 세계를 구함으로써, 《애완동물 공동묘지》에서는 더는 구원이 없다는 것을 알면서도 죽은 아기를 재생시키고 절망 속에서 죽음을 선택함으로써, 그곳에 사랑을 붙잡아두려 한다. 거기서 구원이라고는 털끝만큼도 찾아볼 수 없다. 그럼에도 그들은 역설적으로 사랑을 말한다. 킹의 소설이 불안하면서도 불쾌하지 않은 이유는 분명 거기에 있다.

또 한 가지, 그가 말하는 절망이 나의 공감을 환기시키는 이유는 동시대성에서 비롯되는 것 같다. 연령적으로도 그와 나는 같은 세대에 속한다. 그와 나는 십대 대부분을 극적으로 가치가 전환하는 1960년대 속에서 보냈고, 카운터컬처를 경험했으며, 정치적 반란의 한가운데 있었고, 1970년대에는 침묵을 강요당했다. 그러므로—라는 건 아니지만, 나는 그가 공포와 절망이라는 필터를 통해서만 스스로를 이야기하고 사랑을 말할 수밖에 없는 심정을 충분히 이해한다. 그의 공포가 반권위·반부권이라는 형태를 빌려 이야기되는 것도, 그 잠정적인 행복이 압도적이기까지 한 어둠의 힘에 짓눌려가는 과정도, 은유와 같은 중간적 인식 없이 생리적으로 공감할 수 있다. 그러나 이것은—공감이란 대체로 그런 것이지만— 개인적인 감정이입이다. 스티븐 킹은 '스티븐 킹=괴기소설'이라는 편견에서 벗어난 영역에서 좀더 많이 논의되어야 마땅하며, 또한 그는 틀림없이 그런 대우를 받을 가치가 있는 작가다.

팀 오브라이언이
프린스턴 대학을
찾은 날

• •   • • •   •   •

⟨에스콰이어⟩ 일본판에 내가 번역한 단편소설의 소개글로 실은 내용입니다. 1993년 10월호에 게재. 그후로는 오브라이언 씨를 만나지 못했습니다. 왜 그런지 가는 곳마다 엇갈리는 상황이라 좀처럼 만날 수가 없었습니다. 조만간 어디서든 만나뵙고, 무릎을 맞대고 느긋하게 얘기를 나눠보고 싶습니다만.

雜文集

몇 달 전 내가 프린스턴 대학에 있을 때, 팀 오브라이언이 때마침 자기 작품을 낭독하러 왔다. 오브라이언은 낡은 스포츠 셔츠에 야구 모자를 쓴 상당히 편한 차림으로 연단에 서서(방망이만 둘러메면 그야말로 어느 작은 동네의 소년야구팀 코치처럼 보이겠지만) 도무지 마음이 안정되지 않는 듯이 주위를 둘러보고는 신작 장편의 일부를 낭독하기 시작했다. 그 모습을 보면서 그런 '아이비리그 영문과' 같은 분위기에 그 사람은 분명 익숙하지 않구나 생각했다. 솔직히 나 역시 그런 데 별로 익숙하지 않기 때문에 그의 불편함은 충분히 이해가 갔다. 이유는 알 수 없었지만 오브라이언은 결국 처음부터 끝까지 단 한 번도 야구 모자를 벗지 않았다. 그것 역시 프린스턴 대학이 추구하는 태도라고는 할 수 없을 거라는 생각이 들었다.

낭독이 시작되기 전에 작가 메리 모리스(그녀는 그 무렵 영문과에서 창작 수업을 맡고 있었다)가 내게로 와서 "낭독 후에 영문과가 주최하는 저녁식사 모임이 있으니 당신도 꼭 참석하세요. 팀을 소개해줄 테니까"라고 말했다. 메리는 보스턴 시절에 오브라이언과 꽤 친하게 지냈다. 영문과 주최 저녁식사 모임이라니 아무래도 식욕이 나지는 않았지만, 오브라이언과 얘기를 나눌 수 있다는 생각에 큰맘 먹고 얼굴을 내밀기로 했다.

저녁식사 자리에서는 조이스 캐럴 오츠가 줄곧 오브라이언의 옆자리에 앉아 그를 에스코트했다. 그리고 식사하는 동안 무슨 얘기인지는 모르겠지만 둘이서 오래도록 소곤소곤 이야기를 나눴다. 메리는 "조이스가 왜 저렇게 저 사람이랑 열심히 얘기를 나누는 거지(대화가 통할 리도 없는데……)"라며 내게 투덜거렸다. 그런데 잠시 후 조이스가 마침내 다른 사람과 대화를 시작하자 메리가 나에게 오브라이언을 소개했다. 우리는 그의 소설의 일본어 번역이나 지금 쓰는 장편에 관련된 이야기를 나눴다. 대화해보니 오브라이언은 으스대거나 점잔을 빼는 것과는 거리가 먼 '소년 같은 소탈한 아저씨' 느낌의 사람이었고, 그 역시 별로 식욕이 없다는 것을 표정으로 짐작할 수 있었다. 있을 리가 없겠지. "오늘 밤은 여기서 묵으시나요?"라고 묻자, "아뇨, 자동차로 보스턴으로 돌아갈 겁니다"라는 대답이 돌아와서 나는 적잖이 놀랐다. 그도 그럴 것이 이미 밤 10시가 넘었고, 프린스턴에서 보스턴까지라면 족히 다섯 시간은 걸리기 때문이다. 보스턴에 도착하면 새벽 3시가 되는 셈이다. "아니 왜……"라고 물어볼까 하다가, 아무래도 본인에게는 당연한 일인 듯해서 차마 물어볼 수 없었다.

바흐와
오스터의
효용

● ●　　　　　●● ●　　　　　　●　　●

잡지 〈신초〉의 1994년 5월호에 실린 글입니다. 폴 오스터의 어떤 책에 관한 서평입니다만, 어떤 책이었는지는 기억나지 않습니다. 아마 시바타 모토유키 씨가 번역한 책이었던 것 같습니다. 《달의 궁전》이었나? 그 당시에 오스터는 일본에서 지금처럼 주목받지는 못했습니다. 그래서 나는 이 글에서 오스터라는 작가의 전체상에 관해 말했습니다. 지금도 오스터 씨의 작품에 대한 나의 인상은 별반 다르지 않습니다.

워드프로세서나 컴퓨터 같은 기계를 들이기 전, 그러한 문필 관련 산업혁명이 내 서재를 화려하게(까지는 아니지만) 석권하기 전 시절의 나는 물론 만년필이나 볼펜으로 글씨를 썼다. 오른손잡이인 나는 오른손에 필기구를 쥐고 왼손으로 원고지를 누르며 부지런히 빈칸을 채워나갔다. 그것은 그것대로 썩 나쁘지 않았다고 생각한다. 모든 원리가 단순하고 명쾌했다. 메모리 확장이니 폰트 제거니 하며 이것저것 골치를 앓을 필요도 없었다.

　그러나 거기에는 한 가지 큰 장해가 있었다. 왼손에 부여된 노동에 비해 오른손의 노동이 너무 많다는 것이다. 일일이 따져볼 필요도 없겠지만, 원고지를 단단히 누르는 것보다는 글씨를 쓰는 쪽이 훨씬 고되다. 따라서 장편소설에 집중할 때는 나도 모르는 사이 몸의 균형이 무너지고 만다. 다행히 여태까지는 한 번도 어깨가 결린 적이 없지만, 그런데도 왠지 모르게 신체가 비뚤어진 것 같은 느낌이 든다. 그럴 때면 매일 체조를 했지만, 체조 정도로 풀리지 않으면 피아노 앞에 앉아 바흐의 '2성 인벤션'을 쳤다. 말은 이렇게 하지만 내가 피아노를 침내 할 만큼 잘 치지는 못한다. 옛날에 배웠던 기억을 떠올리며 더듬더듬 악보를 따라갈 뿐이다. 그런데도 어느 정도 효과가 있었다. 혹시 똑같은 증상으로 고민하는 분이 있다면 한번 시도해봐도 좋을 것이다. 확실히 효과가 있다.

　잘 아시겠지만, 바흐의 인벤션은 왼손과 오른손을 완전히 균등하게 움직이도록 설정되어 있다. 그 점에 관한 한 정말이지 신기하리만치 철저하다. 따라서 글을 쓰기 전까지 나는 이 악곡집이 본질적으로 피아노 기교를 습득하는 예술적인 고급 매뉴얼 같은 것이라 생각했다. 그러던 어느 날, 그것이 인간의 신체 그리고 그 신체와 연결된 정신의 불균형을 치유하기 위해 바흐라는 희유의 천재가 만들어낸 장절한 소우주라는 사실을 깨달았다. 그래서 나는 원고를 쓰다가 지치면 피아노 앞에 앉아 악보를 더듬어 연습하며, 숨이 멎을 듯 좌우가 대칭을 이루는 우주에 기분 좋게 몸을 내맡긴다. 바흐라는 사람은 천재일지 모르지만, 아무래도 상당한 괴짜였을 것 같다.

내가 처음 폴 오스터의 소설을 읽었을 때도 대체로 이것과 비슷한 느낌이었다. 그러니까 신체 균형을 위해 인벤션을 치며 느꼈던 것과 같은 종류의 기분을 오스터의 책에서 발견한 것이다. 그리고 그런 인상이 그의 작품을 거듭해 읽어나가면서 점점 더 강렬해졌다. 어떤 경우에 그것은 독서라기보다 오히려 재활의학에 가깝다는 생각마저 들었다.

얼마 전에 개인적으로 폴 오스터를 만났을 때, 나는 그것에 관해 물어보았다. 당신의 소설에서 음악적, 기악적으로 정밀하게 구축된 인상을 받았는데, 당신도 악기를 연주합니까. 그가 답했다. 아니, 악기는 연주하지 않아요. 그리고 덧붙였다. 하고 싶긴 한데 안타깝게도 다룰 줄 모릅니다. 하지만 충분히 그런 인상을 받을 수도 있을 것 같아요. 글을 쓰면서 나는 늘 음악이 존재를 강하게 느끼니까.

  나도 내가 받은 인상이 아마도 맞을 거라 생각한다. 거기에는 정말 뭔가 치명적일 정도로 음악적인 무언가가 있다. 만약 그의 소설 속에 사변이 있다면, 메시지가 있다면, 그것은 매우 음악적인(다시 말해 매우 기호적인) 사변이며 메시지일 게 틀림없다. 폴 오스터의 작품을 읽는 즐거움은 그러한 순수한, 어떤 의미에서는 물리적인 기악성에 몸을 내맡기는 데 있지 않을까 생각한다. 적어도 나는 개인적으로 그렇다. 마실 것을 들고 소파에 앉아서는 폴 오스터 신작 소설의 첫 페이지를 들춰 앞으로 다가올 무언가를 기다린다. 그것은 틀림없이 다가온다. 바흐 인벤션 악보의 어디를 펼쳐도 유감없이 그 효과를 발휘하는 것처럼.

  그러나 물론 바흐 인벤션이 구조적 개념만으로 성립되어 있지 않듯이 오스터의 소설 또한 구조적 개념만으로 성립된 것은 아니다. 바흐와 오스터가 창작자로서 실로 걸출한 점은 그 '그릇'과 그 속에 담긴 '내용물'이 표리일체하다 해도 좋을 만큼 강력하고도 필연적인 상관관계를 가졌다는 것이다. 그의 소설 안에 강박적으로 반복해서 나오는 등장인물의 이름을 둘러싼 네임게임, 정체성의 등가호환성, 씨실 모티브의 혈연, 날실 모티브의 끊임없는 공간 이동, 그들 모티브의 연결 가능성을 끝없이 확대하는 우연성(찬스), 제시된 하나의 원칙을 추구하는 압도적으로 광신적인 열의, 그리고 그 끝에 있는 순수 사고에 대한 동경. 이런 요인은 오스터가 자아내는 이야기의 주요한 소재인 동시에 그 이야기를 자유자재로 수용하는 구조를 구축하는 성질에 관한 언급이기도 하다. 우리는 그가 내보이는 매혹적인 이야기(선율)를 따라가면서 저도 모르는 새에 저절로 소설 자체의 대위법적 태내순례*를 할 수 있는 것이다. 흡사 봄날 오후 툇마루에서 귀 파기 명인에게 귀를 내맡기고 있는 듯한 기분 좋은 이 느낌은, 이렇게 말해서 좀 뭣하지만 아는 사람은 알지 않을까.

소설 내용에 관해서는 여기에 굳이 많이 쓰지 않겠다. 일일이 설명할 필요도 없이 읽으면 알게 될 재미있는 이야기고, 사실 나도 아주 잘 썼다는 말밖에 달리 할 말이 없다. 오스터라는 작가의 소설에 기복이 있는지 어떤지 나는 잘 모르겠지만(정확한 의미에서는 없는 것도 같다), 개인적으로 이번에도 지난번 못지않게 아주 즐겁게 읽었다. 그리고 물론 늘 그렇듯이 육체적인 효용도 있었다. 여하튼 대단한 일이지 않은가? 나는 단연코 대단하다고 생각한다.

---

* 속세의 때를 벗고 정화하기 위해 큰 불상의 몸속이나 자연의 동굴을 빠져나가는 참배 방식. 어머니의 태내로 돌아가 다시 태어난다는 의미가 깃들어 있음.

그레이스 페일리의 중독적인 '씹는 맛'

분게이슌주에서 발간하는 〈책 이야기〉라는 간행물에 실은 글입니다. 1999년 6월호. 내가 그레이스 페일리의 《마지막 순간의 엄청난 변화》라는 소설집을 번역했는데 그 책이 출간될 때 썼습니다. 그의 작품은 약간 손대기 힘든 면이 있습니다만, 그래도 찬찬히 읽다보면 정말로 생기 넘치고 재미있는 소설의 세계가 펼쳐집니다. 페일리만이 만들어낼 수 있는 특별한 세계. 꼭 한번 읽어보시기 바랍니다.

雑文集

미국의 베테랑 여류작가 그레이스 페일리의 소설이 지금껏 일본에서 정리된 형태로 출판된 적이 한 번도 없다는 사실은 조금 의외이기도 하지만, 그와 동시에 '뭐 하긴, 그럴 만도 하지'라는 생각도 들어서 꽤나 미묘하다. '의외'라는 이유는 그레이스 페일리가 미국 문학계에서 지극히 높게 평가받는 작가이며, 그런 수준의 작가가 일본에 소개되지 않은 것은 아무리 생각해도 부자연스럽다는 뜻이다. 그런데 한편으로 '뭐 하긴, 그럴 만도 하지'라는 까닭은 페일리 씨의 문체나 내용이 상당히 독특하기 때문이다. 번역하는 사람도 그것을 읽는 독자도 페일리 씨의 작품과 마주할 때는 약간의 각오가 필요하다. 그 정도로 독특함과 '씹는 맛'이 있는 소설인 셈이다. 일본 작가로 비유하자면…… 하고 생각해봤지만, 일단 떠오르는 사람이 한 명도 없다.

그레이스 페일리는 1922년에 러시아에서 건너온 유대계 이민자의 딸로 뉴욕 시의 서민동네에서 태어났다. 부모의 영향으로 유대인이라는 민족적 정체성을 지극히 의식하고 있으며, 오랜 세월에 걸쳐 우익 편에서 적극적으로 정치활동에 가담해왔다. 또한 두 아들을 혼자 힘으로 길러낸 강인한 어머니이면서 동시에 최근에는 페미니즘 운동에도 깊이 관여했다. 게다가(라고 표현하면 좀 그렇지만, 죄송합니다) 시인이기도 하다.

됐어, 그런 작가의 소설은 읽고 싶지 않아, 라고 당신은 말할지도 모른다. "그야말로 순수문학이잖아"라며, 그 마음을 나도 모르지는 않는다. 하지만 읽어보면, 작품이 말도 안 되게 재미있다.

그레이스 페일리의 이야기와 문체에는 한번 빠져들면 이제 그것 없이는 못 견딜 것 같은 신비로운 중독성이 있다. 거칠면서도 유려하고, 무뚝뚝하면서도 친절하고, 전투적이면서도 인정이 넘치고, 즉물적이면서도 탐미적이고, 서민적이면서도 고답적이며, 영문을 모르겠으면서도 알 것 같고, 남자 따윈 알 바 아니라면서도 매우 밝히는, 그래서 어디를 들춰봐도 이율배반적이고 까다로운 그 문체가 오히려 사랑스러워서 견딜 수 없게 되어버린다. 그 문체는 그녀의 명백한 특징이자 서명이며 흉내내려 해도(그런 생각을 하는 사람이 실제로 있을 것 같진 않지만) 누구도 흉내낼 수 없다.

그런 까닭으로 그녀의 소설에 열광하는 팬이 많다. 나는 몇 년 전쯤에 뉴욕에서 열린 그녀의 낭독회에 참석했다가 회장의 뜨거운 열기에 압도당한 경험이 있다. 당시 그곳을 가득 메운 청중은 대부분 여성이었다.

나는 낭독회가 끝난 뒤에 페일리 씨와 만나 잠깐 얘기를 나눴는데, 아주 시원시원하고 소탈한 아주머니 같았고, 고상한 동부의 '마님 작가'라는 이미지와는 거리가 멀었다. 몸집이 작고 머리는 눈처럼 새하얗고 눈빛은 날카로웠는데, '노익장'이라는 말이 딱 어울렸다. "아하, 그래요, 당신이 번역하는구나. 으음, 힘내세요"라며 들고 간 책에 사인을 해주었다. 전설적인 작가라거나 아우라가 어떻다거나 하는 면모는 전혀 없는 사람이었다. 나는 매우 호감을 느꼈다.

페일리의 어조에서 가장 뛰어난 부분은 유머 감각이다. 아무리 어둡고 심각한 내용에서도 왠지 무심코 웃음이 흘러나오는 부분이 있다(실제로 낭독회장은 자주 웃음바다가 되었다). 그녀의 유머는 이른바 뉴요커의 해학으로, 진지하기 이를 데 없는 표정으로 살짝 비튼 이상한 말을 재빨리 던지고는, '아니, 딱히 상관은 없어. 알든 모르든' 하는 식으로 수줍은 듯 얼른 다음 화제로 넘어간다. 이런 부분은 유대계 뉴요커인 우디 앨런의 어조와도 다소 공통점이 있을지 모르겠다. 웃기면서도 그 뿌리는 매우 고지식하고 진지하다. 하지만 도회인은 그 진지함을 훤히 드러내는 것을 부끄러워한다. 그 지점에서 어떤 방식으로 표리의 리듬을 취하는가 하는 것이 말하자면 페일리의 진면목인 동시에 번역에서 그 맛을 살리기가 매우 어려운 부분이기도 하다. 내가 지금까지 했던 번역 중에서는 '난이도 넘버원'이라 해도 무리가 아닐 것 같다. 완성까지 시간이 아주 많이 걸렸다. 그러나 보람되고 굉장히 즐거웠다.

페일리 씨는 어쨌거나 전설적이라 할 만큼 작품을 적게 발표하는 작가로 1959년에 첫 단편집을 낸 후 사십 년 동안 단 세 권의 단편집밖에 발표하지 않았다. 열성적인 독자는 그것을 소중하게 숙독하고 맛을 완전히 이해하고자 노력하는데, 질 좋은 오징어를 씹듯이 몇 번이고 몇 번이고 곰곰이 맛을 음미하는 것과 같다. 《마지막 순간의 엄청난 변화》는 그녀의 두번째 소설집으로 1974년에 발표되었다. 그렇지만 지금 읽어도 전혀 오래된 느낌이 없다.
　나는 특히 소설을 좋아하는 여성들에게 이 단편집을 추천하며, 물론 남성 독자들에게도 마찬가지다. 틀림없이 즐길 수 있을 것이다(나도 남성이지만 즐겁게 읽었다). 나는 앞으로도 그녀의 단편집을 계속 번역할 생각이지만, 다음 책의 완성까지는 아직 시간이 한참 더 걸릴 듯하니 한동안은 이 책을 찬찬히 음미해주었으면 한다. 원서가 가진 '질 좋은 오징어' 같은 맛이 번역 속에서도 여전하다면 기쁘겠지만.
　(무라카미 주 : 내가 이 원고를 쓰고, 2007년 그레이스 페일리가 세상을 떠났다.)

레이먼드
카버의
세계

아사히 신문사에서 발행하는 무크지 〈세계의 문학 39〉에 수록된 글로, 2002년 2월에 간행되었습니다. 레이먼드 카버에 관해서는 여러 지면에 꽤 많은 글을 썼지만, 이 정도 길이로 '인물 소개' 같은 형식으로 쓴 것은 이때가 처음이었던 것 같습니다. 카버에 관해서는 쓰고 싶은 얘기가 아주 많지만, 일단 조금이라도 많은 분이 그의 작품을 읽었으면 하는 것이 솔직한 심정입니다.

레이먼드 카버의 작품을 처음으로 번역한 것은 1983년이었다. 〈발밑에 흐르는 깊은 강〉(1975년 발표)이라는 단편소설이었다. 우연히 어느 선집에 수록된 그 작품을 읽고 '이건 대단한 소설이다'라고 감동하고는 조바심을 내며 단숨에 번역해버렸다.

그리고 그 이듬해에 워싱턴 주 올림픽 반도에 있는 그의 집을 방문해서 직접 대화를 나누었다. 당시만 해도 그의 작품을 하나도 빠짐없이 내 손으로 번역하게 될 줄은 꿈에도 몰랐지만.

생각해보면 그후로 레이먼드 카버를 둘러싼 상황도 완전히 급변했다. 1980년대 초에는 아마 미국인 대부분이 그의 이름조차 들어보지 못했을 것이다. 그러나 만년에 이르러 그는 서서히 문학적으로 높은 평가를 받게 되었고, 폐암으로 고작 쉰 살이라는 젊은 나이에 세상을 뜨면서 그의 이름은 신화적인 울림까지 내포하게 되었다.

또한 그로부터 몇 년 후에는 일부에서(뭐, 대강 예상된 일이긴 했지만), 그 반대의 움직임도 일었다. 그러나 아주 공정하게 보자면, 레이먼드 카버가 미국 단편소설의 계보 안에서 확고하고도 독자적인 위치를 획득해낸 뛰어난 작가라는 점은 부정하기 어려울 것이다.

그의 이름은 미국 문학사에서 공적에 걸맞은 공간을 메울 것이며, 그가 남긴 육십오 편에 달하는 단편소설 가운데 적어도 반 정도는 고전으로 오래오래 꾸준히 읽힐 것이다. 위치는 대략 스타인벡과 콜드웰 사이쯤 되지 않을까, 하고 나는 지레짐작하고 있지만.

물론 카버가 천재적인 작가이긴 하지만, 아무리 봐도 천재 같은 면모는 없는 것 같았다. '나는 마음 내키는 대로 글을 쓴다. 아는 사람만 알아주면 그만이다'라는 식의 내려다보는 듯한 자세는 찾아볼 수 없었다. 그는 혼자서도 많은 이들에게 말을 건네기 위해, 혹은 스스로에게 더 깊은 얘기를 건네기 위해 평명하고 간결하며 일상적인 언어만으로 소설을 쓰고 또 시를 썼다. 그것이 작가로서 그가 취한 일관된 태도였다.

물론 그것만은 아니다. 그의 작품 여기저기에는 기묘하고 깜짝 놀랄 만한 비일상성이 깃들어 있고, 저도 모르는 새 터져나오는 열려 있는 유머 감각이 있다. 가슴을 찌르는 듯한 사실성이 있다. 일단 읽기 시작하면 정신없이 빠져들어 마지막까지 단숨에 읽도록 몰아가는 강력한 추진력, 그것이 바로 카버 작품의 특징이다. 이런 것은 역시 타고난 '재능'이라 부르지 않을 수 없다.

그는 오리건 주의 시골 마을에서 가난한 제재소 직공의 아들로 태어나 문화적 세련과는 전혀 인연이 없이 성장했다. 고교 시절의 연인과 십대에 결혼해, 어린 자식들을 품에 안고는 하루하루 생활에 쫓겨, 인생에 대한 환멸을 어렴풋이 느끼며 살아가는 와중에 차츰 문학에 눈뜨게 되었다.

  그의 인생 전반은 고난과 실망으로 가득 차 있었다. 실업을 경험하고, 알코올에 빠지고, 파산선고를 받고, 아내와 자식들이 떠나고, 친구들까지 멀리해서 인생의 밑바닥까지 추락했다. 그러나 그런 상황에서도 문학의 길은 포기하지 않았다. '나는 기껏해야 결국 미국의 서민이다. 미국의 서민으로서 나는 해야 할 이야기가 있다'는 긍지 같은 것이 작품세계 안에 선명히 깃들어 있다. 그것은 오랫동안 미국 문학에서 등한시해온 시점이었고, 그의 작품은 1980년대 미국 문학계에 신선한 활력을 불어넣게 되었다.

  제도적 언어나 필요 이상의 장식적인 형용은 모조리 걷어버리고, 그후에 얼마만큼 자기의 영혼을 '이야기'라는 형태로 정직하게 그리고 따뜻하게 토로할 수 있는가, 그것이 그가 문학적으로 지향한 지점이었다. 그렇기 때문에 카버는 "꼭 그렇게까지 할 필요는 없었을 텐데"라고 말하고 싶을 만큼 수없이 작품을 고쳐 쓰며 면밀하게 다듬었다.

  완성해서 이미 출간된 작품도 만족스럽지 않으면 또다시 거듭 손을 봤다. 그런 까닭에 번역자로서는 몇 가지 버전을 마주해야 하니 머리가 아프지만, 그럼에도 그의 자취를 검증할 때마다 '이 사람은 소설을 쓰는 데 한 치의 과장도 없이 진지했구나' 하고 감명받고 다시금 옷깃을 여미게 된다.

만나본 사람들이 하나같이 입을 모아 말하듯이 잘난 척하는 사람이 아니었다. 뽐내지 않는 소설을 쓰고, 뽐내지 않는 시를 쓰고, 뽐내지 않는 사람이었다. 그는 나중에 시인 테스 갤러거를 만나 같이 살았다. 술을 끊고, 생활을 건전하게 바로잡고, 그 스스로 '세컨드 라이프'라고 칭했던 조용한 환경에서 많은 뛰어난 작품들을 만들어냈다. 테스는 아직도 그의 서재를 옛날 그대로 보존하고 있다. 그의 타자기에는 아직도 새하얀 종이가 끼여 있다. 첫 줄을 하염없이 기다리듯이.

스콧 피츠제럴드

재즈 시대의 기수

앞서 소개한 카버에 관한 글과 마찬가지로 아사히 신문사에서 발행하는 무크지 〈세계의 문학 39〉에 수록되었습니다. 2000년 2월 간행. 미국의 현대문학을 소개하는 호였습니다. 피츠제럴드와 카버에 관한 글을 같은 지면에 싣는 것은 왠지 좀 희한한 조합인 듯하지만, 양쪽 다 좋아하다보니 어쩔 수가 없군요.

말하자면 스콧 피츠제럴드는 미국이라는 나라의 청춘기의 실로 아름다운 발로였다. 그 숨결이 공중에서 순간적으로 신화로 결정화한 것, 그것이 바로 피츠제럴드이자 그의 작품들이었다. 그는 미국이라는 나라가 가진 가장 나이브하고 로맨틱한 부분을, 그 영혼의 조용한 떨림을, 자연스럽고도 생명력 있는 언어로 선명하게 그려냈으며 아름답게 음영을 드리운 이야기의 형태로 표현해냈다.

1920년대의 미국은 시대의 이야기꾼으로 스콧 피츠제럴드라는 작가를 간절히 원했고, 그는 기꺼이 그 부름에 응했다. 절정기에는 모든 깃발이 그를 향해 나부끼는 것처럼 보이기까지 했다. 피츠제럴드의 이야기가 빚어내는 아름다운 음영이 결국 깊은 어둠으로 변하고, 작가 자신을 그 속으로 덜컥 삼켜버릴 줄은 누구도 예측하지 못했다.

1918년, 독일이 휴전조약에 조인하면서 제1차 세계대전이 종전되었을 때, 피츠제럴드는 군복이 아주 잘 어울리는 야무지고 잘생긴 소위였다. 그러나 막상 그 군복을 벗어던지자, 이렇다 할 장점이 없는 평범하기 짝이 없는 청년으로 돌아왔다.

재산도 없고 든든한 연줄도 없었다. 남들보다 많이 가진 것이라고는 높은 프라이드와 팽창된 에고 정도였다. 그는 성적 부진으로 프린스턴 대학을 중퇴하고, 별 볼일 없는 광고대리점에서 일자리를 얻어 별 볼일 없는 광고에 실릴 카피를 쓰게 되었다. 소설가로

대성하겠다는 꿈을 품고 오랜 세월 부지런히 작품을 썼지만, 원고를 들고 찾아간 출판사에서는 좀처럼 고개를 끄덕여주지 않았다.

그는 전쟁 중에 부임지인 앨라배마에서 알게 된 한 아름다운 아가씨를 사랑했다. '조지아 주와 앨라배마 주를 통틀어 감히 견줄 사람이 없는 미인'이라 불리며 승부욕 강하고 기가 센 재기 발랄한 젤다 세이어였다. 그녀도 피츠제럴드를 사랑했지만 안타깝게도 무일푼인 남자와 결혼할 마음은 전혀 없었다. 젤다는 아무 부족함 없이 유복하게 자란 남부 명문가의 딸이었고, 결혼해서 가난한 생활을 할 바엔 차라리 죽는 게 낫다고 생각했다.

그녀가 어느 자산가의 아들과 결혼해버리기 전에 어떻게든 빨리 유명해지고 큰돈을 손에 넣어야 한다……, 그는 오로지 젤다를 향한 간절함을 에너지 삼아 무아몽중으로 소설을 써나갔다. 그에게는 어쨌든 소설가가 되는 것 말고는 달리 길이 없었다. 그리고 물론 기적이 일어났다.

스크리브너스 사의 젊은 편집자 맥스웰 퍼킨스가 전력을 쏟아준 덕분에(회사 상부의 반대를 무릅쓰고) 마침내 완성한 그의 첫 작품을 가까스로 출판할 수 있게 되었다. 그리고 참신한 《낙원의 이쪽》(1920년)은 젊은 세대 독자들의 열렬한 공감을 얻어(또한 구세대에게는 큰 충격을 선사하면서) 압도적인 화제작으로 떠올랐고, 피츠제럴드는 하루아침에 문단의, 시대의 빛나는 총아가 되었다. 그리고 간절히 바랐던 대로 젤다는 스콧의 가슴으로 날아들었다. 동화 같은 이야기다. 아직 이십대 초반밖에 안 된 재기 넘치는 선남선녀. 신문에서는 두 사람을 '프린스 스콧과 프린세스 젤다'라고 불렀다.

때는 1920년, 미국은 미증유의 호경기로 들끓었다. 스콧은 점점 더 문명을 떨쳤고, 세상은 그들을 향해 문을 활짝 열어젖혔고, 입 다물고 가만있어도 돈이 주머니로 절로 굴러들어왔다. 미녀와 명성과 돈과 상류사회의 우아한 생활. 고향 미네소타에서 보낸 소년 시절부터 남몰래 가슴속에 품어왔던 '겨울의 꿈'이 하나도 빠짐없이 모두 현실이 된 것이다. 그것도 그의 예상을 훌쩍 뛰어넘는 규모로.

스콧과 젤다는 돈을 물처럼 쓰고, 젊음을 무기로 무궤도한 생활을 계속했다. 술을 마시면 예외 없이 엉망으로 취했고, 취하면 예외 없이 신문에 실릴 만한 일을 저질렀다. 지폐에 불을 붙여 담배를 피웠고, 정장을 차려입은 채로 플라자 호텔 분수로 뛰어들었다.
그는 화려한 도시생활을 소재로 계속해서 단편소설을 완성해나갔고(파티와 파티 사이사이에 거의 일필로 단숨에 단편을 썼다), 비싼 원고료를 받고 잡지사에 팔았다. 대부분 돈벌이 삼아 쓴 담백한 해피엔딩이었지만, 어느 잡지사들이나 그의 소설을 원했고 점점 더 높은 원고료를 제시했다.

그러나 인사라도 심혈을 기울였다고는 말하기 힘든 그런 '삯일'을 하는 와중에도 그는 거의 기적적이라 할 만한 완성도 높은 문학 작품을 완성해냈다. 구체적으로 말하자면, 한 다스쯤은 너끈히 마음을 흔들어놓는 완벽한 단편 그리고 장편《위대한 개츠비》—그 작품들은 지금도 여전히 미국 문학의 빛나는 금자탑으로 우뚝 솟아 있다.

《위대한 개츠비》를 읽고 감동한 젊은 날의 어니스트 헤밍웨이는 파리에서 피츠제럴드 부부를 만난 후, 친구에게 이런 말을 했다. 《위대한 개츠비》같은 훌륭한 작품을 쓸 수 있는 작가가 왜 제대로 앉아서 다음 작품을 집필하려 하지 않는지 만나보니 그 이유를 알겠더군. 헤밍웨이는 젤다가 그 모든 원흉임을 꿰뚫어본 것이다.

피츠제럴드 부부는 수중에 늘 목돈이 필요했고 마음껏 돈을 뿌려대는 화려한 생활이 필요했다. 스콧은 그런 생활을 유지하는 것이 젤다에게 자신의 능력과 존재 의의를 증명하는—아마도 유일하게 유효한— 수단이라고 생각했던 것 같다. 그런 긴장을 동반한 라이프스타일이 십 년간은 그럭저럭 유지되었고 유효하게 기능했다. 하지만 무너졌다.

1929년 대공황으로 미국의 꿈 자체가 무너져버린 것과 거의 동시에 스콧 피츠제럴드의 찬란한 신화 역시 그 정묘하고도 아름다운 빛깔을 급속도로 잃고 낡은 흙벽처럼 흐슬부슬 무너져내렸다.

雑文集

우리는 피츠제럴드가 남긴 작품들을 연대순으로 더듬어가면서, '겨울의 꿈'이 숙명적으로 붕괴하는 모습을 생생히 눈으로 확인할 수 있다. 아마 너무나도 생생한 환영은 너무나도 생생하게 무너지는가보다. 그 광경은 우리 마음을 아프게 한다.

1930년대라는 시대는 문자 그대로 피츠제럴드를 매장했다. 사람들은 뚱한 표정으로 들떠 지냈던 1920년대를 '과거'라는 어두운 서랍장에 밀어넣었다. 국민 대부분은 가혹한 경제적 곤경 속에서 미국의 새로운 라이프스타일과 미국의 새로운 가치관을 찾아내기 위해 각자의 장소에서 고투를 계속했다. 그리고 거기에는 피츠제럴드의 이야기가 파고들 여지가 없었다.

새로운 시대의 문학 영웅은 헤밍웨이였다. 그의 단호하면서도 건조한 문체와 강력한 목소리야말로 새로운 시대가 요구하는 것이었다. 피츠제럴드는 마흔도 되기 전에 이미 과거의 사람이 되어버렸다.

잡지는 그의 소설에 예전만큼 열의를 보이지 않았다. 원고는 자주 되돌아왔다. 신변에 무슨 일이 일어나고 있는지 그 자신도 제대로 이해할 수 없었다. 어쩌면 설령 이해했다 해도 이제 와서 문학의 방향을 바꿀 수 없는 노릇이었을 것이다. 피츠제럴드는 재능이 뛰어난 작가였지만, 요령이 좋은 작가는 아니었다. 그래서 실의에 젖어 술에 빠져들었다.

그러나 피츠제럴드가 훌륭한 작가라는 사실은 제아무리 현실에 가혹하게 시달려도 글에 대한 신뢰를 거의 잃지 않았다는 데서 확인할 수 있다. 가장 마지막 순간까지도 자신은 글을 씀으로써 구제되리라 굳게 믿었다. 아내의 발광도, 세간의 냉랭한 묵살도, 서서히 육체를 좀먹어가는 알코올도, 옴짝달싹할 수 없을 만큼 불어난 빚도 그 뜨거운 믿음을 앗아갈 수는 없었다.

그것은 글을 통한 구원을 믿지 못해 끝내 스스로 목숨을 끊은 옛 기숙사 친구 헤밍웨이의 운명과는 완전히 대조적이었다. 피츠제럴드는 죽음 직전까지 매달리듯 계속해서 소설을 썼다. '이 소설만 완성하면……' 하고 스스로를 타일렀다. '모든 것이 회복된다.'

새로 탄생할 작품이야말로, 그것을 만들어내고자 고투하는 자신의 영혼이야말로, 그를 이끌어주는 먼 등대의 불빛이었다. 마치 《위대한 개츠비》의 주인공인 불행한 제이 개츠비가 후미진 맞은편 물가에서 점멸하는 등대 불빛을 유일한 버팀목 삼아 오탁으로 가득한 세상을 열심히 살아가듯이. 반세기가 넘는 세월이 지난 지금도 수많은 독자가 피츠제럴드의 작품들에 열광하는 가장 큰 이유는 '멸망의 미학'이 아니라, 그것을 능가하는 '구원의 확신'임이 틀림없을 것이다.

소설보다
재미있다?

●　●　　　　　　●●　●　　　　　　●　　　●

숀 월시의 《아, 이 얼마나 멋진가!》를 굉장히 흥미롭게 읽고는 내가 신초샤에 추천해 번역 출판하게 되었습니다. 그래서 〈나미〉(2010년 1월호)에 내가 소개글을 쓰게 되었습니다. 숀은 그후 초대로 방일해 한껏 일본을 즐기고 갔습니다. 뭐, 좋았습니다. 아주 밝고 긍정적인 미국인이었습니다.

전에 미국의 문예지 〈맥스위니스〉와 긴 인터뷰를 한 적이 있다. 인터뷰는 이메일로 진행해서 직접 얼굴을 맞대고 하지는 않았지만, 그때 인터뷰어가 이 책의 저자인 숀 윌시였다. 그후 일 년인가 이 년쯤 지나서 나에게 책 견본이 도착했다. 흐음, 과연 어떤 내용일까 싶어 비행기 안에서 팔랑팔랑 넘겨봤는데, 너무 재미있어서 도저히 멈출 수가 없었다.

내가 가지고 있는 그 책에는 지금도 책갈피 대신 보스턴-세인트 폴 구간의 노스웨스트항공 티켓이 끼여 있다. 날짜는 2006년 5월. 꽤 긴 책이지만, 짧은 시간에 술술 읽은 기억이 난다. 왜 그렇게 열심히 읽었는가 하는 이유는 명확하다. ①아주 읽기 쉽고 ② 몹시 웃기고 ③그러면서도 너무나 애절한 이야기였기 때문이다. 그런 책이라면 얼마든지 술술 읽힌다.

이 책은 장르로 따지면 '메무아르*', 즉 픽션이 아니라 저자(1970년생)의 자전적 저작이지만, 읽다보면 '이게 정말이야?'라고 여겨지는 부분이 잇달아 고개를 쳐들어 픽션과 논픽션의 경계가 점점 흐릿해진다. 그래서 감탄을 금치 못하며 윌시 씨에게 "당신의 책을 읽고 있으면, 픽션이 아닌데도 마치 디킨스의 소설을 읽는 것 같았다. 아주 재미있었다"라는 메일을 보냈더니, 곧바로 "그렇게 기분 좋은 비평은 처음 들었다"라는 답장이 날아왔다. 그것은

* 회상이나 추억의 기록.

겉치레 인사말도 뭣도 아닌 나의 거짓 없는 마음이었다. '과연 어떻게 될까?' 하고 두근거리는 마음으로 책장을 넘기지만, 다 읽고 나서는 알싸한 인생의 애절함 같은 것이 느껴진다.

이 책을 간단히 설명하면, 대부호 아버지와 유명한 미인 칼럼니스트 어머니 사이에서 태어나 샌프란시스코의 저택에서 행복한 나날을 보내던 어린 숀이 부모의 갑작스러운 이혼으로 불행의 나락으로 추락하게 된다. 새어머니에게는 그야말로 전형적인 구박을 받고, 친아버지에게는 차갑게 무시당하는 생활이 이어진다. 친어머니는 사교와 평화운동에 여념이 없었고, 노벨 평화상을 향한 일념으로 아들을 감싸줄 여유 따윈 없었다. 숀은 미국 각지의 기숙학교를 이리저리 떠돌았는데, 여하튼 어디를 가나 괴롭힘을 당하거나 험한 꼴을 당하는 삶의 연속이었다. 성적은 급격하게 떨어져 스스로 자신감을 가질 수 없었고, 스케이트보드에 미치고 마약에도 손대는 바람에 수상쩍은 교정 시설과 소년원에까지 보내졌다. 전형적인 문제아, 낙오자였다……라고 쓰면 상당히 어두운 이야기일 것 같지만, 에피소드 하나하나가 너무 재미있어서 무심코 웃으며 빨려들고 만다. '어른들이 생각 없이 한 행동이 아이의 영혼에 얼마나 깊은 상처를 입힐 수 있는가'에 대한 예증으로도 귀중한 내용이라 생각한다.

책이 끝나갈 무렵에 이르러 그는 이탈리아의 특수시설로 가게 되고, 그곳에서 뜻하지 않았던 구원을 얻어 최종적으로는 그럭저럭 인생을 새롭게 시작할 수 있게 된다. 그 부분에서 그는 애독서인 《노르웨이의 숲》을 예로 들며 구원의 상황을 설명한다. 설마 내 책이 그런 곳에 나올 줄은 꿈에도 몰랐다. 그래도 솔직히 말하면, 그 책이 숀에게 어떤 도움을 준 것 같아 매우 기뻤다. 그 부분에 관련된 자세한 사항은, 윌시의 책을 직접 읽어주기 바란다. 한번 읽어볼 만한 상당히 평범하지 않은 책이다. 소설보다 재미있다……고까지 말하고 싶진 않지만.

단 한 번의
만남이
남긴 것

• •　　　•• •　　　　• •　•

카버 전집이 완결되었을 때, 잡지 〈주오코론〉의 의뢰로 쓴 글입니다(2004년 9월호). 큰 프로젝트를 일단락하자, 어깨의 무거운 짐을 내려놓은 것처럼 홀가분했습니다. 그러나 물론 그후로도 카버 관련 번역은 여러 형태로 계속하고 있습니다. 카버 작품(혹은 관련 책)의 번역은 나에게 거의 평생의 업이 되었습니다.

레이먼드 카버 전집을 주오코론신샤(그 당시는 아직 주오코론샤였지만)에서 간행하기 시작한 것이 1990년이니까 어느덧 십사 년 전의 일이다. 그보다 이태 전인 1988년, 레이먼드 카버는 쉰 살의 젊은 나이에 폐암으로 세상을 떠났다. 알코올의존증이라는 생지옥에서 간신히 탈출하고, 테스 갤러거라는 이해심 많은 반려자를 얻고, 작가로서의 엔진을 본격적으로 가동해 그때까지는 드러나지 않던 폭과 깊이를 갖춘 작품을 막 발표하기 시작했을 무렵이었던 만큼 독자들이 받은 충격은 대단했다. 나도 물론 충격받은 한 사람이었다. 맨 처음 뉴스를 접했을 때는 '카버가 더는 이 세상에 존재하지 않는다'는 실감이 도저히 나지 않았다. '어쨌든 그가 남긴 작품을 하나도 빠짐없이 내 손으로 번역해야겠다. 그리고 얼마쯤 후에 그것을 훗날까지 남길 수 있는 정리된 형태로 만들 수 있으면 좋을 텐데' 하는 생각이 머릿속에 떠올랐다.

나는 그때 이미 카버의 단편집 몇 권을 번역해 주오코론샤에서 출판했고, 전작이라 해도 대략 오륙 년 정도면 다 마칠 수 있으리라 가볍게 예상했는데, 막상 시작해보니 그리 손쉬운 작업이 아니었다. 레이먼드 카버는 상당히 많은 단편소설을 남겼고, 시나 에세이의 양도 예상보다 훨씬 충실했다. 그리고 개인 전집이라는 형태를 취하려면, 독자의 편의도 고려하여 카버 작품에 관련된 다양한 자료와 주변 기사, 문헌 등의 부속도 필요했다. 만인이 인정하는 걸작만이 아니라 젊은 시절의 습작, 미공개(엄밀한 의미에서는 완고라고 말하기 어렵다) 작품도 번역해야 했다. 마음에 드는 작품만 골라 편하게 하는 번역과는 근본적으로 달랐다. 개인적인 취향은 차치하고 레이먼드 카버의 총체적 세계를 정확하고도 객관적으로 정립해야 했다. 솔직히 심한 마음고생이 따르는 고된 작업이었다. 게다가 나는 본업이 소설가이므로 내 글을 쓸 때면 아무래도 번역 작업은 뒤로 미뤄지게 마련이었다.

이런저런 사정으로 전집을 마치는 데 무려 십사 년이나 걸렸다. 전7권으로 완간할 예정이 전8권으로 늘어난 사정도 있지만, 전집이 발행되는 대로 꾸준히 카버 작품을 읽어주신 독자 여러분에게는 죄송하기 그지없다. '너무 늦어, 기다리다 지쳤어'라고 꾸짖는 편지도 적잖이 받았다. "카버 전집은 대체 어떻게 됐나요?"라는 질문도 자주 받았다. 그때마다 변명하느라 식은땀을 흘렸지만, 이제는 가슴을 당당히 펴고 "전집이 무사히 완결되었습니다"라고 마침내 대답할 수 있게 되었다. 이제 더는 카버의 작품을 번역할 수 없다는 일말의 아쉬움이 있지만, '큰일 하나를 끝마쳤다'는 보람 찬 마음이 더 크다. 마침내 어깨의 큰 짐을 내려놓았다는 안도감도 있다. 동시에 내가 글을 쓰는 인간으로서 높은 산 하나를 넘어섰다는 기분도 든다.

돌이켜보면 나는 소설을 쓰는 데 도움받을 스승도 동료도 없었다. 스물아홉이라는 나이에 난데없이 소설을 쓰기 시작해 줄곧 혼자 써왔다. 천애고아라는 표현까지는 쓰지 않겠지만, 소설가로 상당히 고립되어 일해왔다. 물론 개인적으로 경애하고 가깝다고 느끼는 작가는 몇 명쯤 있지만, 그들은 모두 고인이 되었거나 훨씬 격이 높은 작가인지라 글을 통해 높이 우러러볼 뿐이다. 그러나 레이먼드 카버는 나보다 열 살 연상이어서 실제로 얼굴을 맞대고 이야기를 나누고 친교를 맺을 수 있었다. 잡지에 발표되자마자(과장된 표현을 허락하신다면, 잉크도 채 마르기 전에) 그 작품을 읽고 또 내 손으로 일본어로 번역할 수도 있었다. 그것은 내게 매우 귀중한 체험이었다. 아무래도 '스승'이나 '동료'라는 표현과는 느낌이 좀 다르지만, 나에게 카버는 이를테면 '시대를 동행하는 사람'이었다.

나와 카버는 작품도 다르고 문장 스타일도 다르다. 내가 장편소설을 중심으로 활동하는 데 비해 카버는 단편소설과 시를 전문으로 한다. 작가로는 공통점보다 차이점이 더 많을지도 모른다. 하지만 그럼에도 나는 카버라는 '동행하는' 작가를 얻어 큰 격려를 받았고 개인적인 온기도 느낄 수 있었다. 그것은 매우 귀중한 경험이라고 생각한다.

카버의 작품에서 가장 훌륭하다고 여겨지는 점은 소설의 시점이 절대 '땅바닥' 높이를 벗어나지 않는다는 것이다. 위에서 내려다보는 시선이 없다. 무엇을 보든 무엇을 생각하든 일단은 맨 밑바닥까지 가서 지면의 확고함을 두 손으로 직접 확인하고, 그로부터 조금씩 시선을 위로 올린다. 무슨 일이 있어도 절대 '잘난 척하는 소설'을 쓰지 않았다. 달변을 싫어하고, 요령을 싫어하고, 지름길을 싫어했다. 있는 것으로 대충 때우기를 철저하게 꺼렸다. 따라서 그가 쓰는 픽션은 대부분 '모조품'이 아니었고, 진정한 박진감을, 따뜻하고 깊은 마음과 폭넓게 확장되는 독자적인 풍경을 가졌다. 그의 작품은 단순한 편의적 리얼리즘을 넘어서는 고도의 리얼리티를 갖추고 있다. 실제로 손에 들고 만질 수 있는 영혼의 감촉이 있다. 나는 그의 작품 하나하나를 꼼꼼히 읽고 일본어로 옮기면서 다른 데서는 찾아보기 힘든 따스함과 감촉을 늘 생생하게 실감해왔다. 그러면서도 그의 작품에는 순수한 재미와 깜짝 놀랄 만한 초현실적인 기묘함이 넘쳐난다. 거기에는 늘 놀라움이 있다. 이야기가 앞으로 어디를 향해 어떻게 전개될지 대개의 경우 짐작조차 할 수 없다.

읽어보면 잘 아시겠지만, 카버는 이른바 '솜씨 좋은 소설'을 추구하지 않았다. 그가 쓰고자 한 것은 단 하나의 레이먼드 카버 이야기였다. 레이먼드 카버만이 포착해낼 수 있는 세상의 풍경을 레이먼드 카버만이 풀어낼 수 있는 어법으로 픽션에 담아 이야기하는 것. 레이먼드 카버가 레이먼드 카버로 존재하는 것이 때로는 고통스럽고 부끄럽고 죄 많은 일이었다. 한마디로 표현하면 고달픈 일이었다. 그러나 레이먼드 카버는 레이먼드 카버라는 화자를 얻음으로써 그러한 '고달픔'에서 일시적으로나마 벗어날 수 있었다. 그것을 픽션으로 상대화해 한 단계 위의 세계로 스스로를 끌어올린 것이다. 정리하자면 스스로를 조금은 구제할 수 있었다.

그렇기 때문에 레이먼드 카버는 살아 있는 내내 레이먼드 카버의 이야기를 필사적으로 줄기차게 써온 것이었다. 그리고 그가 스스로 조금이나마 구제함으로써 우리 역시(대부분의 경우) 아주 조금은 구제받을 수 있다. 그것이야말로 전세계 독자들이 그토록 열심히 그리고 꾸준히 카버의 작품을 읽는 이유 중 하나일 것이다.

내가 1984년 여름에 카버의 자택을 방문했을 때, 그의 반응은 '왜 굳이 나 같은 사람을?' 하며 의아해하는 느낌이었다. '일본에서 힘들게 방문할 만큼 대단한 인간이 아닌데'라고 말하고 싶어하는 것 같았다. 그런 면에서 더없이 겸허한 사람이었다. 나는 대작가다, 하는 기색이나 거드름은 전혀 찾아볼 수 없었다. '저어, 좀더 잘난 척하셔도 될 텐데'라고 오히려 이쪽에서 말하고 싶을 정도였다. 반면에 그가 쓰는 소설은 결코 겸허한 종류의 글이 아니다. 그의 작품은 우리 마음속으로 아무런 거리낌 없이 곧장 파고든다. 그렇다고 우리 독자들이 그로 인해 격한 고통을 느끼는 일은 없다. 오히려 그 고통 속에 깃든 일종의 온화함까지 느끼게 된다. 읽다보면 그것이 영혼에 필요한 긍정적인 추체험이며 재검증임을 자연스럽게 알아채기 때문이다.

이 사람은 신뢰할 수 있는 사람이다—소설로도 인품으로도, 라는 것이 그때 내가 레이먼드 카버라는 살아 있는 인간에게 받은 인상이었다. 말수가 적고, 안절부절못하고, 새우등을 점점 더 둥글게 말며 작은 목소리로 나지막이 말한다. 생각하는 데 시간이 걸린다. 이따금 우스운 말을 던지고는 수줍은 듯 빙긋이 웃고, 그러고 나서는 매우 심각하고 떨떠름한 표정을 짓는다. 대화중에 홍차를 턱없이 많이 마시고, 이따금 창밖으로 보이는 태평양을 눈이 부신 듯 바라보고……

레이먼드 카버의 전집을 마침내 완성하고 나서 가장 먼저 머릿속에 떠오른 것은 카버의 그런 생생한 모습이었다. 결국 한 번밖에 그를 만나지 못했지만, 그 단 한 번의 만남이 내 인생에 잊을 수 없는 깊은 온기를 남겼다.

고마워요, 레이.

기량 있는
소설

• •   • • •   •   •

스콧 피츠제럴드의 후기 대표작인 장편소설 《밤은 부드러워》(모리 신이치로 옮김, 흠샤)의 해설문입니다. 솔직히 이 작품은 언젠가 내 손으로 번역해보고 싶었습니다만, 안타깝게도 시간이 없어 거기까지는 힘이 닿지 않았고 새로 번역된 책(2008년 5월 출간)에 이렇게 글을 쓰게 되었습니다. 가슴에 사무치는 멋진 소설이니 꼭 한번 읽어보시기 바랍니다. 새로운 번역에 읽기도 편해졌습니다.

雑
文
集

내 주위에 있는 스콧 피츠제럴드 애독자들의 얘기를 들어보면, "피츠제럴드가 남긴 장편소설 가운데 질적으로 가장 뛰어난 것은 누가 뭐래도《위대한 개츠비》겠지만, 개인적으로 가장 마음이 끌리는 작품은《밤은 부드러워》인 것 같다"고 말하는 사람이 적지 않다.

솔직히 나도 그 의견에 동의하는 한 사람이다. 두 작품 모두 꽤 여러 번 읽었지만, 각 작품이 주는 인상은 오랜 세월이 흘러도 거의 변함이 없다.《위대한 개츠비》는 훌륭할 만큼 아름답고 또 완성도도 높다. 군더더기 없는 문체에는 자연스러운 화려함이 묻어난다. 한편《밤은 부드러워》는 훌륭할 만큼 (문자 그대로) 부드러우며, 영혼을 매혹하는 무언가가 담겨 있다. 스무 살 무렵부터 지금까지 두 작품에 대한 인상은 여기에 머물러 있다. 그 두 권의 소설은 마치 한 쌍을 이루듯 일정 거리를 유지한 채, 각각 내 정신의 조금 다른 영역에서 확고히 자리잡고 있다.

생각해보면—이 원고를 쓰기 전에는 그 점에 관해 별달리 깊이 생각해보지 않았지만— 이것은 매우 드문 예일지도 모른다. 책이란 읽는 연령에 따라 혹은 읽는 환경에 따라 그 평가가 미묘하게 변하고 오르락내리락하게 마련이다. 셰익스피어든 카프카든, 체호프든 발자크든, 소세키든 다니자키든, 독후감은 그때그때 상당히 달라진다. 다시 읽고 살짝 실망할 때가 있는가 하면, 새삼 재평가할 때도 있다. 같은 작가의 글이라도 A라는 작품이 B보다 뛰어나다고 생각했는데, 어느 시기를 경계로 B가 A보다 좋아지기도 한다. 그것은 소설뿐만 아니라 음악도 마찬가지다. 그런 추이 속에서 우리는 자신의 정신적 성장이나 변화를 읽어낼 수 있을지도 모른다. 정신적 정점을 외부에 두고, 그 정점과 자신의 거리의 변화를 가늠해봄으로써 자기가 설 자리를 어느 정도 특정할 수 있을 것이다. 그것 역시 문학 작품을 꾸준히 읽어나가는 즐거움 가운데 하나일 것이다.

그런데 《위대한 개츠비》와 《밤은 부드러워》라는 두 장편소설에는, 물론 내 경우에 그렇다는 말이지만, 흔들림이라는 게 전혀 없다. 북극성처럼 이쪽이 아무리 움직여도 위치 관계는 조금도 변하지 않는다. 하늘을 올려다보면 그 작품들이 늘 같은 자리에서 변함없이 밝게 빛나고 있다.

몇 년 전에 나는 《위대한 개츠비》를 번역했다. 한 권의 책을 번역한다는 것은 거기에 쓰인 한 글자 한 구절을 정밀하게 음미하는 일이며, 바꿔 말하면 그 작품 전체와 깊고 길게 몰입하는 일이므로 (남녀 관계로 비유하자면, 몇 년 같이 사는 느낌에 가까울지도 모른다), 작품과 자신의 관계에 뭔가가 작용하는 경우가 많은데, 《위대한 개츠비》의 경우에는 그런 일이 전혀 없었다. 아무리 바짝 다가서도 작품이 내게 주는 인상에는 약간의 미동도 없었다.

《밤은 부드러워》는 《위대한 개츠비》에 비해, 속된 표현을 쓰자면, 얼마간 '빈틈이 있는' 소설이다. 물론 완성도가 낮다는 뜻은 절대 아니다. 빈틈이 있다는 것은 그만큼 포용력이 깊어질 성장의 여지가 있다는 의미이기도 하다. 그렇기는 해도 거기에 위험 요소가 끼어들 여지 역시 있다. 문단속이 허술한 집에 수상한 사람이 숨어들 위험성이 있는 것처럼. 그러나 감히 말하건대, 그러한 위험 요소를 함께 엮어넣은 데, 혹은 수용한 데 이 작품의 독자적인 특징이 드러나며 작가의 기량이 묻어난다. 그런 틈새를 일단 이해하고 나면, 작품의 재미가 지그시 몸속으로 스며든다. 《위대한 개츠비》가 독자를 손안에 꽉 움켜쥐는 데 비해, 《밤은 부드러워》는 독자에게 '여지'를 많이 내주는 소설이라고 표현할 수 있을까.

《위대한 개츠비》는 말하자면 일필휘지로, 흘러넘치는 젊은 재능의 정점에서 완성해낸 '주피터'적인 작품이다(물론 본인은 무척 고생해서 썼겠지만, 기본적으로는 이렇게 말해도 상관없을 것 같다). 그에 비해 《밤은 부드러워》는 고달픈 상황에서 시들어가는 활력을 총동원해 꾸준한 노력 끝에 완성해낸 작품이다. 피츠제럴드는 아직 보통 사람이라면 그야말로 한창 일할 삼십대 후반이었지만 아내의 발광과 알코올 중독, 하락하는 작가적 평가와 궁핍한 생계, 그리고 깊어져만 가는 자기 연민 속에서(그는 '나는 몇 가지 기교를 터득한 문학적 창부에 불과하다'라고 쓰고 있다) 그는 그 작품을 끝까지 쓰기 위해 예사롭지 않은 기력을 일깨워야만 했다. 그는 스스로 나이가 아주 많이 들어버렸다고 느꼈다. 생활을 유지하기 위한 삯일을 하는 데 쫓겨 작품을 완성하기까지는 오랜 시간이 필요했다.

그래서 《위대한 개츠비》가 아주 자연스럽게 뛰어난 균형성을 유지하는 데 비해 《밤은 부드러워》는 개축에 개축을 거듭한 오래된 건물을 연상시키는 면이 있다. 다양한 현실적인 사정으로, 이쪽에는 다시 꾸미고 저쪽에는 덧붙였으며, 지나친 부분이 있는가 하면 부족한 부분도 있기 때문에 여기저기서 미묘하게 균형이 무너진다. 새로운 곳과 오래된 곳의 소재가 원만하게 맞물리지 않을 때도 있다. 여닫이 상태가 삐걱대는 곳도 적잖이 눈에 띈다. 그러나 실제로 안에 발을 들여놓으면, 그 건물은 뜻밖에도 편안함을 선사한다. 빛은 온화하고 공기는 차분하며 가구 배치도 낯설지 않고 의자는 몸에 꼭 들어맞는다. 계단이 삐걱거리는 소리마저 정겹다. 그 공간은 늘 포근하게 우리를 받아들여준다.

피츠제럴드 자신도 이 작품에 강한 애착과 확신을 가졌다. "혹시 《위대한 개츠비》가 당신 마음에 들었다면"이라고 누군가에게 쓴 《밤은 부드러워》 헌정문에서 그는 다음과 같이 덧붙였다. "이 소설도 꼭 읽어봐주십시오. 《위대한 개츠비》는 tour de force(역작)이지만, 이것은 confession of faith(신앙고백)입니다."

그러니까 피츠제럴드는 《위대한 개츠비》는 잘 만들어진 걸작이지만, 《밤은 부드러워》에는 피츠제럴드라는 인간이 그대로 깃들어 있다고 말하고 싶었던 것이다. tour de force라는 말에는 '내용보다는 고도의 기술에 무게중심이 있다'는 의미가 포함되어 있다. 그러나 《밤은 부드러워》는 그와 달리, 정신적으로 그보다 한 단계 위에 있는 작품이다, 라고.《위대한 개츠비》를 단순한 '역작'으로 자평하는 것은 지나치게 엄격하다는 생각이지만,《밤은 부드러워》가 일종의 '신앙고백'이라는 발언에는 '분명 그 말이 옳다'고 우리도 동의할 수밖에 없을 것이다. 고백이라는 형식(혹은 인식)은 피츠제럴드가 가톨릭 신자로서 언젠가 도달해야 할 하나의 중요한 지점이었다.

그리고 또한 우리는 그런 저자의 자부에도 불구하고《밤은 부드러워》가 발표 당시에 변변히 팔리지도 않고(판매부수는 만삼천을 기록했다), 세간의 주목도 받지 못하고, 일부의 호평이 있긴 했지만 그다지 화제가 되지도 못했다는 사실을 알고 있다. 당시 스콧 피츠제럴드는 이미 과거의 사람이었다. 사람들은 이제 그의 이야기나 문체에 눈길조차 주지 않았다. 대공황의 도래는 제1차 세계대전 이후 호경기에 들떠 있던 사람들의 정신 구조를 완전히 바꿔놓았고, 1920년대의 문화를 과거의 것으로 밀쳐버렸다. 그리고 스콧 피츠제럴드의 이름은 1920년대를 대표하는 '유물'의 상징이 되었다. 사람들이 원하는 것은 강인한 정신과 신선한 혁신이었고, 어니스트 헤밍웨이가 그 시대가 찾는 문화적 영웅 중 한 사람이었다. 그의 힘차고 딱딱한 문체는 문자 그대로 한 시대를 풍미했다.

헤밍웨이는《밤은 부드러워》라는 작품을 일독하고, '나쁘진 않지만 자기 연민이 많고 훌쩍거리는 느낌'이라고 평했다. 그리고 그 감상을 거의 그대로 써서 피츠제럴드에게 편지를 보냈다. 언뜻 정직하고 솔직하게 느껴지는 그 문장의 이면에는 시대의 총아가 '과거의 사람'을 내려다보는 자세가 숨겨져 있었다. 피츠제럴드는 선배 작가로서 거의 무명이었던 헤밍웨이를 스크리브너스사 편집자에게 소개하는 수고도 마다하지 않았지만, 이때 헤밍웨이는 한 계단 높이 서서 작가 본연의 자세에 관해 피츠제럴드에게 제법 훈계를 내렸다. 그의 편지는 그렇잖아도 위태위태했던 피츠제럴드의 마음에 심한 상처를 입혔고 점점 더 자신감을 잃게 만들었다. 그래서 피츠제럴드는 상당히 유쾌한 야유를 남겼다. "어니스트는 아무래도 사다리 꼭대기에 있는 사람에게 손을 내미는 게 특기인 것 같다."

그러나 소설 《밤은 부드러워》는 발표한 지 칠십 년이 지난 오늘날까지도 굳건하게 살아남았다. 미국의 어느 서점에 가더라도(만약 그곳이 건실한 서점이라면) 《밤은 부드러워》는 늘 《위대한 개츠비》와 나란히 책꽂이에 꽂혀 조용히 사람들의 손길을 기다리고 있다. 헤밍웨이의 견해와는 상반되게— 헤밍웨이도 "나중에 다시 《밤은 부드러워》를 읽었는데 처음보다 훨씬 좋았다"라는 말을 어딘가에 쓰긴 했지만— 이 작품은 고전으로서의 지위를 착실하게 굳혀가고 있다. 헤밍웨이가 남긴 수많은 작품보다 오히려 "나쁘진 않지만 자기 연민이 많고 훌쩍거리는" 작품이 현재 시점에서 더 많은 독자의 공감을 불러일으키는 듯 보이기도 한다. 세월의 흐름이란 꽤나 얄궂다.

《밤은 부드러워》를 완벽한 작품이라고 말할 수는 없다. 냉철하게 비평해나가면 몇 가지나 결점을 꼽을 수 있을 것이다. 하지만 몇 번을 다시 읽어도 이 작품은 도량이 큰 소설이다. 결함이 거의 없는, 아주 잘 쓰인, 그러나 도량이 크지 않은—혹은 도량을 거의 갖추지 못한— 소설은 세상에 얼마든지 있다. 그런 소설은 일시적으로 유행할 수는 있어도, 화려한 월계관을 쓸 수는 있어도, 시간이 지나면 언젠가는 어딘가로 사라져 잊힌다. 《밤은 부드러워》는 그 반대다. 여러 시대를 넘어 곡절과 부침을 거듭하고, 묵살과 오해를 헤치고 나와 마침내 일반에게 그 진가를 인정받았다. 이런 소설을 찾아내기는 무척 어렵다. 그렇기 때문에 이 소설은 중요하다. '이 작품에는 기량이 있다'라는 말은 그런 의미다. 기량이란 어쩌면 세월의 경과를 통해야지만 떠오르는 것일지도 모른다.

장편소설 《밤은 부드러워》의 가장 큰 매력을 꼽으라고 한다면, 나는 역시 '몰입의 깊이'라고 대답할 것이다. 독자와 텍스트의 풍부한 유기적 결합. 독자는 작품에서 여지를 얻고, 그 여지의 의미에 관해 생각함으로써 그 작품에 깊고 풍부하게 몰입하게 된다, 라고 할까, 자신이 그 작품에 깊고 풍부하게 몰입해 있음을 불현듯 알아차리게 된다.

말할 필요도 없겠지만 자기 자신을 향한 개인적 몰입을 보편적 몰입으로 부연해가는 것, 그것이야말로 '고백'의 순수한 의미이며 궁극의 목적이다. 그런 차원에서 《밤은 부드러워》는 스콧 피츠제럴드에게 사실상 백조의 노래이자 동시에 진정한 '신앙고백'이 될 수 있었는지도 모른다.

가즈오 이시구로 같은 동시대 작가가 있다는 것

● ● ●● ● ● ●

2010년 3월에 영국에서 출판된 가즈오 이시구로의 연구서 《가즈오 이시구로 : 현대 비평의 시각》(컨티넘)의 서문으로 쓴 글입니다. 이 책은 그의 작품에 관한 연구논문을 모은 상당히 전문적인 서적입니다. 일본에서는 내가 쓴 일본어 원문이 〈몽키비즈니스〉 2008년 가을호에 실렸습니다. 내가 가장 애호하는 동시대 작가의 한 사람인 이시구로는 몇 번인가 만나 대화를 나눈 적도 있습니다. 어쩐 일인지 나에게 '서문을 부탁하고 싶다'는 의뢰가 와서 기꺼이 수락했습니다. 영어 제목은 'On Having a Contemporary Like Kazuo Ishiguro'.

새 소설이 나올 때마다 곧바로 서점으로 달려가 책을 사고, 읽고 있던 다른 책은 도중에 멈추고, 딴 일은 모두 제쳐두고 책장을 펼쳐 읽기 시작하는 작가가 몇 명쯤 있다. 그다지 많지는 않다고 할까, 내 경우에는 현재 불과 몇 명밖에 없는데 가즈오 이시구로도 그런 작가 가운데 한 사람이다.

내가 생각하기에 이시구로 소설의 뛰어난 점은, 물론 정도의 차이는 있겠지만 한 권 한 권이 각각 다른 방식으로 성립하여 각각 다른 방향을 향하고 있다는 점이다. 구성이나 문체도 각각의 작품마다 명확하게 그리고 의도적으로 구별된다. 그러나 그럼에도 각각의 작품에 이시구로라는 작가의 각인이 선명하게 찍혀 있으며, 하나하나가 독자적인 소우주를 구성하고 있다. 각자가 매력적이며 멋진 소우주다.

그러나 단지 그것만은 아니다. 개별적인 소우주가 한데 모아지면(물론 독자 한 사람 한 사람의 머릿속에서 모아지는 것이지만), 거기에는 가즈오 이시구로라는 소설가의 종합적인 우주 같은 것이 역력히 떠오른다. 요컨대 그의 작품들은 시간에 따라 직선적으로 존재하는 동시에 수평적으로, 동시적으로 결부되어 존재하기도 한다. 그의 작품을 읽으면, 나는 항상 그런 인상을 강하게 받는다. 그의 작품은 아마도 매 작품마다 진화해갈 것이다(실례, 물론 진화하고 있다). 하지만 진화하느냐 마느냐 하는 개별적인 사정보다는 그러한 작품 사이의 종합적인 결부 방식에 더 강하게 끌린다. 왜냐하면 그것이야말로 이시구로라는 작가를 그밖의 작가들과 다른 특별한 존재로 만들어주는 점이라고 느끼기 때문이다.

나는 지금까지 이시구로의 작품을 읽어오면서 실망하거나 고개를 갸웃거린 적이 한 번도 없다. 시간을 들여 하나하나 다른 종류의 세계를 구축해나가는 그의 확실한 창작 방식에 그저 깊은 상찬을 품을 뿐이다. 개인적인 취향은 물론 있다. A라는 작품보다는 B라는 작품이 조금 더 취미에 맞다 싶은 면은 있다. 그러나 다른 작가와는 달리 이시구로의 소설 세계에서는 그런 평가가 우선시되지 않는다. 그보다 중요한 것은 이시구로가 만들어내는 개별 작품 하나하나가 주위에 있는 다른 작품을 보완하고 지탱하는 모습이다. 마치 분자와 분자가 결합하여 서로를 지탱하듯이.

말할 필요도 없겠지만, 그렇게 종합적인 우주를 만들어나갈 수 있는 작가는 지극히 드물다. 우연히 뛰어난 작품 몇 편을 완성해냈다는 것이 아니라 이시구로라는 작가가 일종의 미래상을 가지고 의도적으로 뭔가를 종합해나간다는 뜻이다. 몇몇 이야기를 결합시켜 한층 더 큰 종합적인 이야기를 구축하고자 한다. 나는 그렇게 느꼈다.

어쩌면 이렇게 생각해보는 편이 이해하기 쉬울지 모르겠다. 그는 거대한 그림 한 폭을 그리고 있다. 예를 들어 한 화가가 교회의 광대한 천장이나 벽에다 장대한 시간을 들여 한 면을 가득 채우는 그림을 그리듯이 그것은 고독한 직업이다. 시간도 많이 걸리고 소모도 극심하다. 일생의 작업이다. 그래서 그는 그 일부를 그려낼 때마다 몇 년 만에 한 번씩 우리에게 그 완성된 부분을 공개한다. 그러면 우리는 그의 확장된 우주의 영역을 단계적이면서도 동시적으로 조망할 수 있게 된다. 그것은 가슴 설레는 체험이며 또한 더 없이 내성적인 체험이기도 하다. 그러나 우리는 여전히 그 전체상을 부감하지 못했다. 거기에 최종적으로 어떤 이미지가 나타날지 그것이 어떤 감동과 흥분을 우리에게 가져다줄지 알 길이 없다.

  소설 독자의 한 사람으로서 가즈오 이시구로 같은 동시대 작가를 얻는 것은 크나큰 기쁨이다. 그리고 소설가의 한 사람으로서 가즈오 이시구로와 같은 동시대 소설가가 있다는 것은 크나큰 격려가 된다. 그가 다음에 어떤 작품을 만들어낼지 떠올려보는 일은 내가 다음에 어떤 작품을 만들어낼지를 스스로 떠올려보는 일이기도 하다.

번역의 신

• •   •• •   •   •

아루쿠에서 나온 《무라카미 하루키 하이브·릿*》이라는 책의 서문으로 쓴 글입니다. 출간은 2008년 11월. 나는 지금도 '번역의 신'은 분명 어딘가에 실재한다고 생각합니다. 그렇지만 하늘 위에는 없을지도 모릅니다. 뜻밖에 수수한 성격을 가진 신으로 뜻밖에 수수한 지역의 뜻밖에 수수한 집에 살면서 뜻밖에 수수한 차림새여서 거리를 지나가도 거의 눈에 띄지 않는 그런 신일지도 모릅니다. 그렇지만 봐야 할 것은 확실하게 지켜보겠죠(아마도).

＊hybrid와 literature의 합성어. 다방면에서 뛰어난 영어 원문 및 번역문, 낭독을 동시에 접할 수 있는 CD 북.

나는 일단은 소설가가 본업이고, 번역은 부업으로 삼고 있는 셈이다. 실제로 그 말 그대로 소설을 쓸 때는 다른 무엇보다 소설 작업을 우선시한다. 매일 아침 일찍 일어나 머리가 가장 맑은 시간에 집중해서 소설을 쓴다. 그리고 나서 식사를 하거나 운동을 하고 '자, 이제 오늘 분량은 마쳤군. 이제는 뭘 해도 되겠어'라고 할 무렵에 슬슬 번역을 시작한다.

다시 말해 번역 작업은 내게 '일'이라기보다 오히려 취미에 가깝다. 일과이자 책무인 일을 끝내고, (예를 들어) 이제 낚시질을 하러 가도 되고, 클라리넷 연습을 해도 좋고, 철쭉꽃 스케치를 해도 좋고, 뭘 하든 자유인 시간에 그런 선택지로 향하지 않고 구태여 책상 앞에 앉아 번역을 하는 셈이니 달리 말하면 그만큼 순수하게 번역을 좋아한다는 뜻일 것이다. 내 입으로 말하긴 뭣하지만, 취미로는 꽤 나쁘지 않다고 생각한다(클라리넷을 불 줄 알게 되는 것도 즐겁겠지만).

지금까지 계속 번역을 해오면서 소설가로서 좋다고 느꼈던 점이 몇 가지가 있다. 맨 먼저 현실적인 문제인데, 소설이 쓰고 싶지 않을 때는 번역을 하며 시간을 보낼 수 있다는 점이다. 에세이 소재는 언젠가 바닥을 드러내지만 번역거리는 바닥날 일이 없다. 그리고 소설 쓰는 일과 번역 하는 일은 쓰는 머리의 부위가 달라서 번갈아하다보면 뇌의 균형이 좋아진다는 장점도 있다. 또 하나는 번역 작업을 통해 문장에 관해 많은 것을 배운다는 점이다. 외국어로(내 경우는 영어로) 쓰인 어떤 작품을 읽고 '굉장하다'고 느낀다. 그리고 그 작품을 번역해본다. 그러면 그 글의 어디가 그렇게 훌륭했는가 하는 구조 같은 게 보다 명확하게 보이게 된다. 실제로 손을 사용해서 하나의 언어에서 다른 언어로 바꿔나가는 작업을 하다보면, 그 글을 단지 눈으로 읽을 때보다 보이는 것이 훨씬 많아지고 또한 입체적으로 다가온다. 그리고 그런 작업을 오랜 시간에 걸쳐 계속하다보면 '좋은 글은 왜 좋은가'라는 원리 같은 것을 자연스레 알아차리게 된다.

그런 까닭에 소설가인 나에게 번역 작업은 늘 변함없이 소중한 글쓰기 스승이자 허물없는 문학 동인이기도 했다. 내게는 실제로 스승이라 부를 만한 사람도, 문학 동인이라 부를 만한 사적인 친구도 없다. 이미 삼십 년 가까이 줄곧 혼자서 소설을 써왔다. 그것은 길고도 고독한 도정이었다……라고 하면 너무 흔해빠진 표현이 겠지만, 으음 뭐라고 할까, 대부분 실제로 그랬다. 혹시 번역이라는 '취미'가 없었다면 소설가로서의 내 인생이 때로는 견디기 힘들었을지도 모른다.

그리고 어느 시점부터 내가 '번역'을 양방향으로 마주하는 순간이 찾아왔다. 내가 다른 작가의 작품을 일본어로 번역할 뿐만 아니라 내가 쓴 소설이 여러 언어로 번역되는 상황이 벌어졌기 때문이다. 지금까지 마흔두 개 언어로 번역되었으니 외국어로 된 내 작품을 읽는 독자 수도 놀랄 만큼 늘었다. 해외여행을 하다 서점에 들르면 내 작품이 진열되어 있는 광경과 마주하는 일도 많아졌다. 그것은 매우 기쁜 일이다. 물론 어느 작가에게나 기쁜 일이겠지만 특히 번역이라는 작업에 깊이 관여해온 나 같은 사람에게 내 책이 '번역서'로 외국 서점에 늘어서 있는 일은 실로 감개무량한 광경이다.

가장 먼저 외국 잡지에 팔린 내 작품은 (분명) 단편소설 〈TV피플〉이었다. 1990년이었고 〈뉴요커〉에 실렸다. 〈뉴요커〉는 내가 오랜 세월 동안 동경해 마지않는 잡지였고 그런 '성역'에 가까운 지면에 내 작품이 실리고 이름이 찍힌다는 것이 선뜻 믿겨지지 않았다. 게다가 원고료까지 받았다. 그것은 내게 그 어떤 훌륭한 문학상을 받는 것보다도 기쁜 일이었다. 로스앤젤레스 다저스의 유니폼을 입고 맨 처음 야구장에 선 노모 히데오가 분명 같은 기분이었을 것이다. 정도의 차이는 있겠지만.

내가 그때 절실히 느낀 것은 '세상에는 틀림없이 번역의 신이 있다'는 생각이었다. 시가 나오야의 작품 중에 〈어린 점원의 신〉이 있는데 그것과 똑같은 의미에서의 개인적인 신이다. 나는 내가 좋아하는 작품을 골라 나름대로 온 마음을 담아 하나하나 소중하게 번역해왔다. 아직도 부족한 점이 많지만, 조금씩이긴 해도 번역 실력도 나아지고 있다고 생각한다. 번역의 신이 하늘에서 그 모습을 조용히 내려다보시고 '무라카미도 꽤 열심히 하는군. 이쯤에서 상이라도 좀 내려줘야겠어'라고 생각할지도 모르겠다.

번역의 신의 기대에 어긋나지 않기 위해서라도 열심히 앞으로도 좋은 번역을 해나가야겠다고 하루하루 스스로를 다잡는다. 아직 갈 길은 멀고 번역하고 싶은 작품도 많다. 그리고 그것은 소설가인 내가 여전히 성장할 여지가 남아 있다는 뜻이기도 하다.

여기에 실은 레이먼드 카버나 팀 오브라이언의 작품의 번역 작업을 통해서도 나는 많은 것들을 배웠다. 내가 배운 가장 소중한 것은 소설에 임하는 올바른 자세라고 생각한다. 그런 올바른 자세는 반드시 글에 배어나오게 마련이다. 그리고 독자의 마음을 진정으로 끌어당기는 것은 뛰어난 문장도 아니요 재미있는 줄거리도 아니요 자연스레 배어나오는 분위기인 것이다. 내가 특히 마음을 쓴 부분은 그들의 '올바른 자세'를 최대한 있는 그대로 솔직하게 일본어로 옮기는 일이었다. 잘 해나가고 있으면 다행이겠지만.

인물에 관하여

村上春樹

雜文集

안자이 미즈마루는
칭찬할 수밖에
없다

〈월간 가도카와〉 1995년 5월호에 실린 글입니다. 분명 미즈마루 씨 특집호였다고 기억합니다. 그러니 나는 당연히 칭찬할 수밖에 없습니다. 그런데 미즈마루 씨는 실제로도 칭찬할 점이 많아서 칭찬하기 쉬운 사람입니다. 칭찬할 수 없는 점이 몇 가지 있는 것도 같지만, 굳이 따지자면 그것은 큰 소리로 할 말이 아니기 때문에 당연히 여기 쓸 수도 없습니다.

雜文集

안자이 미즈마루 화백에 관해 글을 쓰는 일은 상당히 어렵다. 그런데 사실을 말하자면 어려울 것도 전혀 없고, 써야 할 내용도 쓰고 싶은 말도 엄청나게 많다. 줄줄 흘러넘칠 지경이다. 그런 것들을 그저 떠오르는 대로 술술 써내려가면 간단하겠지만 그게 좀처럼 뜻대로 되지 않는다.

그 까닭은 그런 얘기들을 썼다가는 나중에 어김없이 뒤가 켕기는 듯 느껴지기 때문이다. 예를 들어 이런 경우다.

"저어, 지난번에 무라카미 군이 나에 관해 쓴 글 말인데, 그거 재미있더라고. 그런데 말이야, 에헴, 아니 뭐, 난 괜찮아. 나는, 콜록, 그런 건 전혀 상관없어. 그런데 말이야, 웬일인지 우리 가족들이 좀 신경쓰는 것 같더라고. 그 뭐냐 아내나, 크흠, 그리고 딸이 그렇단 얘긴데, 왜 그런지 읽고 나서 표정이 묘해지더라니까. 게다가 우리 장모님까지, 에헴, 그런 글이 나오면 신경쓰이는지 일부러 전화까지 거시고 말이지."

이런 식의 말이 다른 얘기 끝에 티나지 않게 은근슬쩍 나온다.

나는 미즈마루 씨의 부인을 한번 만나뵙고 인사를 드린 적이 있다. 따님은 만나본 적이 없지만, 아직 결혼 전이라 들었다. 그런 사람들이 내가 쓴 졸문을 읽고 기분이 상하거나 "아빠를 그렇게 나쁘게 말하다니, 무라카미라는 사람 너무 심하잖아"라며 화내는 모습을 상상하면(사실 그렇게 심한 얘기는 쓰지 않았지만) 가슴이 저릿하게 아프다. 게다기 부인의 친정이미님힌데끼지 심려를 끼쳤다고 생각하면, 어쨌거나 죄송스럽기 그지없다. 불현듯 그런 생각이 떠오르면 펜을 쥔 손이 무거워진다고 할까, 키보드를 두드리는 손이 나도 모르게 둔해지게 마련이다.

 이런 말 하긴 좀 그렇지만, 그럴 때 미즈마루 씨의 견제 방식은 상당히 교묘하다. 빙그레 웃으며, "아니, 난 괜찮아. 난 정말 괜찮은데……"라는 부분이 골자다. 그렇게 생각해보면, 사이사이 기침을 넣는 방식까지 어쩐지 세심한 주의가 깃들어 있는 것 같다. 모르는 사람이 옆에서 이런 대화를 듣는다면, '미즈마루라는 사람은 부처님처럼 온후한 인격에 가정을 소중히 여기는 사람이고, 무라카미라는 녀석은 천박하고 멍청한 데다 섬세함이라고는 눈 씻고 찾아봐도 없는 코흘리개 곰 같은 녀석일 게 빤해'라고 생각할 것이다. 나야 그렇게 보이고 싶지는 않기 때문에 되도록이면 미즈마루 씨에 관한 부정적인 얘기는 쓰지 않으려 늘 조심한다. 미즈마루 씨에 관해 꼭 써야 할 때는 언제나 좋은 이야기만 풀어놓으려 애쓴다. 그러니 안자이 미즈마루에 대한 세간의 평가는 결코 나쁘지 않을 게 틀림없다.

 그런데 이 사람이 내 아내와 어디서 우연히 마주치기라도 하면, 기회는 이때다 싶은지, 나에 관한 아무 근거도 없는 정보를 넌지시 흘릴 때가 있다. 지난번에 아내가 친구와 함께 아오야마에 있는 초밥집에 갔더니 때마침 카운터 옆자리에 미즈마루 씨가 앉아 있었다고 한다.

"흐음 그 뭐냐, 무라카미 군은 인기가 아주 많잖아요. 나한테 찾아오는 아가씨들도 거의 다 무라카미 군 얘기뿐이에요. 다들 나한테 소개시켜달라고 난리라니까. 그렇게 인기가 많으면 부인이 걱정이 많을 텐데. 힘들겠어요."

더없이 친절히 걱정하는 척하며, 장황하게 주의를 주었다고 한다. '자기 흉은 모르고 어떻게 그런 말을……' 하는 생각에 그저 감탄할 수밖에 없다. 다른 건 그렇다 치고, 한 번도 소개해준 적이 없지 않은가.

그러고 보니 십오 년쯤 전에 처음 만났을 때도 내가 잠깐 한눈을 파는 사이 내 아내에게 다가와서 "저어, 소설가는 인기가 아주 많잖아요. 부인도 걱정되시겠어요. 혼자 여행 보내면 위험해요. 조심해야지"라는 식의 말을 살그머니 속삭였다. 아무래도 이 사람의 성격은 십오 년간 거의 변하지 않은 것 같다. 뭐, 그건 아무래도 좋다. 그동안의 이런저런 일들은 접어두고, 이번에도 역시 가능하면 나쁜 얘기는 쓰지 말아야지. 좋은 얘기만 써야지.

미즈마루 씨는 어쨌거나 매우 친절한 사람이다. 내가 칠 년쯤 전 집을 지을 때, 다다미방의 맹장지 그림과 족자로 쓸 그림을 부탁했더니 "좋아, 그리지, 뭐"라며 흔쾌히 허락해주었다. 그리고 우리 집까지 먼 길을 와서 쓱쓱 먹을 갈아 붓으로 멋진 후지 산과 물고기 그림을 그려주었다. 간혹 그 맹장지 그림을 보고, "오호, 이건 희한한데. 푸딩이랑 말린 생선인가요?" 하고 우문을 던지는 그림의 문외한이 있긴 하지만, 그것은 엄연히 후지 산과 물고기다. 그도 그럴 것이 남의 집 맹장지에 하필 푸딩과 말린 생선을 그릴 사람이 어디 있겠는가? 그리고 젊은 아가씨가 그 방에 묵으면 한밤중에 맹장지에서 물고기가 튀어나와 나지막이 헛기침하며 장난질을 한다는 소문이 아오야마 부근에 퍼져 있는 듯한데, 그것은 새빨간 거짓 정보다. 아직까지 그런 일은 단 한 번도 일어나지 않았다.

그리고 미즈마루 씨의 족자 그림을 보고, "이건 선禪이죠? 으으음, 아냐, 난해한데"라며 심각하게 생각에 잠기는 미국인이 있는데, 노노, 그건 선이 아니에요. 그냥 'O'이랑 'D'이죠. 무슨 뜻인지는 나도 잘 모르겠지만.

그건 그렇고, 그 방에 혼자 틀어박혀 맹장지 그림을 그릴 때, 퓨마만 한 고양이가 그가 그리는 물고기를 진짜라고 착각하여 난데없이 습격하는 바람에 미즈마루 씨가 큰 부상을 입었다. 하지만 피투성이가 된 와중에도 결코 붓을 내려놓지 않았고, 혼신을 다해 그림만은 끝까지 완성시켰다는 청일전쟁 나팔수의 미담 같은 소문도 떠도는데, 그것 역시 아무런 근거 없는 헛소문이다. 우리 집 암컷 샴고양이가 다가가 주위를 한 바퀴 빙그르르 돌고 발을 살짝 핥았을 뿐이다. 미즈마루 씨가 커다란 고양이라면 질색하다보니 그 고양이가 퓨마만 하게 보였을 뿐이다. 섬세한 예술적 감성이 빚어낸 환각이랄까.

나는 그후로 "미즈마루 씨가 그러던데, 무라카미 씨 댁에서 아주 사나운 고양이를 키운다면서요?"라는 말을 몇 사람한테나 들었다. 그러나 내가 키우는 녀석은 단지 호기심 많은 조그만 샴고양이일 뿐이다. 다다미방에서 낯선 사람이 낯선 행동을 하니, '이 사람은 대체 뭐지?' 하는 생각에 가볍게 장난을 걸었을 뿐이다. 하지만 그 통절한 비명 소리를 들은 이웃이라면, 그가 그때 사나운 퓨마의 공격으로 피투성이가 되었다고 해도 아마 곧이곧대로 믿으리라.

아직까지는 우리 고양이가 맹장지 물고기를 진짜로 착각해서 덤벼들지 않았다. 그렇지만 앞으로의 일은 나도 알 수 없다. 가끔 길에서 독자들이 말을 걸어올 때가 있는데, 신기해하며 "용케 얼굴을 알아보셨네요"라고 물으면, "무라카미 씨 얼굴은 미즈마루 씨 그림에서 늘 보니까요. 크큭"이라고 답하는 사람이 많다. 처음에는 그 말이 도저히 믿기지 않았지만(내 얼굴이 아무려면 그렇게 단순하게 구성되었을 리가!), 그런 경험이 반복되자, 나도 '흐음, 혹시 정말 그런가' 하고 멈춰서서 깊은 생각에 잠기기도 한다. 흐으음, 그렇게 닮았나?

어쩌면 미즈마루는 진정한 천재일지도 모른다. 머지않아 우리 고양이도 미즈마루 씨 그림의 예술성을 제대로 이해하고는(아직까지는 우리 고양이한테 너무 난해한 것 같다) 배가 고프면 맹장지 물고기에게 와락 덤벼들지도 모를 일이다. 그렇게 되면 미즈마루 씨가 '헤이세이의 마루야마 오쿄*'라고 불리는 것도 시간문제겠지……라는 생각을 언뜻언뜻 떠올려보는 요즘이다.
　……그런 생각을 언뜻언뜻 떠올려보는 요즘이다.

* 서양화의 원근법과 음영법을 익혀 자연의 객관적 묘사를 제일로 하는 사실주의에 눈을 돌린 에도시대 중기의 화가.

동물원통 通

요시모토 유미 씨의 《너를 만나고 싶다—동물원과 수족관으로 떠나는 여행》이라는 책에 관해 쓴 글입니다. 요시모토 씨는 정말로 동물원과 수족관을 마니아급으로 좋아하는 사람이라 그쪽 화제만 나오면 거의 한도 끝도 없이 얘기를 줄줄 풀어놓습니다. 눈빛까지 살짝 변합니다. 그래서인지 월간지 〈여행〉에 연재했던 전국 동물원·수족관 순례를 읽으면 매회 아주 즐거워 보였습니다. 일도 하고 좋아하는 것도 함께 누릴 수 있다니 정말 멋진 일입니다. 〈나미〉 2009년 9월호에 게재.

이 책의 저자인 요시모토 유미 씨와 쓰즈키 교이치 씨, 그리고 나 이렇게 셋이서 예전에 '도쿄 오징어 클럽'이라는 팀을 짜서 각종 '조금 별난 곳'을 탐방하고, 그에 관해 이야기를 나누거나 원고를 쓰기로 한 마음 편한 기획을 몇 년간 같이했다. 조금은 신기한 이런 구성원으로 아타미에서 사할린까지 실로 각개각소의 '조금 별난 곳'들을 찾아다녔는데 나름대로 꽤 즐거운 일이었다. 그리고 그때 우연히 요시모토 씨가 동물원통이라는 사실을 알게 되었다.

나도 동물원과 수족관을 좋아해서 여행 때마다 그 지역의 동물원과 수족관을 구경하지만(베를린에서는 사흘 연속으로 동물원을 찾았다), 동물원·수족관에 관한 요시모토 씨의 열의와 지식에는 도저히 당해낼 도리가 없었다. 같이 동물원을 걷다보면, 가이드처럼 동물과 물고기와 새들에 관해 주의 깊고 세심하게 설명해준다. 내가 듣도 보도 못한 동물도 아주 잘 안다. 이런 표현은 어쩌면 부적절할지도 모르지만, 이따금은 혹시 현실 세계의 지식보다 동물 세계 쪽 지식이 더 풍부한 게 아닐까 싶을 정도다.

요시모토 씨는 물론 동물원에 있는 동물뿐만 아니라 인간과 함께 살아가는 흔히 보는 동물들도 좋아해서, 길에서 고양이나 개 혹은 까마귀가 보이면 반드시 걸음을 멈추고 상냥하게 부르거나 말을 건넨다. 때때로 길에 떨어진 종이봉투에다 열심히 말을 하고 있어서 "저어, 요시모토 씨, 거기서 뭐 해요?"라고 물으면, "아이, 뭐야, 종이봉투였네, 고양이인 줄 알았는데"라는 대답이 돌아오기도 한다. 요컨대 근시다. 그렇다보니 온갖 것들이 언뜻언뜻 동물로 보이는 것이다. 대체로 인생을 그렇게 살아가는 사람이다.

한번은 '도쿄 오징어 클럽'에서 나고야를 취재한 일이 있다. 취재중에 잠깐 짬이 나서 "날씨도 좋은데 동물원이라도 가볼까요" 하는 얘기가 나왔다. 히가시야마 동물원은 나고야 시 교외에 있는 아주 여유롭고 기분 좋은 곳이었다. 평일 오전이라 손님도 적어서 거기에 있는 다양한 동물들을 맘껏 구경할 수 있었다.

이미 오 년 전 일이니 아직도 있을지 어떨지는 모르지만, 그때 우리가 본 말레이곰은 요미우리 자이언츠의 아베 신노스케 포수랑 아주 많이 비슷했다. 친형제가 아닐까 싶을 정도로— 얼굴이 완전히 판박이였다. 나도 요시모토 씨도 야쿠르트 스왈로스 팬이라 요미우리 자이언츠에 딱히 호감이 있었던 것은 절대 아니지만, 아베 신노스케를 닮은 그 말레이곰은 무척이나 애교스럽고 귀여웠다. 그래서 요시모토 씨는 그 말레이곰을 향해 "야, 신노스케, 신노스케"라고 계속 불러댔다. 그밖에도 상냥하게 이런저런 얘기를 건넸다. 마치 오랜만에 친한 옛 친구를 만난 것처럼. 물론 말레이곰은 머리가 좋은 동물이라 그런 무익한 접근은 개의치 않고 쿨하게 제 할 일만 계속했다. 옆에 있던 젊은 남녀 커플은 기분이 나빴는지 금방 다른 데로 가버렸다(그 마음은 대강 이해가 간다).

요시모토 씨와 함께 동물원에 가면(아직 한 번뿐이지만), 동물을 보는 것보나 동물을 보는 그 사람을 보는 게 더 재미있다고 느껴질 때가 많다. 여러분도 요시모토 씨와 함께 동물원에 가면 틀림없이 나와 똑같은 느낌을 받을 거라 생각한다. 뭐, 그렇긴 하지만, 그건 현실적으로 어려울 테니 대신 이 책을 읽어주기 바란다.

쓰즈키
교이치적
세계의
내력

• •   • • •   •   •

쓰즈키 교이치 씨와는 꽤 오래전부터 친분이 있었습니다. 친분이라고는 해도 일 관계로 이따금 얼굴을 마주하는 정도지만. 그가 《진기한 세계기행 유럽편 ROADSIDE EUROPE》이라는 책을 냈을 때, 그 책과 관련해서 소책자 〈지쿠마〉에 이 글을 실었습니다. 2004년 5월호. 교이치 씨의 책은 책장을 넘길 때마다 '호오, 이런' 하는 놀라움을 부르는데, 그런 점이 즐겁고 재미있습니다. 그야말로 '남다른 재주'라고밖에 할 말이 없습니다.

쓰즈키 교이치 씨와는 지금까지 몇 번인가 여행을 같이 했다. 대부분은 취재를 겸한 여행이었지만, 우연히 개인적인 여행을 같이 하게 된 적도 있다. 경우에 따라서는 타인과 함께 하는 여행이 정신적으로 피곤하게 마련인데, 나도 오랫동안 여기저기 어슬렁거리며 돌아다닌 사람이고, 쓰즈키 군(이라고 평소처럼 부르겠습니다)도 어딘가로 곧잘 떠나는 사람이라 여행이 익숙하달까, 일단 그런 고단함은 없었다. 국내가 됐든 해외가 됐든 느긋하게 서로의 페이스에 맞춰 적당히 행동한다.

한번은 미얀마 양곤(예전에는 랑군)에 함께 갔을 때였다. 딱히 용무가 없던 그가 "잠깐 어슬렁거리다 오겠습니다"라고 하기에 "나도 따라가도 될까" 하고 물었더니 좋다고 했다. 그래서 그의 배려로 한나절 같이 움직였다. 그때 절실히 느꼈는데 쓰즈키 군은 정말 뿌리부터 호기심 덩어리인 사람이었다. 어디에 재미있어 보이는 게 있으면 그것이 무엇이든 거침없이 돌진하고, 그런 일에는 품과 시간을 아끼지 않는다. 그리고 또 이 사람의 몸속(머릿속인지 배속인지는 모르겠지만)에는 재미거리를 찾아내는 안테나 같은 뭔가가 어딘가에 갖춰져 있는 게 분명했다. 나 혼자 돌아다녔으면 이런 재미를 발견하지는 못했겠지, 하는 생각이 들었다. 어쩌면 그것은 '재미있는 것을 찾아내는 능력'이라기보다 '어떤 종류의 대상 안에서 특수한 재미를 찾아내는 능력'이라고 말하는 편이 더 맞는 표현일지도 모른다. 하나의 사물을 이쪽저쪽 다각도에서 면밀히 관찰하고, 손으로 만져보고, 킁킁 냄새를 맡으면서 자기 안에서 개인적인 재미 같은 것을 입체적으로 발동시킨다. 쓰즈키 군은 그런 능력이 뛰어난 것 같다.

그리고 그러한 데 원만하게 발동이 걸리면 더없이 행복한 얼굴이 된다. "무라카미 씨, 좋은데요. 이거 재밌네요. 정말 좋네요" 하며 생글거리면서 언제까지고 그 자리에 눌러앉는다. 그런 모습을 바라보노라면 나까지 행복한 기분에 젖어든다. 이 사람에게는 지그시 배어나오는 신비로운 감화력이 있다. 그러나 찌는 듯 무더운 양곤 거리에서 그의 호기심에 부응하며 한나절을 함께하는 일은 솔직히 육체적으로는 꽤 힘들었다.

물론 쓰즈키 군이 재미있다고 하는 것은, 말하자면 그가 개인적으로 '재미있다'고 느끼는 것이므로 세간의 보통 사람들은 별 재미를 못 느낄지도 모른다. 그 대부분은 진기하고, 기괴하고, 잡박하고, 캠프한(과장된, 진부한) 것이다. 어떤 때는 시선을 피하고 싶어지는 종류도 있다. 그러나 쓰즈키 군의 책을 몇 권인가 읽고, 거기에 드러난 '쓰즈키 교이치적 세계'를 거쳐가는 사이, 우리는 어느새 쓰즈키 교이치적인 시선으로 주위를 바라보고, 쓰즈키 교이치적 문체로 묘사하는 자신을 발견한다. 내 경우에는, 뭔가 괴상한 것을 발견할 때마다 '아, 이건 쓰즈키 군이 보면 좋아하겠는데'라는 생각이 저절로 떠오른다. 좋게 말하면 쓰즈키 교이치적 세계에 '감화된' 까닭이고, 나쁘게 말하면 '오염된' 까닭이다.

명저《진기한 일본기행》은 그런 오염도가 매우 높은 책이었는데 속편이라 할《진기한 세계기행》의 오염도 역시 결코 그에 뒤지지 않는다. '허, 참 나'하며 감탄하고 기막혀하면서도 그 세계에 서서히 빠져들고 만다. 나의 외우 쓰즈키 교이치 군이 앞으로도 열심히 노력해서 일본뿐만 아니라 세계의 정신도 점차 오염시켜주기를 바란다.

수집하는
눈과
설득하는
말

• •   • • •   •   •

쓰즈키 씨의 저서 《요로시쿠夜露死苦* 현대시》는 내용도 뛰어나고 읽는 보람도 있습니다. 무엇보다 착안점이 좋습니다. 신초샤의 소책자인 월간 〈나미〉의 의뢰로 이 서평(같은 것)을 썼습니다(2006년 9월호). 평소에는 서평을 거의 쓰지 않지만(비평하고 싶지도 않고, 그렇다고 해서 속이 빤히 들여다보이는 입에 발린 소리를 할 수도 없어서), 그래도 좋아하는 책, 재미있었던 책에 관해 뭔가 쓰는 일은 좋아합니다.

* 본래 '요로시쿠宜しく'는 '잘 부탁한다' '적당히'라는 뜻을 가진 말인데, '夜露死苦'는 본래의 뜻과 관계없이 음과 뜻을 빌려쓴 한자어로 폭주족이나 불량배들 사이에서 일시적으로 많이 썼던 은어.

문예지 연재를 매회 빠짐없이 읽은 기억은 없다. 그렇다기보다 잡지 자체를 거의 읽지 않기 때문에 문예지뿐만 아니라 잡지 연재물을 읽은 일도 거의 없다. 그런데 쓰즈키 교이치 군(이라고 감히 부르겠다. 오래전부터 친분이 있는 사이라서)의 《요로시쿠 현대시》만큼은 잡지 〈신초〉에 게재하면서부터 매회 챙겨 읽었다. 오래전부터 아는 사이라서 읽은 게 아니라, 여하튼 트집 잡을 데 없이 재미있어서 읽은 것이다.

쓰즈키 군이 쓰는 글의 장점은 늘 직접 발로 뛰어 재미있는 것을 찾아내고, 그것을 1차 자료로 자기 안에 정성껏 수집하고, 이를 바탕으로 바닥부터 딱 부러지는 조리를 세워간다는 것이다. 따라서 그가 쓴 글을 읽고 실망한 기억은 없다. 물론 심하게 웃기는 대목도 있고 '이건 좀 그런데' 싶은 대목도 있지만, 어쨌든 거기에 거론된 얘기는 그가 직접 성실하게 긁어모았다는 느낌만은 확실하다. 자연스러운 활력과 신선함이 또렷이 전해진다. 세간의 추세를 적당히 읽어 머릿속에서 요령 있게 꾸며내거나 어딘가에서 대충 따다붙인 내용은 눈에 띄지 않는다.

쓰즈키 군이 뭔가를 재미있다고 말할 때, 그는 그것을 진심으로 재미있어한다. 그리고 그 재미를 사람들에게 확실하게 설명하는 데 필요한 어휘—그것만을 위해 특별히 비축해둔 어휘다—를 그는 준비해두고 있다. 그것은 빌려온 것이 아니라 시간을 투자하고 제 돈을 바닥내면서 획득한 어휘다. '서브컬*'이라는 용어는 쓰즈키 군 본연의 모습을 표현하기에는 조금 가볍고 손때가 너무 많이 탄 말일지도 모른다. 그러나 '잡민성雜民性'이라는 문맥에서 그 어휘를 사용하자면, 나는 그의 글을 보거나 읽을 때마다 불현듯 '서브컬의 산토카**'라는 이미지를 품게 된다. 그것은 물론 그의 강건한 활동력과 어휘 선택 방식의 분명함과 일종의 완고함에서 비롯되는 하나의 유추다.

 이 책의 내용에 관해서 내가 굳이 설명을 덧붙일 필요는 없을 것 같다. 읽으면 곧바로 알게 된다. 시라는 형식이 '표현 용기'로서 예전과 같은 힘은 잃어버린 현대에, 사람들의 마음이 묻어나는 말 즉 진정한 말들이 갈 곳을 찾아 어떠한 '잡민적 양식' 속으로 흘러들어가는지, 쓰즈키 군은 그것을 구체적으로 검증해나간다. 그것들이 시의 서브스티튜트(대체 용기)로 얼마나 유효하게 기능하는지, 얼마나 가능성을 띠고 있는지, 나는 그것을 비판할 처지가 못 된다. 개중에는 단순한 말장난처럼 보이는 것도 있을 것이다. '개인적인 에어포켓'으로 거기서 완결해버릴 수밖에 없는 것도 있을 것이다. 그러나 그것들은 적어도 언어의 에너지를 해면처럼 탐욕스럽게 흡수해, 하나의 현상으로서 하나의 필연으로서—절절히 혹은 뻔뻔스럽게— 거기에 수립되어 있는 것이다. 우리는 분명 그

---

* 서브컬처의 줄임말.
** 디네디 산토카(1882-1940), 서일본을 중심으로 여행하며 창작활동을 한 하이쿠 시인.

것이 수립된 양상에서, 하염없이 미심쩍은 살아 있는 말의 실상에서, 언어의 유효성과 관련된 어떤 암시를 읽어내게 될 것이다.

 쓰즈키 군이 지향하는 바는 언어 양식 하나하나의 옳고 그름이나 가능성을 묻는 것은 아닐 것이다. 그가 집어들어 우리에게 보여주고 싶었던 것은 지상에서 거처를 찾지 못해 지하(반지하)로 숨어들 수밖에 없었던 시적 언어의 모습인 것이다. 그 어둑한 곳에서 살아남기 위한 용구로서, 엘리트주의와는 무관한 장소에서 실천적으로 실제로 쓰이고 있는 이름도 없는 언어의 실상인 것이다. 거기에서 무엇을 읽어낼 것인가는 어디까지나 독자의 몫이다.

칩 키드의
작업

● ●   ●● ●   ● ●

이것은 북 디자이너이자 친구인 칩 키드의 작품을 모은 책 《Chip Kidd : Book One : Work 1986–2006》(Rizzoli, 2005)을 위해 의뢰를 받아 쓴 글입니다. 그는 미국에서 출간된 내 책의 모든 표지 디자인을 맡아주었습니다. 책이라는 정리된 형태로 그의 작업들을 한차례 훑어보니, 새삼스레 '정말 재능 있는 사람이구나'라는 생각이 들었습니다. 아이디어가 뛰어나고 책에 대한 이해도가 아주 높습니다. 이 사람은 뛰어난 문장력으로 자전적 소설도 쓰고 있습니다. 말할 필요도 없겠지만, 이 책의 표지에도 무척 공을 들였습니다.

칩 키드와 처음으로 일을 같이 한 것은 1993년에 크노프에서 단편집 《코끼리의 소멸》을 출판할 때였다. 처음 표지 디자인을 봤을 때 어찌나 신선하던지 가벼운 충격을 받았다. 거기에 그려진 코끼리가 어딘지 모르게 19세기 증기기관차 같은 모양새를 하고 있었기 때문이다. 그것은 데이비드 린치의 영화 〈엘리펀트 맨〉의 곳곳에 나오는 음울한 기계처럼 보였다. 또는 배트맨이 사는 고담 시티의 수수께끼 같은 고딕적 풍경의 일부처럼 보이기도 했다.

사람들은 일반적으로 코끼리를 그리고자 할 때, 우리는 거기에 코끼리라는 '공유 이미지'를 발현시키고자 한다. 커다란 귀 두 개, 기다란 코, 활처럼 굽은 하얀 상아 두 개를 그리고, 생명체로서의 거대함을 강조한다. 그것이 코끼리에 대한 우리의 공통된 인식이기 때문이다. 그것은 지극히 자명한 사실이며, 코끼리가 공통인식을 만들어내는지 아니면 공통인식이 코끼리를 만들어내는지조차 가늠하기 어려울 정도다.

그런데 칩이 그린 것은 그런 코끼리가 아니었다. 칩의 코끼리는 철저하게 칩의 세계에서 찾아온 코끼리였다. 그런 코끼리는 그의 세계에서만 산다. 그 코끼리는 철로 만들어졌고, 볼트로 고정되어 있다. 내부에는 무수한 톱니바퀴가 서로 맞물려 있을 테고, 그리고 아마도 증기의 힘으로 움직일 것이다. 칩의 세계에서는 누구나 코끼리가 그런 기계장치로 움직인다는 것을 익히 알고 있다. 다시 말해 칩은 공통인식을 통해 공유 이미지와 다른 무언가를 거기에 발현시켰다는 얘기가 될지도 모른다. 그것은—내 생각이지만— 진정으로 독창적인 예술가에게 반드시 요구되는 필수 자격의 하나가 아닐까.

그후로 칩은 내가 크노프에서 출판하는 모든 책의 표지를 맡아주었다. 하나같이 독창적이고 훌륭한 디자인이었다. 그는 실제로 책을 읽고, 그 내용을 자기 것으로 소화하고, 그 지점에서 자기만의 독자적인 조형을 빚어낸다. 그것은 세간에 흔하디흔한 이기적인 그러니까 디자인을 위한 디자인이 아니다. 그가 묘사하는 풍경이나 사물은 그 책이 묘사하는 풍경이나 사물과 완벽하고도 자연스럽게 조화를 이룬다. 참신하지만, 절대 책의 세계를 방해하는 법이 없다. 그것은 책과 함께 거기에 서 있다. 내가 칩의 작업을 보고 늘 감탄하는 것은 바로 그런 점이다.

미국에서 책이 출간될 때마다 칩이 이번에는 어떤 디자인으로 완성해줄까 은근히 기대하며 책 표지 견본을 기다린다—흐음, 이번에는 어떤 형태의 물체가 칩 키드의 세계에서 날아들까 하고. 거기에는 항상 놀라움이 있고 기쁨이 있다. 그리고 그의 디자인은 앞으로도 분명 내 소설 세계에서 빠뜨릴 수 없는 일부로 계속 남을 것이다.

'가와이 선생님'과
'가와이 하야오'

이와나미쇼텐에서 낸 《가와이 하야오 작품집》 제2기 6권을 위해 월보에 쓴 글. 2004년 2월 간행. 그 무렵에는 아직 가와이 씨가 생존해 계셨습니다. 나는 가와이 씨를 여러 번 만나 뵙고 이야기를 나눴지만, 정말로 핵심을 파고드는 대화는 나눈 적이 없었습니다. '그런 얘기는 좀더 시간을 두고 하는 게 좋겠지'라고 생각했기 때문입니다. 그런데 그사이 가와이 씨가 병을 얻어 세상을 떠나고 말았습니다. 너무나 안타까운 일입니다.

나는 남에게 '선생님'이라고 불리는 일이 일단 없고, 또한 내 쪽에서 '선생님' 칭호를 붙여 부르는 사람도 일단은 없지만, 왜 그런지 가와이 하야오 씨만은 자연스레 '가와이 선생님'이라고 부르게 된다. 생각해보면, 나는 가와이 하야오 씨의 학생도 아니고 상담 의뢰인도 아니며 딱히 '인생의 스승'으로 우러러 그를 본받으려 애쓰는 것도 아니므로(물론 존경한다, 정말로), 그냥 담백하게 '가와이 씨'라고 불러도 될 것이다. 그런데도 왠지 모르게 '가와이 선생님'이라고 하고 만다. 얼굴을 마주했을 때도 그렇고, 함께하지 않은 자리에서도 "가와이 선생님이 말이죠……" 하고 입에 올리고 만다. 왜 그럴까? 이 원고를 쓰기 시작하면서 새삼스레 그런 의문이 들었다. 나는 여하튼 너무나 자연스럽고 고분고분하게 가와이 하야오 씨를 '가와이 선생님'이라고 부르는 것이다. 거기에는 어떤 이유가 있는 게 틀림없다.

그런 의문을 품은 채 주위를 둘러보니 가와이 씨를 '가와이 선생님'이라고 부르는 사람이 딱히 나 혼자만은 아니었다. 여러 편집자들은 물론 내 아내도 거의 '가와이 선생님'이라고 불렀다. 물론 '가와이 씨'라고 부르는 사람도 분명 있지만, 8대 2 정도 비율로 '가와이 선생님' 파가 '가와이 씨' 파를 압도하는 것 같다. 요즘에 '가와이 씨' 파는 좀처럼 찾아보기 힘들다.

잘 아시겠지만, 세간에는 '선생이라고 불릴 정도로 바보는 아니다'라는 말도 있고, '선생님'이라고 적당히 불러주면 성가신 일들이 일단은 대충 넘어가는 상황도 확실히 있을 테지만, 가와이 하야오 씨의 경우는 다르다. 다른 무엇보다 이쪽이 대충 넘어가려 해도 "아 네, 그렇습니까" 하고 그리 간단히 넘어가주는 사람이 아니다 (혹은 넘어가주는 척하지만, 정신을 차려보면 오히려 이쪽이 대충 넘어가버린 상황일지도 모른다). 물론 모두가 가와이 하야오 씨에게 자연스럽게 경의를 품고 또 그런 마음이 당연하다는 듯 '가와이 선생님'이라는 호칭으로 이어진다는 데 의문의 여지는 없다. 그런데도 그저 단순히 그것만은 아닌 것 같은 느낌이 불현듯 들었다. 어찌 된 영문인지는 잘 모르겠지만, 가와이 하야오 씨에게는 '가와이 선생님'이라는 호칭이 딱 들어맞는다, 라고 할까, 너무나 자연스럽게 지나치게 잘 맞는 것 같기도 하다.

　가와이 하야오 씨에게는 '가와이 선생'이라는 호칭이 왜 그리도 딱 들어맞을까? 그에 관해 나 나름대로 여러 가지 생각을 해봤는데(소설가는 한가해서 여러 가지 일들을 꽤 집요하게 생각한다), 하면 할수록 점점, 가와이 하야오 씨는 요컨대 거지반 의도적으로 '가와이 선생'이라는 옷을 몸에 걸치려고 한 게 아닐까라는 생각이 들었다. 다시 말해 가와이 하야오 씨는 '가와이 선생'이라는 호칭을 효과적으로 몸에 걸침으로써 '나는 가와이 선생이니 가와이 하야오와는 다릅니다'라는 에두른 전략을 전개하고 행사한 게 아닐까 싶다. 요컨대 '가와이 선생님'이라고 불리는 것을 지극히 자연스럽게 흐뭇해하며 받아들이면서 자기를 '가와이 선생님'과

'가와이 하야오'로 노련하게 분리하고 구분해서 활용했던 건 아닐까. 혹시 그렇다고 한다면 역시 심리요법의 전문가답다. 감탄할 수밖에 없다. 물론 이것은 나의 가설이요 추론에 불과하지만, 그런 면이 전혀 없지는 않을 거라고 비교적 강하게 (제멋대로) 확신한다.

어쨌든 그런 것은 의도적으로 하려고 해도 간단히 할 수 있는 일은 아니다. 무엇보다 주위 사람들에게 '선생님'이라고 (편의에 의해서가 아니라) 불릴 만한 실적과 실력이 없으면 안 되고, 그것을 능숙하고 자연스럽게 받아들이는 '당기는' 힘 같은 것도 필요할 테고, 그것을 간단히 제도화해버리지 않을 만한 통제력 역시 요구된다. 나는 도저히 그런 묘기는 넘볼 수도 없다.

그런 까닭에 어찌 되었든 간에 '가와이 선생님'이다.

이따금 만나 뵙고 개인적으로 얘기를 나누다보면, 눈앞에서 가와이 하야오 씨와 가와이 선생님의 모드가 순식간에 갈마들 때가 있다, 라고 할까 어쨌든 내 눈에는 그렇게 보인다. 마치 바람결을 따라 숲속 나뭇잎 사이로 비쳐드는 햇살이 인상을 바꾸듯 얼굴 표정이 아주 살짝 변한다. 눈빛이나 목소리 톤이 아주 조금 변한다. 그렇긴 해도 뭔가가 구체적으로 변하는 것은 아니다. 보통 사람들처럼 어느 지점을 넘어서면 말투가 확 바뀐다거나 이야기 내용이 변하는 것도 아니다. 그렇지만 노치(눈금 표시)가 한 칸 슬쩍 이동한다. 그렇다고 해서 내가 그때까지 '가와이 선생님'이라고 불렀던 호칭을 '가와이 씨'라고 바꿔 부르는 것도 아니다. 가와이 선생님은 어디까지나 일관되게 '가와이 선생님'이다. 그리 간단히 오르락내리락하는 법이 없다. 나는 그저 꽤나 힘든 일일 거라 추측하고 감탄할 뿐이다. 그에 비하면 소설가는 정말로 편하다. 소설만 써낸다면 나머지는 그저 멍하니 있어도 상관없으니까.

우리가 가장 쉽게 가장 자연스러운 '가와이 하야오 씨'의 본연의 모습을 만날 수 있는 기회는 뭐니 뭐니 해도 가와이 씨가 플루트 연주자가 되었을 때다. 그는 플루트를 손에 들고 무대로 올라간다. 그리고 약간 긴장한 표정으로 (예를 들면) 모차르트를 불기 시작한다. 일단 음악이 시작되면, 거기에는 이미 평상시의 '가와이 선생님'은 없다. 이제 거기에는 말이 없고, 언어로 규정되는 세계도 없으며, 우리 눈앞에 있는 사람은 있는 그대로의 가와이 하야오 씨다, 라고 할까, 나라 현에 사는 음악을 깊이 아끼고 사랑하는 가와이 하야오 씨일 뿐이다. 우리가 눈으로 보는 사람은 언어의 주문에서 풀려나 음악의 세계를 그저 무심히 떠다니는 살아 있는 한 인간이다(우리는 그 무심함을 또렷이 들을 수 있다). 그런 까닭에 나도 플루트를 불 때의 가와이 하야오 씨만은 '가와이 선생님'이라고 부를 수 없을 것 같은 느낌이다.

눈으로 본 것, 마음으로 생각한 것

村上春樹

雜文集

데이브 힐튼의
시즌

잡지 〈넘버〉의 1980년 10월 5일호에 쓴 원고입니다. 아주 옛날 글입니다. 우리 집에 있는 오래된 자료들을 마구 들척이는데 불쑥 튀어나왔습니다. 그리운 마음에 약간 손을 봐서 수록합니다. 개막전의 히로시마 투수를 줄곧 소토코바로 기억했는데, 사실은 다카하시(사토시)였더군요. 몇 가지 자잘한 내용적 착오가 있지만(당시에는 위키피디아도 없었다) 문장의 흐름을 위해 그대로 두었습니다.

멋진 시즌이었다. 야쿠르트 스왈로스, 1978년.

히로오카야말로 감독이고, 마쓰오카야말로 에이스며, 와카마쓰 야말로 타자였다. 찰리 매뉴얼은 고라쿠엔 구장의 맨 꼭대기로 홈런을 날렸고, 포수 오야는 철벽같이 홈베이스를 지켜냈다.

그해 초에 나는 진구 구장 근처로(오로지 그곳이 진구 구장 근처라는 이유만으로) 이사했고, 매일같이 틈만 나면 외야석을 들락거렸다. 어릴 때 자주 들락거리던 고시엔 구장에 비하면, 당시의 진구는 도저히 프로야구를 위한 구장으로 보이지 않았다. 변두리 투우장이라고 하는 게 분위기상 더 적절할지도 모른다. 외야석에는 의자가 없었고, 절반가량 뜯겨나간 비탈진 잔디밭은 비가 올 때마다 진흙투성이로 변했고, 바람이 거센 날이면 모래 소리만 귀를 울렸다. 그래도 바람이 없는 맑은 날 오후의 진구 구장 외야석은 적어도 지구 동쪽에서는 가장 기분 좋고 마음이 훈훈해지는 외야석이었다. 손으로 쓰는 스코어보드 꼭대기에는 까마귀 몇 마리가 따분한 듯 앉아 있었고, 봄볕 아래 스왈로스 모자를 눌러쓴 호기심 많은 아이들이 비탈면에서 뒹굴며 놀았다.

내가 갓 스물아홉 살이 된 무렵이었고, 그해 봄부터 소설(같은 것)을 쓰기 시작했다. 소설(같은 것)을 쓰는 것은 난생처음이었다. 야쿠르트 스왈로스는 구단 창설 이래, 단 한 번의 우승 전적 없이 스물아홉번째 시즌을 앞두고 있었다. 설명할 필요도 없지만, 이 두 가지 사이에는 아무런 연관성도 없다. 그저 우연히 그랬다는 애기다.

그런데 거기에 또 한 사람의 스물아홉 살 청년이 있었다. 내가 지금 말하고자 하는 것은 그에 관한 짧은 이야기다. 아니, 이야기라고 할 정도는 아니다. 그에 관해 이야기할 만큼 그를 잘 알지도 못한다. 그것은 오히려 편린에 가깝다고 할까. 그의 한 조각, 시즌이라는 예리한 날붙이에 도려내진 그의 영혼의 한 조각이다. 그 한 조각은 오래도록 사람들의 마음을—적어도 내 마음을— 떠돌다 차츰 선명함을 잃게 될 테고 결국은 압도적인 시간의 흐름 속에서 사라져가겠지.

1978년 4월 1일로 돌아가자.

쾌청.

진구 구장의 개막전, 플레이볼 시간은 오후 1시, 나는 잔디 위에 배를 깔고 누워 맥주를 두 모금째 마시고 있었다. 히로시마의 투수는 다카하시(사토시), 그리고 첫 타석에는 그가 올라와 있었다. 그의 모습을 보고 몇몇 관객은 웃었을지도 모른다. 그리고 다른 몇몇은 마음속으로 문득 신선한 예감 같은 것을 했을지도 모른다. 웃음의 원인은 물론 그의 기묘한 타격 자세 때문이다. 마치 주저앉을 듯 어정쩡하게 몸을 구부리고 배트를 곧장 치켜들고는 그 끝을 빙빙 돌리면서, 절반은 덤벼들 듯이 그리고 절반은 겁을 집어먹은 듯이 투수의 글러브를 노려보았다. 여기가 진짜 투우장일지도, 하는 생각이 들었을 정도다.

그리고 나중에 든 생각이지만, 거기에는 또 한 가지 신선한 예감이 있었다. 그것을 설명하기는 쉽지 않다. 새우등의 호리호리한 외국인 선수라는 사실만으로도 상당히 '신선'할 수 있지만, 그것이 어떻게 '예감'으로까지 이어졌을까? 예감이라는 것이 조금 과장을 섞어 말해 신의 가호를 받는 이가 발하는 한순간의 반짝임이라면, 거기에는 분명 그것이 있었다. 그의 주위에만 유난히 봄 햇살이 더 많이 쏟아지는 듯했다. 그가 애리조나의 (아마도) 작은 마을에서 도쿄의 야구장까지 데려온 그의 한 조각의 영혼이 그 햇살을 받아 눈부시게 반짝이는 것 같았다.

그것은 멋진 안타였다. 공은 좌중간 한가운데를 가로지르며 날아갔고, 개럿과 야마모토 고지가 달려가 공을 잡았을 때는 이미 그가 이루 베이스를 밟고 있었다. 내 기억으로 전 구단을 통틀어 1978년 시즌 최초의 안타였다.

그의 이름은 물론 데이브 힐튼, 그해 베스트나인의 이루수이자 여름의 끝자락까지 최고 타율을 기록하던 선수다. 당신도 분명 아직 그의 이름을 기억할 것이다. 1978년은 그의 시즌이었고, 그것은 불과 두 해 전이니까.

그는 시즌 내내 타구를 날릴 때마다 전력으로 질주했고, 또 때로는 질밍직인 헤드슬라이딩을 시도했다. 신문(스포츠신문이 아니다)은 1면의 시사평론 지면을 모두 할애해 그의 플레이를 칭찬했다. 승패의 갈림길에 선 일본시리즈 4차전 마지막 회, 니시노미야 구장이었다. 그는 믿기지 않는 스윙으로 이마이 유타로의 커브를 우익수 방면 러키존으로 날려버렸다. 그리고 한 해를 통틀어 진구 구장의 선수 출구부터 클럽하우스까지, 짧은 거리지만 그 사람만큼 성실하게 팬의 악수에 응했던 선수를 나는 보지 못했다.

하지만 결국 나는 데이브 힐튼을 이렇게 기억한다. 솔기가 터진 낡은 스웨터 차림에 슈퍼마켓 종이봉투를 끌어안은 가난해 보이는 미국인.

일본 시리즈를 코앞에 둔 10월 초의 흐린 일요일이었다. 저녁때가 다 되어 눈에 보이지 않을 정도로 가느다란 가을비가 포장도로를 소리 없이 적시기 시작했다. 아내와 내가 히로오에 있는 슈퍼마켓에서 나왔을 때, 어린아이를 데리고 나온 미국인 부부가 버스 정류장 근처에서 택시를 잡고 있었다. 덩치가 작은 그 미국인은 어깨 위에 아들을 태우고 왼팔로 슈퍼마켓 종이봉투를 끌어안고 있었다. 아이는 옆에 있는 소녀 같은 엄마에게 미소를 짓고, 여자는 남편에게 해사한 미소를 보내고, 아빠는 웃음을 머금은 채 옅은 푸른 빛 눈동자로 아들을 지그시 올려다보고 있었다.

무언가가 내 마음을 흔들었다. 개막전에서 내가 느꼈던 그 예감과도 비슷한 무언가가 여전히 거기에 있었다. 그리고 나는 세상에서 그토록 티 없이 순수하고 행복한 정경을 본 적이 없다는 생각이

들었다. 그들은 굳이 말하자면, 꾸밈없이 수수한 차림의 평범한 미국인 가족이었다. 그들의 얼굴에는 그늘이라고는 없었다. 흡사 가랑비 뿌리는 저녁나절의 번잡함 속으로 비쳐드는 한 줄기 햇살처럼 그들의 미소는 환하게 빛나고 있었다. 그것이 그들을 뭔가 다른 특별한 존재로 만들었다. 내 마음을 흔들었던 것은 그런 반짝임의 한가운데 깃든 어쩌면 애처롭기까지 한 행복이었을지도 모른다.

이것이 그때 받은 사인이다.

데이브 힐튼…… 글씨가 살짝 흔들린 것은 어쩔 수 없겠지. 아들에다 종이봉투까지 끼고 택시를 잡고 있었으니까.

그렇게 1978년의 시즌은 끝났고 모든 게 변했다. 그렇게 멋진 시즌은 두 번 다시 없었다. 그러나 내가 (혹은 당신이) 누구를 비난할 수 있는가? 애리조나에서 온 부드러운 눈빛의 나와 동갑내기 청년은 시즌이라는 시간의 표사 속으로 사라져갔다. 단지 그것뿐이다.

안녕, 데이브 힐튼.

올바른
다림질
법

1980년대 초, 작가로 데뷔한 지 얼마 안 되었을 무렵 〈맨스클럽〉이라는 잡지에 에세이를 연재했습니다. 그중 하나입니다. 옛날부터 다림질을 좋아했던 건 아니지만, 집안일 중에는 별로 힘든 축에 속하는 건 아니라고 생각합니다. 적어도 걸레질보다는 적성에 맞죠. 요즘은 많이 바빠 일본에 있으면 셔츠를 대개 세탁소에 맡기지만, 외국에서는 기본적으로 내 손으로 직접 다림질을 합니다. 맡기면 간혹 끔찍한 다림질이 되어 있을 때가 있어서.

雜文集

고등학교 시절에 〈닥터 지바고〉라는 영화를 봤다. 데이비드 린 감독에 오마 샤리프와 줄리 크리스티가 주연을 맡은 아주 재미있는 영화였는데, 줄거리는 거의 기억나지 않는다. 눈 내리는 장면이 많았던 것은 확실하지만.

영화란 신기하게도 줄거리나 배우 이름은 다 잊어버려도 단 하나의 장면만은 도무지 잊히지 않고 오래도록 남을 때가 있다. 그리고 그 장면이 영화 줄거리와는 아무런 관계가 없는 경우도 많다. 〈닥터 지바고〉에서 내가 지금까지 또렷하게 기억하는 것은 종군 간호사 역의 줄리 크리스티가 산더미처럼 쌓인 흰 셔츠를 잇달아 다림질하는 장면, 그 한 신뿐이다. 데이비드 린 씨에게는 죄송하지만 그밖에는 아무 기억도 없다.

내가 그 다림질 장면을 생생히 기억하는 이유는 단 하나다. 혹시 〈닥터 지바고〉를 감상할 기회가 생기면 주의해서 보길 바란다. 줄리 크리스티가 사용하는 다리미는 전기다리미가 아니다. 사실, 나는 〈닥터 지바고〉를 볼 때까지 전기다리미가 아닌 다리미가 세상에 존재한다는 것은 생각해본 적도 없었다. 그렇기 때문에 나는 그 장면에서 '와, 아닌 것도 있네'라며 감탄할 수밖에 없었던 것이다.

그렇다면 전기다리미가 아닌 다리미란 과연 무엇이냐 하면, 그것은 정말로 '쇠붙이(아이언)'였다. 손잡이가 달린 쇳덩이를 얼마 동안 불 위에 올려뒀다가 뜨거워지면 셔츠 주름을 펴고 식으면 다시 불 위에 올리고, 또다른 것을 집어서 사용한다. 한눈에도 무거워 보이는 것이, 상당히 중노동임이 틀림없어 보였다. 호리호리하고 지적인 줄리 크리스티가 하얀 제복을 입고 땀을 흘리며 계속해서 그렇게 셔츠를 다려나간다. 나는 그 장면을 보고 역사란 실로 무거운 것이구나 하고 새삼 실감했다. 사람이란 다양한 것들에 다양한 방식으로 감탄하는 존재다.

그건 그렇다 치고, 나는 비교적 다림질에 자신이 있다, 라고 할까 적어도 내 셔츠는 내 손으로 다려 입는다. 그렇게 하는 까닭은 그게 당연하기 때문이다.

나는 일단 셔츠를 세탁소에 맡기지 않는다. 어지간히 비싼 세탁소가 아닌 한, 거칠게 빨고, 주름을 잘못 잡아 다리고, 풀을 과하게 먹여 버석거리고, 이상한 냄새가 묻어오는 등, 당연히 셔츠의 수명도 짧아진다. 그래서 내가 빤다. 여유가 있을 때는 목욕할 때 미지근한 물로 북북 문질러 빤다. 여유가 없으면 세탁기를 돌려도 되지만 손빨래 쪽을 훨씬 선호한다. 그러고 나서 말린다.

잔소리 같지만, 셔츠를 소중히 다루고 싶다면 건조도 제 손으로 직접 하는 게 좋다. 왜냐하면 '건조'부터 이미 다림질이 시작된다고 해도 과언이 아니기 때문이다. 그럼 어떻게 말리는 게 좋으냐 하면 다림질하기 편하게 말리는 게 최고다. 제아무리 다림질을 잘해도 꾸깃꾸깃 말린 셔츠를 주름 하나 없이 쫙 펴는 것은 일단 불가능하다. 한마디로 말해 이 정도로 말끔하게 말리면 딱히 다림질할 필요도 없을 것 같다 싶을 만큼 고루 판판하게 펴서 말리기를 권장한다.

그러고 나서 다림질. 남자가 취미 삼아 하는 일이니만큼 가능하면 다리미와 다리미대는 최고급품으로 구비하길 권장한다. 그러나 여러 사정이 있을 테니, 어디서 받은 지극히 평범한 스팀다리미와 할인매장에서 사온 값싼 다리미대로 타협해도 딱히 문제될 건 없다. 내 경험에서 귀띔하자면, BGM은 솔뮤직이 잘 맞는 것 같다. 주니어 워커&올스타스나 다이애나 로스&슈프림스 같은 음악을 틀어놓고 대여섯 장씩 한꺼번에 다림질을 해치운다. 오믈렛을 만드는 것처럼 처음에는 아마도 잘 안 된다고 느껴지지만, 한 달쯤 하다보면 그럭저럭 능숙해진다.

그런데 "꼭 그렇게까지 할 필요가 있나요?"라고 묻는다면, 대답하기는 좀 곤란하다. 그것은 이미 사고방식의 차이니까. 빨래통에 셔츠를 벗어두면 어머니나 아내나 애인이 빨아 말려서 다림질해주는 것으로 만족하는 사람에게, "그건 틀렸다"고 말할 만한 근거는 딱히 없다. 혹은 빨래 건조나 다림질은 남자가 할 일이 아니라고 생각하는 사람을 설득할 자신도 없다. 또한 그런 일을 할 여유가 있으면, 더 유용한 일을 하겠다고 하는 사람도 있을지 모르고, 그건 또 그 나름대로 맞는 말일 테고.

그렇지만 셔츠 한 장을 십 년 가까이 빨고 말리고 다림질을 하다보면(십 년쯤은 거뜬히 버틴다), 거기에 나름대로 대화 같은 것이 생겨난다. 너는 절대 멋쟁이도 아니고 옷에 그다지 돈을 들이지도 않지만, 그래도 어쩔 수 없이 매일매일 옷을 입고 생활할 수밖에 없으니 이왕이면 옷과 약간의 대화를 나눠보는 것도 중요한 일이 아닐까 하고 문득문득 생각하게 된다.

  뭐 하긴, 굳이 그런 딱딱한 논리를 내세우지 않더라도 다림질은 해보면 꽤 재미있으니까.

청어
이야기

• •　　　•• •　　　•　　•

그 옛날, 아라시야마 고자부로 씨가 편집장으로 일했던 잡지 〈두리브〉에 쓴 글입니다. 1980년대 중반으로 기억합니다. 〈두리브〉는 시종일관 활기 넘치는 잡지였습니다. 그후 《신 코끼리 공장의 해피엔드》에 수록되었지만, 문고판에는 포함되지 않았으므로 여기에 싣겠습니다. 내가 이 에세이에 유난히 미련을 가지는 까닭은 개인석으로 청어라는 물고기를 좋아하기 때문입니다. 난시 그것뿐입니다.

눈으로
본 것,
마음으로
생각한 것

청어*라는 생선을 꽤 좋아한다. 사전을 펼쳐보면, 청어는 '二審'이나 '二心'** 같은 별로 눈에 확 띄지 않는 어휘들과 나란히 늘어서 있는데 뭐 그건 그렇다 치고, 청어 초절임은 맥주 안주로 더할 나위 없이 최고다.

청어는 조금 희한한 생선이라 평소에는 자주 먹지 않지만, 이따금 못 견딜 정도로 당겨 당혹스러울 때가 있다. 청어 메밀국수 같은 음식이 일단 먹고 싶어지면 도저히 참을 수가 없어서 당장 가까운 국수집으로 달려간다. 그런데 막상 먹고 나서 크게 만족하거나 감동하느냐 하면 딱히 그렇지도 않고, 결국은 그저 '청어 메밀국수'일 뿐이다. 그런 면이 청어라는 생선의 한계일 수도 있고, 한편으로는 애처로운 점일 수도 있다.

청어는 영어로 헤링herring이라고 부른다. 예전에 청어같이 생긴 키스 헤링이라는 화가가 있었는데, 그 사람은 Haring이라는 철자로 청어와는 아무런 관계도 없다. 그런데도 키스 헤링의 그림을 보고 있으면 반사적으로 청어 초절임이 당겨 곤혹스럽다. 이런 일로 곤혹스러워 하는 사람은 아마도 일본을 통틀어 나 혼자일 테지만.

영어사전을 보면, 일본어사전에 비해 청어에 관한 언급이 상당히 많다는 걸 알 수 있다. 청어는 그만큼 영국 국민의 생활과 관련이 깊은 물고기일 것이다. 다른 무엇보다 대서양이 '청어 못herring

* 일본어로 발음은 '니신'.
** 각각 '제이심'과 '딴마음'을 뜻하며 일본어에서 청어의 동음이의어.

pond'이라고 불릴 정도니까. 예를 들어 영어로 '청어처럼 죽었다'는 말은 '완전히 숨통이 끊어졌다'는 의미다. 왜 그럴까? 아마도 대부분의 영국인이 죽은 청어밖에 못 봤기 때문일 것이다. '청어처럼 thick하다'라는 말은 빽빽하게 밀집해 있는 모습을 의미한다. 무리지어 한꺼번에 물밀듯 몰려오는 데서 비롯된 말이겠지.

일본에서 말하는 '스기아야*'는 헤링본, 즉 '청어의 뼈 모양'이다. 그러고 보니 내가 맨 처음 산 양복이 반 재킷VAN Jacket의 헤링본 슈트였다. 셔츠는 물론 흰색 버튼다운, 넥타이는 검은색 니트 타이였다. 아이비스타일이 한창이었다. 생각해보니 그때가 그립다. 청어와 내 인생은 거의 관계가 없는 것 같으면서도 이따금 얽히는 것 같다.

꽤 자주 쓰이는 영어 표현 중에 '빨간 청어red herring'라는 말이 있다. 한마디로 설명하기는 어렵지만 구태여 하자면 '원래 목적인 본론에서 화제를 돌리기 위해 부러 꺼내는, 흥미는 가지만 실제로는 별 의미 없는 내용'이라는 의미다. 전에 번역서를 읽다가 "너, 그건 완전히 레드 헤링이야"라는 문장을 맞닥뜨린 적이 있는데, 모르는 사람에게는 도무지 알 길이 없는 소리일 것이다. 그러나 꽤 많이 쓰는 말인데다, 일본어로는 그에 대응하는 표현을 찾을 수 없으니 차라리 그대로 일본어로 도입해도 좋지 않을까 싶다. "너, 그

* 능직을 변화시켜 삼목의 잎처럼 V자 모양 줄무늬를 연속해서 나타낸 직조법.

건 완전히 빨간 청어야'라는 식으로.

그렇다면 '빨간 청어'는 왜 그런 의미가 되었을까. 줄곧 모르던 사실인데 지난번에 언뜻 생각난 김에 어원사전을 찾아보았다. 그에 따르면, 옛날 영국에서 여우잡이 사냥개를 키울 때, 여우 냄새가 밴 길목에 훈제 청어를 속임수로 두고 개의 후각을 훈련시켰다고 한다. 청어 냄새에 의존하여, 쓸데없이 갈팡질팡하지 않고 오로지 한길로 여우만 쫓도록 엄격하게 길들인 셈이다. 그래서 빨간 훈제 청어=목적에서 일탈하게 만드는 매력적인 것이라는 의미가 된 듯하다. 어원 하나를 새로 알면 조금 똑똑해진 기분이 든다. 실제로 별 도움이 되는 지식은 아니지만.

무슨 볼일이 있어서 은행에 나갔다가 혼자 훌쩍 들어간 맥줏집에서 생맥주에 곁들여 청어 초절임을 먹다보면 기분이 거나하게 좋아져서 볼일 자체를 잊어버릴 때가 있다. '자, 그건 그렇고, 오늘은 뭐 하러 나왔더라?' 이런 것도 분명 '빨간 청어'의 하나겠지.

이런 글을 쓰다보니 문득 시원한 맥주 생각이 간절하다.

잭 런던의
틀니

· ·   ·· ·   · ·

아사히 신문 석간에 쓴 에세이입니다. 1990년 5월 21일 문화면. 잭 런던은 옛날부터 내가 좋아했던 작가이며 그에 관해서 몇 번인가(어디였는지 생각은 안 나지만) 글을 쓴 기억이 있습니다. 캘리포니아 주 나파에 있던 그의 옛 집도 갔습니다. 최근에 여기저기서 재평가되는 것 같아 매우 기쁩니다. 기본적으로 양질의 작가지만 군데군데 돌발적으로 튀는 부분도 있고, 다양한 의미와 다양한 방향에서 흥미롭게 읽을 수 있는 묘한 작가입니다.

잭 런던은 나랑 생일이 같은데, 꼭 그래서는 아니지만 나는 그의 소설을 자주 읽는다. 잭 런던의 작품세계가 궁금하다면 어빙 스톤이 쓴《말을 탄 선원》이라는 전기를 읽는 게 가장 빠를 것이다. 런던의 파란만장한 생애를 흥미진진하게 잘 정리한 책이라 따분한 줄 모르고 재미있게 읽을 수 있다. 그리고 런던의 자전적 소설《마틴 이든》을 병행해서 읽으면, 거대하고 복잡한 런던의 인간상이 제법 또렷하게 떠오른다.《마틴 이든》은 상당히 특이한 작품인데 독자의 발을 움켜쥔 채로 저 밑 나락까지 끌어당겨버릴 것 같은 독특한 섬뜩함이 서려 있다. 어쨌든 런던은 자신의 페르소나인 작가 마틴 이든이라는 주인공을 마지막에 자살하는 것으로 처리하고, 그후 소설을 따라가듯 자신 역시 절정에서 자살해버렸다.

스톤의《말을 탄 선원》을 읽고 특히 감탄한 부분이 한 군데 있다. 그것은 그가 러일전쟁 중에 종군기자로 홀로 한반도에 건너갔을 때의 일이다. 천성적으로 모험심이 강한 런던은 외국인은 거의 발을 들여놓은 적도 없는 한반도 북부의 벽촌에 묵었다. 마을의 관리가 숙소로 찾아와 그에게 정중히 인사를 건넸다. 피곤하신 와중에 매우 송구스럽습니다만, 마을 사람들 모두가 선생님의 존안을 뵙고 싶어합니다. 혹시 괜찮으시면 광장으로 나와 모두에게 얼굴을 보여줄 수 있으신지요, 라고.

런던은 매우 놀랍고도 기뻤다. 당시 미국과 유럽에서 그의 문명이 급속하게 높아지긴 했지만, 설마 하니 조선의 이런 외딴 시골마을에까지 제 이름이 알려졌을 줄은 꿈에도 몰랐기 때문이다. 광장에는 마을 사람들이 실로 빽빽이 들어차 있었다. 런던은 대단한 인기라고 생각했다. 그런데 그가 준비된 연단에 올라서자, 관리는 이렇게 말했다. 죄송합니다만, 잠시 틀니를 빼서 보여주실 수 있을까요. 사람들이 보고 싶어했던 것은 잭 런던이라기보다는 잭 런던의 틀니였다. 마을 사람들은 그때까지 틀니라는 것을 한 번도 본 적이 없었던 것이다. 덕분에 그는 삼십 분 동안이나 열렬한 박수를 받으며 연단 위에서 틀니를 꼈다 뺐다 하는 처지가 되었다.

그때 런던은 이런 생각을 했다. '인간이 제아무리 사력을 다해 뭔가를 추구해도 그 분야에서 사람들에게 인정받기는 좀처럼 힘들다.' 그는 마음속 깊이 그런 생각을 새기며 찬바람이 몰아치는 광장에 서서 사람들에게 친절하게 틀니를 보여주었다.

나는 이 글을 읽고 런던이 참으로 훌륭하다고 생각했다. 감동까지 했다. 물론 화도 안 내고 꼬박 반시간이나 틀니를 꼈다 뺐다 한 친절도 매우 훌륭하다고 생각한다. 턱 근육도 꽤 피곤했을 터다. 하지만 내가 결정적으로 감탄한 지점은 그가 교훈을 터득하는 방식이었다. 설령 천 명에 달하는 사람이 그와 똑같은 처지에 놓인다 해도 그 상황에서 그런 특수한 교훈을 이끌어내는 사람은 일단 런던 말고는 없지 않을까.

그러나 생각해보면, 뭐 하긴 그 말이 옳지 싶다. 사람이 뭔가를 목표로 피나는 노력을 쏟는다 해도 반드시 타인에게 인정받으리라

장담할 수는 없다. 그것은 분명 우리가 마음에 새겨둬도 좋을 것이다. 나는 이 일화를 읽고 잭 런던이라는 작가가 전보다 훨씬 더 좋아졌다.

교훈을 얻는 방식에 관해서인데, 그 정도로 극적이진 않지만 내게도 비슷한 경험이 있다. 대학 시절, 나는 혼자 침낭을 메고 이곳저곳을 여행하며 다녔다. 어느 해 가을에 아오모리에 갔을 때 일인데, 산속을 걷다가 그만 길을 잃고 말았다. 저녁이 되자 기온도 뚝 떨어졌다. 금방이라도 눈이 쏟아질 것 같은 우중충한 날씨였다. 좀 곤란하게 됐다고 생각했다. 그런데 천만다행으로 때마침 그곳을 지나치던 영림서* 지프의 도움을 받아 큰길까지 나왔고, 그곳에서 히치하이크를 해서 마을에 도착할 수 있었다. 나를 태워준 차는 마이크로버스였고 열 명가량의 아저씨들이 단체로 타고 있었다. 작은 회사의 직원여행이거나 아니면 동네 친목여행 같은 분위기였고, 다들 술도 마시고 즐기고 있었다. 아저씨들은 나에게 친절히 대해주었다. 학생도 한잔하라며 술을 권했다. 거절하기도 무엇해서 딱 한 잔만 받았다. 그런데 아마 완전히 녹초가 되었던 모양이었다. 나는 곧바로 꾸벅꾸벅 졸다가 잠이 들어버렸다.

얼마 후 퍼뜩 정신이 들었는데, 아저씨들이 모두 내 험담을 하고 있었다. 학생들은 속편해서 좋겠어, 부모 돈으로 한가하게 놀러나

* 일본의 산림청.

다니고, 뻔뻔한 녀석 같으니, 게다가 술까지 퍼마시질 않나 등등의 얘기였다. 아무래도 버스 안의 사람들 모두가 내 욕을 하는 것 같았다. 나는 곤란했지만 일어날 수도 없는 노릇이라 그냥 계속 자는 척을 했다. 그러다 험담이 일단락되고 나서야 번쩍 잠을 깬 척했다. 나는 아무 일도 없었다는 듯 미소 띤 얼굴로 담소를 나누며 마을에 도착했고, "정말 고마웠습니다"라고 고개 숙여 인사하고는 버스에서 내렸다. 아저씨들도 "음, 그래 힘내"라며 말해주었다.

아직 어린 나이다보니 그 일로 나는 상처를 받았다. 내가 왜 그 아저씨들한테 비난받아야 하는지 알 길이 없었다(지금도 잘은 모르지만, 어쩌면 내가 왠지 남의 심기를 건드리는 면이 있을지도 모른다). 그래도 그 일을 너무 깊게는 생각하지 않는 게 좋겠다고 정리했다. 그래서 나의 결론은 이렇다. '남이 내 험담을 할 때는 자는 척하는 게 최고다.'

어쩌면 교훈을 이끌어내는 방식으로 정통적이지 않을지도 모르지만 여하튼 내가 그때 실제로 실감했던 일이다. 자는 척하는 것도 꽤 피곤했지만, 그래도 그런 경우에는 결국 그것이 가장 옳고 타당한 선택이었을지 모른다.

그후의 인생에서도 몇 번인가 비슷한 일은 있었다. 그럴 때마다, 허 뭐야 그때 그 버스랑 똑같네 하고 생각했다. 그래서 늘 자는 척하며 흘려보냈다. 물론 그냥 지나가지 않은 적도 몇 번쯤 있었다. 그래도 내 경험에서 짐작건대, 그런 일이 그리 빈번하게 일어나지는 않는다. 대부분은 자는 척하는 사이에 획 지나가버린다. 마이크로버스를 탄 아저씨 단체처럼.

 아무래도 개인적 교훈이란 얻으려 한다고 해서 얻어지는 게 아닌 듯하다. 그것은 불가사의한 도정을 지나 꽤나 당돌하게 별안간 머리 위로 떨어져내린다. 그리고 그 도정이 불가사의하면 할수록 그에 비례해서 효용 역시 증폭되는 것 같다. 그런 교훈에 일반성이나 보편성이 얼마나 있는지는 모르겠지만.

바람을
생각하자

· ·   · · ·   ·   ·

루이비통에서 발간하는 잡지에 쓴 글입니다. 〈르 마가진〉이라는 책으로 2003년 여름호였습니다. 분명 '바람'이라는 주제의 글을 의뢰받았다고 기억합니다. 특정 주제를 받고 글을 쓰는 일은 드물지만 그때는 왜 그런지 불현듯 미음이 내기디고요.

책을 읽다보면, 어느 한 구절이 도무지 머릿속에서 떠나지 않을 때가 있다. 열여덟 살 때 트루먼 카포티의 〈최후의 문을 닫아라〉라는 단편소설을 읽었는데, 마지막 한 구절이 머릿속 깊이 박혀버렸다. 이런 문장이다.

"그리고 그는 베개에 머리를 깊이 파묻고 두 손으로 귀를 감싸쥐고 이렇게 생각했다. 아무것도 아닌 것만 생각하자. 바람을 생각하자, 라고."

"think of nothing things, think of wind"라는 마지막 문장이 나는 너무나 좋았다. 일본어로 그 여운을 정확히 번역하기는 매우 어렵다. 트루먼 카포티의 미문 대부분이 그렇듯, 거기에는 어떤 종류의 여운 속에서만 살아나는 마음 본연의 모습이 묘사되어 있기 때문이다.

그런 까닭에 나는 뭔가 고통스럽거나 슬픈 일이 있을 때마다 늘 그 구절을 자동적으로 떠올리게 되었다. '아무것도 아닌 것만 생각하자. 바람을 생각하자'라고. 그래서 눈을 감고 마음의 문을 닫고 바람만 생각했다. 다양한 장소에서 부는 바람. 다양한 온도, 다양한 냄새가 깃든 바람. 그것은 분명 도움이 되었다고 생각한다.

그리스의 조그만 섬에 살았던 적이 있다. 아는 사람 하나 없는 섬이었는데, 훌쩍 그곳으로 떠나 집 한 칸을 빌려 살았다. 그때까지 이름조차 들어본 적이 없는 섬이었다. 물론 우리 두 사람(나와 아내라는 뜻인데) 말고는 일본인도 없었다. 서툰 그리스어로 간신히 현실적인 용무를 해결하고, 나머지 시간에는 그저 책상 앞에 앉아서 일만 했다. 계절은 가을이었다. 일하는 짬짬이 자주 산책을 나갔다. 지금 돌이켜봐도 신기하지만, 그때는 정말 매일같이 바람에 관한 생각뿐이었다. 그렇다기보다 우리는 문자 그대로 바람 속에서 살아가는 존재였다. 대개는 미풍이었지만 이따금 거세게 불기도 했다. 대개는 마른바람이었지만 이따금 물기를 머금었고, 아주 드물게 비를 몰아올 때도 있었다. 여하튼 바람은 늘 거기에 있었고, 우리는 바람과 함께 눈을 뜨고 바람과 함께 몸을 움직이고 바람과 함께 잠들었다.

어디를 가든 바람은 우리를 쫓아왔다. 항구의 찻집에서는 파라솔 자락을 조급하게 팔락거렸다. 인기척 없는 요트용 선착장에서는 돛대가 쉴 새 없이 달각달각 메마른 소리를 울려댔다. 숲속으로 들어가서는 초록 잎을 어루만지며 이리저리 옮겨다녔다. 바다 위에 떠 있는 하얀 구름을 어느 먼 바닷가로 실어날랐고, 책상 앞 창가에 핀 부겐빌레아를 나긋나긋 춤추게 했다. 그것은 거리를 지나는 행상의 목소리를 전해주었고, 어느 집에서 굽는 양고기 냄새를 불균등하게 실어왔다. 우리는 바람의 존재를 잊을 새가 없었다.

지금까지 세계 여러 곳을 다녀봤지만, 그 섬에 살 때만큼 바람의 존재를 피부 깊숙이 느껴본 적은 없다. 우리는 마치 셋이서 살며시 어깨를 기대고 그곳에 있는 느낌이었다. 우리 두 사람, 그리고 바람. 왜 그랬을까? 원래부터 그런 곳이었는지도 모른다. 그곳은 바람이 하나의 영혼을 가지는 장소였는지도 모른다. 정말로 바람 말고는 거의 아무것도 없는 조용하고 작은 섬이었으니까. 그게 아니라면, 그곳에서 나는 우연히도 바람을 깊이 생각하는 시기에 접어든 것인지도 모른다.

　바람에 관해 생각한다는 것은 누구나 할 수 있는 일도, 언제 어디서든 할 수 있는 일도 아니다. 인간이 진정으로 바람에 관해 생각할 수 있는 것은 우리네 인생 중에 아주 짧은 한 시기뿐일 것이다. 왠지 그런 것 같다.

토니 타키타니를
위한
코멘트

● ●　　　　　●● ●　　　　　● ●

미국의 문예지 〈조이트로프: 올-스토리〉(여름, 2006)에 실린 글입니다. 원제는 '토니 타키타니의 초 대'. 실재 인물인 토니 타키타니 씨가 "골프라도 한번 합시다"라며 호놀룰루에서 초청해줬지만, 안 타깝게도 내가 골프를 하지 않아서 해후하지는 못했습니다. 아쉽습니다.

1984년이나 1985년이었던 것 같은데, 친구 부부와 넷이서 차를 빌려 하와이를 여행한 적이 있다. 마우이 섬의 작은 마을을 방문했을 때, 그곳에 스리프트 숍(중고 할인매장) 하나가 있었다. 안으로 들어가서 구경하는데 노란 티셔츠 한 장이 눈에 띄었다. 흔하디흔한 라운드 티셔츠였는데, 가슴에 "TONY TAKITANI"라고 검은색 글씨가 프린트되어 있었다. 단지 그뿐이었다. TONY TAKITANI가 어떤 인물인지, 그 티셔츠가 어떤 목적으로 만들어졌는지 짐작조차 할 수 없었다. 이름으로 추측하건대 TONY TAKITANI 씨는 아마도 일본계 미국인이겠지. 그러나 그 이상은 알 수 없었다. 거기에 깃들어 있는 일종의 신비로움에 자극받아 나는 그 티셔츠를 샀다. 새것이나 다름없었고, 디자인도 썩 나쁘지 않았다. 가격은 일 달러였다. 매우 쌌다.

나는 도쿄로 돌아와 외출할 때 가끔 그 티셔츠를 입었다. 그리고 그때마다 'TONY TAKITANI는 대체 누구일까? 과연 어디에 살고 어떤 일을 하고 있을까? 왜 굳이 이런 티셔츠를 만들었을까?' 하며 고개를 갸웃거렸다. 그렇게 몇 년이 지났고, 어느 날 문득 이런 생각이 들었다. TONY TAKITANI라는 인물에 관한 이야기를 하나 써볼까. 물론 나는 현실의 TONY TAKITANI가 어떤 인물인지 어떠한 정보도 없었기 때문에 그저 머릿속으로 멋대로 상상할 수밖에 없었다. 그리고 머릿속으로 세상사를 멋대로 상상하는 것은 두말할 나위 없는 내 직업이니까.

지금 같으면 인터넷에서 TONY TAKITANI를 검색하면, 여러 가지 사실들이 확실해질 것이다. 그러나 행인지 불행인지 1980년대 중반에는 인터넷이라는 게 아예 없었다. 따라서 나는 그저 개인적인 상상력에 의존할 수밖에 없었다. 그리고 오로지 이름에서, 그 울림 하나에서 이야기가 만들어졌다. 그렇게 생각해보면, 일 달러짜리 티셔츠는 정말로 거저나 다름없다고 해야 할 것이다.

1990년대 후반에 어느 편집자가 인터넷으로 TONY TAKITANI 씨에 관해 알아봐주었다. 그래서 그가 1980년대 초에 민주당 후보로 하와이 주 상원의원 선거에 나섰다는 사실을 알게 되었다. 결국 그 티셔츠는 그의 선거운동을 위해 만든 옷이었던 것이다. 아하, 과연. 그렇다면 말이 된다.

실재 인물인 TONY TAKITANI는 현재 호놀룰루에서 변호사로 활동하고 있다고 한다. 그는 과연 자기 이름이 만들어낸 이야기를 어떻게 읽을까, 나는 굉장히 궁금하다.

다른
울림을
찾아서

⬤ ⬤   ⬤⬤ ⬤   ⬤   ⬤

〈뉴욕타임스 북리뷰〉에 쓴 글입니다. 2007년 7월 8일 자에 게재된 내용이며, 당시 제목은 '재즈 메신저'였습니다. 일본에서 발표하는 것은 이번이 처음입니다. 나의 이십대 무렵의 사진이 글과 함께 실렸습니다.

雑
文
集

애당초 소설가가 될 생각은 없었다. 적어도 스물아홉 살까지는. 이것은 솔직한 이야기다.

어릴 때부터 많은 책을 읽고 소설에 푹 빠져 지냈으니, 글을 쓰고 싶은 마음이 전혀 없었다고 한다면 거짓말일 것이다. 하지만 내가 도저히 소설 쓰는 재능이 있을 것 같지는 않았다. 내가 십대에 동경하던 작가를 들자면 도스토옙스키고 카프카고 발자크였다. 아무래도 내가 이 작가들이 후대에 남긴 작품에 필적할 만한 글을 쓸 수 있을 것 같지는 않았다. 그래서 나는 일치감치 소설을 쓰겠다는 희망을 말살시켜버렸다. 책읽기는 취미로 하면 된다. 일은 다른 분야에서 찾자.

결국 음악을 직업으로 삼게 되었다. 이십대 중반에 일해서 모은 돈과, 친척과 친구에게 얻은 빚으로 도쿄에 조그만 재즈 클럽을 열었다. 낮에는 커피를 팔았고 저녁에는 바로 변했다. 간단한 식사도 내놓았다. 평소에는 레코드를 틀고 주말에는 젊은 재즈 연주자들을 불러 라이브 공연을 했다. 그렇게 칠 년쯤 계속했다. 왜 그랬을까? 이유는 아주 단순했다. 그 일은 아침부터 밤까지 재즈를 들을 수 있었기 때문이다.

처음 재즈를 만난 것은 1964년, 내가 열다섯 살 때였다. 그해 1월에 아트 블래키 & 재즈 메신저스가 고베로 공연을 온 것이다. 나는 생일 선물 대신 그 콘서트 티켓을 손에 넣었다. 재즈라는 음악을 제대로 들은 것은 그때가 처음이었고, 나는 마치 벼락을 맞은 것처럼 큰 타격을 입고 말았다. 웨인 쇼터의 테너 색소폰, 프레디 허버드의 트럼펫, 커티스 풀러의 트롬본, 그리고 아트 블래키가 이끄는 기분 좋고 탄탄한 리듬 섹션. 멋진 밴드였다. 재즈 역사에서도 가장 강력한 구성이 아니었을까 한다. 그리고 이렇게 생각했다. '우아! 이런 대단한 음악은 지금껏 들어본 적이 없어.' 나는 그때부터 재즈에 완전히 푹 빠져들고 말았다.

일 년 전쯤 보스턴에서 파나마 출신의 재즈 피아니스트 다닐로 페레즈와 함께 저녁을 먹을 기회가 있었다. 내가 그런 이야기를 하자, 그가 주머니에서 휴대전화를 꺼내더니 "하루키, 웨인(쇼터)과 통화하고 싶어요?" 하고 물었다. 거의 할 말을 잃은 나는 "그야 물론"이라고 대답했다. 그는 곧바로 플로리다 번호를 찍더니 내 손에다 전화기를 쥐여주었다. 그때 내가 미스터 쇼터에게 한 말은 기본적으로 "와아! 정말로 그렇게 굉장한 음악은 그때까지(그리고 아마 그후로도) 들어본 적이 없었습니다" 하는 식이었다. 인생이란 참으로 알 수 없는 것이다. 무슨 일이 일어날지 짐작조차 할 수 없다. 사십이 년 후에 내가 (예상을 뒤집고) 소설가가 되고, 보스턴에 살고, 웨인 쇼터와 휴대전화로 대화를 나누게 될 줄이야.

스물아홉 살이 되고 난데없이 소설을 써봐야겠다는 생각이 들었다. 나도 뭔가 쓸 수 있을 것 같은 예감이 들었다. 물론 도스토옙스키나 발자크에 필적할 가망은 없었지만, 뭐 그래도 상관없잖아,

하고 스스로를 타일렀다. 딱히 대문호가 될 필요는 없으니까. 그런데 소설을 쓴다고 해도 대체 뭘 어떻게 써야 할지 가늠조차 할 수 없었다. 그때까지 소설을 써본 경험이 전무했기 때문이다. 당연히 자기 문체 같은 것도 없었다. 소설 쓰는 법을 가르쳐준 사람도 없었고, 문학 이야기를 나눌 만한 친구도 없었다. 다만 그때는 '혹시 음악을 연주하듯이 글을 쓸 수 있다면, 그건 분명 멋진 일이겠지'라고만 생각했다.

어릴 때 피아노를 배운 덕에 악보를 읽고 간단한 곡 정도는 칠 수 있었지만, 물론 프로가 될 만한 실력은 아니었다. 그러나 머릿속에서 나의 음악 같은 것이 강렬하고 풍성하게 소용돌이치는 느낌을 받을 때가 곧잘 있었다. 그런 느낌을 어떻게든 문장이라는 형태로 옮겨낼 수는 없을까. 내 글은 그런 생각에서 출발했다.

음악이든 소설이든 가장 기초에 자리 잡고 있는 것은 리듬이다. 자연스럽고 기분 좋으면서도 확실한 리듬이 없다면, 사람들은 그 글을 계속 읽지 않겠지. 나는 리듬의 소중함을 음악에서 (주로 재즈에서) 배웠다. 그리고 그 리듬에 맞는 멜로디, 요컨대 적확한 어휘의 배열이 뒤따른다. 그것이 매끄럽고 아름답다면, 더 바랄 게 없다. 그리고 하모니, 그 어휘들을 지탱해주는 내적인 마음의 울림. 그다음에 내가 가장 좋아하는 부분이 뒤따른다—즉흥연주다. 특별한 채널을 통과한 이야기가 내부에서 자유로이 솟구쳐오른다. 나는 그저 그 흐름을 디기만 하면 된다. 그리고 마지막에 아마도 가장 중요한 것이 온다. 작품을 다 마치고 (혹은 연주를 다 마치고) 맛볼 수 있는 '내가 어딘가 새로운, 의미 있는 장소에 이르렀다'는 고양된 기분이다. 그리고 잘만 풀리면, 우리는 독자=청중과 그 고조되어가는 기분을 공유할 수 있다. 그것은 다른 데서는 얻을 수 없는 멋진 성취다.

　이처럼 나는 글쓰기를 거의 음악에서 배웠다. 역설적이지만, 만약 그토록 음악에 빠져들지 않았다면 어쩌면 소설가가 되지 못했을지도 모른다. 그리고 소설가가 된 지 삼십 년 가까운 세월이 흐른 지금도 나는 여전히 소설 창작의 많은 방법론을 뛰어난 음악에서 배우고 있다. 예를 들어 찰리 파커가 자유자재로 연이어 풀어내는 프레이즈는 F. 스콧 피츠제럴드의 유려한 산문 못지않게 나의 문장에 막대한 영향을 미쳤다. 마일스 데이비스의 음악에 깃든 뛰어난 자기 혁신성은 지금도 내가 문학적 규범의 하나로 우러르는 것이다.

　텔로니어스 멍크는 내가 가장 경애하는 재즈 피아니스트인데, "당신의 연주는 어떻게 그렇게 특별하게 울리나요?"라는 질문에 그는 손가락으로 피아노를 가리키며 이렇게 대답했다.

　"새로운 음note은 어디에도 없어. 건반을 봐, 모든 음은 이미 그 안에 늘어서 있지. 그렇지만 어떤 음에다 자네가 확실하게 의미를 담으면, 그것이 다르게 울려퍼지지. 자네가 해야 할 일은 진정으로 의미를 담은 음들을 주워담는 거야.(It can't be any new note.

When you look at the keyboard, all the notes are there already. But if you mean a note enough, it will sound different. You got to pick the notes you really mean!)"

소설을 쓰면서 이 말을 자주 떠올린다. 그리고 이런 생각을 한다. 그래, 그 어디에도 새로운 말은 없다. 지극히 예사로운 평범한 말에 새로운 의미나 특별한 울림을 부여하는 것이 우리가 할 일이다. 이렇게 생각하면 마음이 놓인다. 우리 앞에는 아직도 드넓은 미지의 지평이 펼쳐져 있다. 그곳에는 비옥한 대지가 개척을 기다리고 있다.

질문과 그 대답

村上春樹

雜文集

폼나게
나이 들기는
어렵다

• •　　　•• •　　　•　　•

'공립여자 단기대학 문과 일본어·일본 문학 과정'이라는 이름(이름이 길다)을 가진 학과에서 출간하는 〈꼭두서니〉라는 문예지(50호)에서 한 이메일 인터뷰입니다. "50호 기념이라 무라카미 씨에게 꼭 부탁하고 싶어서……"라며 의뢰해왔습니다. 어쩌다 짬이 나면 이런 지면에도 응했습니다. 물론 늘 그렇지는 않습니다. 2005년 3월에 발표되었습니다.

雜文集

질문1
'인간 무라카미 하루키'가 형성된 원점은 어디라고 생각하십니까? (어릴 때부터 세계문학을 접할 수 있는 환경에서 자랐다는 글을 에세이에서 읽었습니다.)

형제가 없는 이른바 외동이었기 때문에 옛날부터 혼자 지내는 것이 그다지 고통스럽지는 않았습니다. 말하자면 책을 읽거나 음악을 듣거나 혼자서 다양하게 놀이를 궁리해내거나 개와 고양이와 놀면서 얼마든지 혼자 시간을 보낼 수 있었던 거죠. 의자에 앉아 책장을 펼치면 그 속에 언제까지고 푹 빠질 수 있었습니다.

그런 라이프스타일은 지금도 거의 변함이 없어서 오랫동안 혼자 책상에 앉아 소설을 쓰거나 번역을 해도 전혀 싫증나지 않습니다. 다른 사람과 장시간 대화를 나누지 않아도 별로 힘들지 않습니다. 아마 본래부터 소설가에 잘 맞는 성격이었나봅니다. 다만 책상 앞에서 몇 개월 혹은 몇 년씩 꾸준히 의식을 집중하는 일은 사람들이 일반적으로 생각하는 것보다 훨씬 많은 에너지를 필요로 하기 때문에 최대한 몸을 단련해둬야 하는데, 운동 역시 단체운동보다는 장거리달리기나 수영 같은 '개인 운동'만 잘하는 편입니다. 상당히 강하게 그런 성격입니다. 여하튼 자신의 페이스를 일관되게 꾸준히 유지하는 게 중요하겠죠.

그런 까닭에 어릴 때부터 책을 곧잘 읽었습니다. 공부는 별로 안

했지만(학교라는 곳이 그다지 마음에 들지 않아서) 책 하나는 꽤 읽었습니다. 책은 아주 많이 읽었습니다. 그렇지만 딱히 글쓰기를 좋아하지는 않았어요. 내가 쓴 글이 마음에 든 적도 없었습니다. 오히려 자질이 없다고 생각했습니다. 대학 시절에도 내가 글 쓰는 일을 하게 될 줄은 상상조차 못했습니다. 세상에는 대단한 소설들이 수도 없이 넘쳐나는데 내가 그런 글을 쓸 수 있을 것 같지는 않았습니다. 나는 독자로 책과 만나는 것으로 충분하다고 생각했죠.

그러다보니 이렇게 소설가가 되어 이십오 년 넘게 소설을 쓰고, 그 일로 그럭저럭 생활도 해나간다는 게 지금도 마냥 신기할 뿐입니다. 어떻게 이렇게 되었을까?

질문 2

무라카미 선생님이 쓰신 '끝'에는 다양한 형태와 의미가 깃들어 있는 듯한데 선생님께 끝이라는 것은 어떤 의미인지요?

(예를 들어 《세계의 끝과 하드보일드 원더랜드》는 의식 속에 갇히는 폐색성이 감도는 결말인데, 그것은 숲에서 살아가는 시작을 의미하기도 합니다. 또한 《노르웨이의 숲》에서는 '시작과 그 계속=생' 안에 '끝=죽음'이 이미 포함되어 있다고 쓰셨습니다.

모두 다 단순한 '끝=끝'이 아니라 '끝'인 동시에 '다른 의미'를 가지며 또한 '다른 무언가'인 동시에 '끝'이기도 한 것 같은데요.)

아주 흥미로운 질문입니다. 이런 질문은 처음 받아봅니다.

'끝'이라는 말 속에는 겉으로 드러나지 않는 다양한 이면의 의미가 깃들어 있습니다. 영어의 'end'라는 단어가 '마지막'과 '종말'이라는 의미를 동시에 띠는 것과 마찬가지죠.《세계의 끝과……》의 경우는 '마지막' 즉 막다른 곳이라는 의미에 가깝다고 봅니다. 다시 말해 이 세계를 계속해서 저 너머까지 걸어간 그 끄트머리라는 의미입니다. 물론 현실에서는 지구가 둥그니까 아무리 걸어도 '막다른 곳'이 없겠지만, 내가 생각한 것은 더 신화적인 세계입니다. 내적인 세계라 할 수도 있을 겁니다. 그런 곳에는 '끝'이 분명히 존재합니다. 그리고 거기에는 '여기가 세계의 끝자락입니다'라고 적힌 팻말이 서 있을지도 모릅니다. 당신은 그런 곳에 가보고 싶지 않은가요? 나는 가보고 싶습니다. 그래서《세계의 끝과 하드보일드 원더랜드》라는 소설을 썼습니다.

다시 말해 당신이 소설가고 어딘가로 진정으로 가고 싶다면, 당신은 실제로 그곳에 갈 수 있다는 뜻입니다. 그것은 소설가이기에 경험할 수 있는 멋진 일 가운데 하나입니다. 또한 당신은 독자로서 그 책을 읽으면서, 잘하면 그렇다는 얘기지만, 작가와 함께 그곳에 실제로 갈 수도 있습니다. 이것 역시 독자이기에 경험할 수 있는 멋진 일 가운데 하나입니다. 그리고 그것이 바로 이야기가 가지는 최대의 효능입니다.

질문을 받고 새삼 다시 생각해봤습니다만, 나에게 죽음이란 '종말'이라기보다는 '막다른 곳'에 가까운 느낌입니다. '세계의 막다른 곳'의 풍경(그것은 대부분의 경우, 내적인 광경이며 또한 신화적인 광경입니다)을 조금이라도 생생하고 극명하게 묘사해내는 것이 내 작품의 중요한 주제 중 하나겠지요.

질문3
 작가로서 어떤 은퇴를 그리고 계신가요?
 (전에 샐린저처럼 젊은 시절의 사진만 남기고 사라지는 것도 좋을지 모르겠다고 쓰신 글을 읽고는 자연스레 고개를 끄덕끄덕한 기억이 있습니다.)

 언젠가 썼듯이 나는 장거리 주자입니다. 그러니 조금이라도 오래 살면서 한 권이라도 더 많은 소설을 쓸 수 있기를 희망합니다. 조금이라도 더 많은 작품을 통해 나 자신을 갱신해나가고 싶습니다. 꾸준히 버전업하고 싶은 거죠.
 전기를 보건대 샐린저 씨의 실제 인생은 절대 본인의 뜻대로 풀리지 않았던 것 같습니다. 작가에게 가장 큰 기쁨은 (어쩌면 유일한 기쁨은) 계속해서 뛰어난 새 작품을 내고, 그것을 독자와 함께 나누는 일입니다. 그런 기쁨이 없다면 세상 사람이 제아무리 '멋있다' 해도 작가는 결국 고독한 존재일 것입니다. 나이를 잘 먹는 것은 어려운 일 같습니다. 나 역시 나이를 처음 먹어보니 잘될지 어떨지 솔직히 자신은 없습니다. '은퇴'라는 것도 내가 결정할 일은 아니라는 생각도 듭니다. 그렇지만 할 수 있는 데까지는 내 페이스를 확실하게 유지하고 싶다는 것이 지금 내 생각의 전부입니다.

예술가에는 두 가지 타입이 있습니다. 하나는 지면 가까이에 기름 층 같은 게 있어서 그것이 저절로 술술 솟구치는 타입(이른바 천재 타입), 다른 하나는 땅속 깊은 곳까지 파고들지 않으면 기름 층을 만날 수 없는 타입입니다. 안타깝게도 나는 천재가 아니므로 곡괭이를 들고 부지런히 단단한 지층을 파내려가야 합니다. 그러나 덕분에 지층을 파는 작업에는 꽤 정통하게 되었습니다. 곡괭이질에 유리한 근육도 탄탄하게 붙었습니다. 그러니까 앞으로도 계속해서 꾸준히 작업해나갈 것입니다. 자기 페이스를 확실하게 유지한다는 말은 이런 뜻이었습니다.

포스트코뮤니즘
세계로부터의
질문

2006년에 '프란츠 카프카 국제문학상'을 수상했을 때, 체코의 〈리도베〉와 〈프라보〉라는 두 신문과 이메일로 진행한 인터뷰입니다. 두 글을 하나로 정리했습니다. 이메일은 영어로 주고받은 것으로 기억합니다. 양쪽 다 질문이 매우 흥미로웠습니다. 체코 작가들도 포스트코뮤니즘 세계의 문학의 정체성에 대해 고심하는 듯합니다. 내 작품은 그후에도 몇 권 더 체코어로 번역되어 현재(2010년)는 일곱 권이 출판되었다고 합니다.

雜
文
集

《해변의 카프카》에서 신화는 중요한 역할을 맡고 있습니다. 그에 관해 당신의 의견을 좀더 자세히 들려주십시오.

신화라는 것은 말하자면 세계적으로 유효한 공통어입니다. 물론 나라와 문화에 따라 상세한 부분은 달라도 근본적으로는 비슷한 요소가 많습니다. 다시 말해 지역 신화들 간에는 상호 대치가 가능한 부분이 많다는 뜻입니다. 거기에는 인간이 잠재적으로 공유하고 있는 이미지 같은 것이 확실하게 존재한다고 생각합니다. 최근 인터넷이 보급되면서 세상이 점점 더 세계화되고 있지만, 최신 과학 기술 못지않게 이러한 최고最古의 '공통어'도 앞으로 점점 더 정보의 데이터베이스로서 큰 의미를 가지게 될 것입니다. 그러한 '공통어'는 소설의 세계에서 역시 큰 가치를 가지게 될 것입니다.

당신의 소설은 어떤 때는 메타폴리컬(비유적)하고, 어떤 때는 메타피지컬(형이상학적)합니다. 그런 점이 이곳처럼 물질주의적이고 무신론적인 환경(무라카미 주 : 체코를 가리킴)에서 성장한 우리에게 더없이 신선합니다.

《해변의 카프카》에서 호시노 청년이 커널 샌더스와 토론을 합니다. 그가 누구이며 어떤 존재인지에 관해서. 거기는 혼(스피릿)이나 하느님이나 부처님도 포함되어 있습니다. 당신은 옴진리교 신자들과도 얘기를 나눴다고 들었습니다. 당신은 종교나 영성(스피리추앨러티)에 어떤 입장을 취하십

니까?

 압도적이라고 할 만큼 자본주의적인 오늘날의 세계에서는 적지 않은 사람들이 수치와 형식과 물질과 고정관념에서 벗어나 무형의 개인적 가치를 찾아내고자 합니다. 그것은 물론 당연한 욕구이며, 소설가는 그러한 '무형의 것'을 이야기라는 형식으로 치환하여 사람들에게 제시하는 일을 담당합니다. '치환'의 확실하고도 뛰어난 유효성이야말로 소설의 가치라 할 것입니다. 그리고 우리는 그러한 작업을 몇 천 년에 걸쳐 세계 안에서 실행해왔습니다.
 종교 역시 대체로 비슷한 기능을 맡아오지 않았나 하는 것이 저의 생각입니다. 성직자는 그들 나름의 이야기적 시스템을 사람들에게 제시하고, 사람들의 정신이 자리할 곳을 그곳에 다져나갑니다. 다만 종교는 소설보다 훨씬 더 강력한 규범과 헌신을 사람들에게 요구합니다. 따라서 그 종교가 컬트적인 색채를 띨 때 거기에는 종종 위험한 흐름이 생겨나는 경우도 있습니다. 그렇다면 그런 부자연스러운 흐름이 조성되는 사태를 최대한 저지하는 것도 소설이 맡은 책무가 아닐까, 옴진리교 신자들과 만난 후에 그런 생각이 들었습니다. 소설이 기본적으로 추구하는 것은 사람들의 영혼을 안전한 (적어도 위험하지 않은) 장소로 데려가 자연스럽게 연착륙하는 일입니다.

지금까지 《노르웨이의 숲》《국경의 남쪽 태양의 서쪽》《해변의 카프카》가 체코어로 번역되었습니다. 이 번역들이 당신 작품을 소개하는 데 요점을 짚었다고 판단합니까? 꼭 읽어줬으면 하는 특별한 작품이 있습니까?

그밖에 다른 장편소설 두 권 정도 더 읽어보시면 좋을지도 모르겠습니다. 그러면 내가 쓰고자 하는 세계의 전체상을 좀더 확실하게 조망할 수 있을 겁니다. 내 이야기 세계의 하나의 원형인 《세계의 끝과 하드보일드 원더랜드》(1985년)와 나에게 큰 전환점이 된 가장 장대한 소설 《태엽 감는 새》(1994, 1995년)입니다.

체코=프랑스 작가인 밀란 쿤데라는 어느 에세이에 이렇게 썼습니다. "작가는 자기가 쓴 이야기 속에 몸을 숨기고 있어야 마땅하다." 그는 사람들 앞에 나서는 것을 좋아하지 않습니다. "작가는 작품의 그림자 속에 머물러야 한다"고도 했습니다. 그런 의견에 찬성하십니까?

나는 글 쓰는 일이 좋고, 글 쓰는 일이 고통스럽다고 느낀 적은 단 한 번도 없습니다. 그러나 솔직히 그밖의 일은 매우 서툽니다. 인터뷰도 강연도 낭독도 가능한 한 나서고 싶지 않습니다. 텔레비전이나 라디오에 나간 적도 없습니다. 다만 너무 자기 내면에만 틀어박혀 지내는 건 건전하지 않은 듯해서 이따금은 의식적으로 사람들 앞에 나가려고 노력합니다. 그러나 무엇을 하든 집필 시간만은 희생하고 싶지 않습니다. 소설가란 본래 모든 개인적 행위나 원칙을 소설 속에 담아내야 마땅하며, 그것을 현실에서 실행하는 것은 어디까지나 부차적인 일이라고 생각합니다.

최근 백 년간 뛰어난 작품 대부분이 망명자 혹은 개인적 사정으로 고국을 떠난 사람들에 의해 쓰였습니다. 조이스, 베케트, 나보코프 등을 예로 들 수 있죠. 이런 현상은 체코 문학에서 역시 두드러집니다. 무라카미 씨도 오랫동안 고국을 떠나 일본 문단과는 무연한 곳에서 활동해왔습니다. 그렇게 이국으로 나가는 것이—또는 고국의 주류에 가담하지 않는 것이— 현대문학에서 필요한 작업이라고 생각하십니까? 또 그것은 어떤 의미에서 유효할까요?

나는 본래 조직이라는 것을 별로 좋아하지 않습니다. 국가 체제에서부터 학교나 회사를 비롯해 작가 집단에 이르기까지 단체라는 것이 도무지 익숙해지지 않습니다. 그런 의미에서 나는 외국에서 이방인(스트레인저)으로 살아가는 편이 정신적으로 더 편했는지도 모릅니다. 규칙이나 규범에 구애받지 않고 자유롭게 소설을 쓸 수 있었으니까요.

다만 나는 어디까지나 일본인이 등장하는 소설을 일본어로 쓰는 일본 작가입니다. 그런 의미에서 기본적으로는 일본 사회에 신세를 지고 있다고 생각합니다. 가능한 한 독립된 개인으로 존재하고 싶지만 그럼에도 국가나 문화로부터 벗어날 수는 없는 이중성은 많은 작가들이 지금까지 절감해온 일이라고 생각합니다. 나도 예외는 아니었습니다.

고국에 있으면서도 계속 이방인으로 남는 것 역시 경우에 따라서는 가능하다고 생각합니다.

포스트코뮤니즘 시대에 접어들어 더 많은 체코 작가들이 '새것'과 '옛것' 사이에서 갈등하고 있습니다. 당신에게 코뮤니즘은 어떤 특별한 의미입니까? 예를 들어 1968년 '프라하의 봄'에 관해서는 어떻게 생각하십니까? 우리가 일본의 전후 체험에서 배워야 할 점은 무엇일까요?

잘 아시겠지만 1968년은 우리 세대에게 더없이 중요한 의미를 가집니다. 당시 일본에서 우리는 대학생으로서 정치적 투쟁을 하고 있었습니다. 그리고 체코에서는 물론 '프라하의 봄'이 있었죠. 세계적으로 젊은이들이 '체제'를 향해 '노'를 외치고 있었던 셈입니다―그 상대가 자본주의든 공산주의든 간에. 하지만 그런 이상주의는 압도적인 권력에 의해 짓밟히고 맙니다. 그래도 그러한 강렬한 이상주의와 가혹한 좌절을 헤치고 나옴으로써 우리 세대는 다른 세대와는 비교할 수 없는 강인함을 얻을 수 있었던 것 같습니다. 따라서 우리는 그런 체험 속에서 기성 문학의 틀을 초월해 이제까지는 없던 새로운 이야기의 틀을 만들어온 것입니다.

전후 일본은 다양한 의미가 있습니다만 '물질적으로 풍요로워 진다고 해서 정신적으로도 풍요로워지는 것은 아니다'라는 말의 예증이 된 것도 같습니다. '우리는 앞으로 무엇을 추구하며 어디로 가려 하는가?', 현재 일본은 다시금 그런 출발점으로 되돌아간 듯 보입니다. 거기에서는 이상주의가 다시 큰 힘을 발휘할 것 같은 예감도 듭니다만.

_〈리도베 노비니〉

*

지금까지 체코어로 번역된 당신의 세 편의 소설은 체관諦觀과 멜랑콜리로 가득해 보입니다. 그것은 전형적인 '일본적' 요소라고 할 수 있을까요?

전형적인 일본 소설이 무엇인지는 솔직히 저도 잘 모르겠습니다. 그 세 작품은 모두 개인적으로 쓴 소설이므로 나는 개인적인 견지에서 바라볼 수밖에 없습니다. 다른 무엇과 비교할 수는 없습니다. 그리고 나는 그 작품들이 딱히 멜랑콜리나 체관으로 가득한 소설이라고 생각하지 않습니다. 나는 지극히 자연스러운 인간의 감정을 지극히 자연스럽게 묘사했을 뿐입니다. 따라서 그런 질문을 받으면 곤란할 수밖에 없습니다.

예를 들어 나는 플로베르의 《보바리 부인》이 멜랑콜리와 체념으로 가득한 소설이라고 생각합니다. 그렇지만 플로베르에게 물어보면 "아니, 그건 지극히 자연스러운 인간의 감정을 지극히 자연스럽게 표현한 것뿐이오"라고 대답할지도 모릅니다. 자연스러운 것이 무엇이냐 하는 기준은 물론 사람에 따라 다르겠지요.

《해변의 카프카》에서 오이디푸스 왕의 전설에 관한 언급이 나옵니다. 당신은 어떤 이유로 그 오래된 문학적 주제를 채택하셨나요?
《해변의 카프카》는 일본적인 사물이나 현상에 관해 (지금까지보다) 더 많은 페이지를 할애했습니다. 예를 들면 '생령' 같은 것이 있겠죠. 그것은 당신이 자신의 뿌리로 귀환하고자 하는 의미일까요?

일본인 작가가 오이디푸스의 전설을 채택하는 것이 딱히 부자연스러운 일도 아니고 또한 일본의 고전을 언급하는 것 역시 딱히 부자연스럽지 않다고 생각합니다. 왜 그것이 굳이 문제가 되는지 나는 잘 이해되지 않습니다. 나는 머릿속에 떠오른 사상을 자연스럽게 잇달아 써내려갈 뿐입니다. 나는 초밥을 먹을 때 프랑스산 백포도주를 즐겨 마시는데, 왜 그렇게 먹느냐고 물어도 대답하기 어려운 것과 마찬가지입니다. 다만 개인적으로 '그런 배합도 나쁘지 않다'고 느낄 뿐입니다. 이런 질문은 얼굴을 직접 마주하고 받더라도 대답하기 곤란한 건 매한가지입니다.

당신의 소설은 대체로 '열린 결말'입니다. 독자에게 해결을 맡기는 이유는 무엇입니까?

미스터리 소설이라면 마지막에 범인에 대한 해명이 필요합니다. 옛날이야기라면 '오래오래 행복하게 잘 살았습니다'가 끝에 없어서는 안 되겠죠. 소설이라면 마지막에 결말이 필요합니다. 복권에서 당첨번호 발표가 필요하고 경마에서 순위가 큰 의미를 가지듯이. 그러나 고맙게도 내가 쓰는 소설은 그러한 명백한 최종적인 결론을 필요로 하지 않습니다. 필요치 않은 것을 무리하게 쓸 필요는 없을 겁니다. 나는 명백한 결말을 좋아하지 않습니다. 대부분의 일상에서도 그런 것은 존재하지 않으니까요.

프란츠 카프카상을 수상하기 위해 프라하에 오실 예정입니다. 이번 수상이 당신에게 어떤 의미가 있을까요?

소설이란 가치를 평하기가 매우 어려운 대상입니다. 소설가에게는 어디까지나 좋은 독자라는 존재가 가장 중요한 의미를 가지는 상이며, 그밖의 것들은 대체로 편의적인 '형식'에 불과합니다. 독자만 함께한다면 다른 상은 굳이 필요로 하지 않습니다. 소설 자체가 힘을 가지고 그 힘으로 독자를 획득한다면 누군가의 인가는 필요치 않습니다. 내가 이 상을 기쁘게 받는 이유는 내가 존경하고 사랑하는 프란츠 카프카라는 작가의 이름이 붙은 상이기 때문입니다.

현지에서도 당신은 매스미디어의 주목을 원하지 않는 작가로 알려져 있습니다. 그런 의미에서 당신을 '일본의 쿤데라'라고 부르는 사람도 있더군요. 그러나 작가들 대부분은 언론에 등장하는 것을 중요시합니다. 문학도 하나의 비즈니스라 여기죠. 당신은 왜 그런 태도를 취하지 않습니까?

소설가란 글 쓰는 일을 하는 사람입니다. 모든 세상사를 유효한 문장으로 만들어 독자에게 제시하는 것이 소설가에게 요구되는 작업입니다. 그런데 왜 소설가가 글쓰기 이외의 일을 해야 할까요? 그것이야말로 오히려 내가 하고 싶은 질문입니다. 텔레비전에 나가고 싶다면 나는 텔레비전 탤런트가 될 겁니다. 노래를 부르고 싶다면 가수가 되겠죠. 정치가 하고 싶다면 정치가가 될 겁니다. 나는 글을 쓰고 싶었기 때문에 작가가 되었습니다. 단지 그뿐입니다.

_〈프라보〉

짧은 픽션

《밤의 거미원숭이》 아웃테이크

村上春樹

雜文集

사랑
없는
세계

• •　　• •　　　• 　　•

아주 짧은 단편을 모은 소설집 《밤의 거미원숭이》(1995년 출간)에 싣기 위해 쓴 작품이지만, 의미가 없어서(없는 것처럼 여겨져서) 내가 싣지 말자고 했습니다. 미발표 작품입니다. 그로부터 오랜 세월이 지났고 정치경제 상황도 많이 변했으니, 대담하게 '이젠 뭐든 상관없겠지' 하는 생각으로 이번에는 수록하기로 했습니다. '이런 건 지금도 아무 의미가 없잖아!' 라고 화내지 말아주십시오. 언제쯤 썼는지 시기는 확실치 않습니다.

雑
文
集

있잖아, 엄마, '전후 민주주의'라는 게 뭐야? 그때부터 인간은 사랑 없이도 '섹스'를 한다던데 그게 진짜야?

그래, 루미, 그거 아주 좋은 질문이구나. 모르는 게 있을 때 '그건 무슨 뜻인가요?' 하고 누군가에게 물어보는 건 아주 바람직한 태도란다. 앞으로도 혹시 모르는 게 있거든 뭐든 좋으니 이 엄마한테 물어보렴, 알았지? 엄마가 저어언부 알기 쉽게 설명해줄 테니까. 알겠지?
으음, '전후 민주주의'라는 건 말이지, 오래전에 인도에서 온 마쓰카사라는 이름의 훌륭한 코끼리님께서 일본에 전해주신 거란다. 마쓰카사 씨는 나이가 아아주 많고 설탕처럼 새하얬지. 그런데 그 전후 민주주의라는 게 뭐냐 하면, 인도의 펀자브라는 지역에서 오랜 옛날부터 전해내려온 신비한 마력을 가진 양말이란다. 새빨갛고 기다랗게 생겼지.
그걸 신고 비밀의 주문을 외면 구름 위로 슝 올라가서 어디로든 맘대로 갈 수 있어. 정말 멋지지 않니? 마쓰카사 씨가 그걸 일본사람들에게 소개해준 거야. "자, 여러분 이게 바로 전후 민주주의랍니다아아앙. 자, 보세요, 짜잔!" 하고 말이야. 어떠니, 루미? 정말 친절한 코끼리님이지? 자 그럼, 엄마랑 같이 '코끼리님 노래'를 불러볼까. "코끼리님은 마쓰카사랍니다. 사아아실은요호호······."

있지있지, 엄마엄마, 그럼 이세탄 백화점에 가서 '전후 민주주의'라는 걸 사다 신으면, 루미도 슝슝 구름을 타고 어디로든 훨훨 날아가는 거네?

아냐, 아냐, 그게 그렇게 쉬운 일이 아니란다. 물론 옛날에는 전후 민주주의를 신기만 하면 모두 다 구름 위로 금세 슝슝 올라갈 수 있었지. 그리고 곧장 사랑의 세계로 붕붕 날아갔단다. 정말 굉장하지?

그런데 말이지, 원래 좋은 건 그리 오래가지 않는 법이야. 그 소식을 전해들은 인도의 왕이 "전후 민주주의는 인도 사람들 거조우*, 일본사람들한테 신겨줄 순 없조우"라며 불같이 화를 낸 거야. 그러고는 마쓰카사 씨를 다시 인도로 불러들였어. "당장 돌아오지 않으면 따끔한 맛을 보게 될 거조우. 지옥에 거꾸로 처박히게** 될 거조우"라고.

너무 심해. 아무리 왕이라지만 그건 횡포잖아. 화내요, 마쓰카사 씨! 성난 얼굴로 돌아봐요! 그렇지만 그 말을 들은 마쓰카사 씨는 "여러분, 그래봤자 저는 한낱 보잘것없는 흰 코끼리에 불과합니다. 인도 왕의 말을 듣지 않으면, 앞으로 평생 카레를 먹을 수가 없어요. 그건 곤란해요오옹. 내 코가 석자라고요오옹. 그러니 이제 그만 안녀어엉"이라며 부리나케 인도로 돌아가버렸어. 그후로는

* 일본어에서 '조우'는 코끼리라는 의미.
** 일본어 '거꾸로 처박힌다'는 코끼리 이름의 발음과 비슷한 '맛사카사마'.

전후 민주주의를 신어도 아무도 하늘을 날 수 없게 된 거죠오옹. 마쓰카사 씨가 떠나버리자 신기하게도 주문까지 갑자기 그 효력을 잃고 말았지.

그리고 그후로 세상은 사랑 없는 섹스로 가득 차버렸단다. 끝. 슝슝.

아이, 아쉽다. 루미도 구름 위로 슝슝 올라가고 싶은데. 너무해. 사랑 없는 섹스라니 정말 싫어.

가라타니 고진

• •　　•• •　　　•　　•

이것도 《밤의 거미원숭이》에 수록되지 않은 한 편입니다. 나는 넣었으면 했는데, 담당 편집자인 여성분이 가라타니 씨의 팬이어서 "이건 농담도 뭣도 아니잖아요. 뭐예요, 진짜!"라며 허망하게 내치고 말았습니다. 그렇지만 내가 가라타니 씨를 놀릴 의도로 이 글을 쓴 건 절대 아닙니다. 가라타니 씨 책을 읽는 말이 있으면 재미있겠다고 상상해본 것뿐입니다. 그게 놀리는 건가? 아니, 절대 그런 게 아닙니다. 글을 쓴 시기는 불확실합니다.

雑文集

노인 "옆집 공터에 있던 담장이 울타리로 바뀐 거 아냐?"

곰 "그건 어쩐지 으음, 평균적이지 않은 화제인 것 같군요."

노인 "⋯⋯⋯⋯⋯⋯⋯."

곰 "⋯⋯⋯⋯⋯⋯⋯."

노인 "지금 그 얘기, 다시 한번 들려줄 수 있겠나? 억양에서 왠지 작위적인 냄새가 느껴지는군."

곰 "그건 어쩐지 으음, 평균적이지* 않은 화제인 것 같군요."

노인 "역시나 신소리였군.**"

곰 "그렇죠. 상당히 억지스럽고 구차합니다만. ⋯⋯그건 그렇고 왜 굳이 담장을 울타리로 바꿨을까요?

노인 "그거야 거기서 키우는 말을 사람들에게 보여주고 싶어서겠지."

곰 "그건 또 왜죠? 사람들에게 그 말을 꼭 보여줘야 할 이유라도 있었나요?"

노인 "그건 그 말이 책을 읽기 때문이야."

곰 "오호, 과연. 독서하는 말을 모두에게 자랑할 의도로 담장을 울타리로 바꿨단 말이죠?"

---

* '어쩐지 으음, 평균적[난카 코우 헤이킨테키]'의 일본어 발음이 '뗑 둘러싼 담[난 카코우 헤이킨테키]과 같음.

** 여기서 신소리[샤레]는 일본어로 동음이의어를 이용하여 남을 웃기는 재치 있는 문구를 의미함.

노인 "그뿐만이 아니야. 말이 읽는 책이 예사 책이 아니었지. 그 말이 글쎄 놀랍게도 가라타니 고진의 저서를 읽더라니까."
곰 "허, 그것 참. 그건 몸에는 그 뭐냐, 심상*찮은 행위예요."
노인 "························."
곰 "················."
노인 "다시 한번 말해보게."
곰 "그건 몸에는 그 뭐냐, 심상찮은 행위라고요."
노인 "왠지 좀 지치는군."
곰 "죄송합니다. 이게 제 인격의 일부라서요."
노인 "뭐, 그건 됐고. 아무튼 그 말은 머리가 엄청나게 좋더군."
곰 "그런 것 같군요."
노인 "그렇지만 제아무리 포스트모더니즘을 독해한다 해도, 어차피 말은 말일 뿐이지. 말 주제에 건방지게 어려운 소리나 해대니 주인이 기분 상했던 모양이야. 어디로 끌고 가서 처분해버렸다는군. 말도 꽤 당혹스러웠겠지. 제 주장을 늘어놓을 새도 없이 허망하게 저민 고기로 끝나버렸지."
곰 "패닉으로 반박도 못 했군요."
노인 "········지금 그 말, 다시 한번 들려줄 수 있겠나. 유성음이 약간 명확하질 않았어."

---

* '몸에는 그 뭐냐, 심상[가라다니 코우 신죠]'이 '가라타니 고진'과 발음이 비슷함.

雜文集

곰 "흐음, 그러니까, 말고기로 햄버거*라고 했습니다."

노인 "……………………………………………………………………
………………………………………………………………."

곰 "아니…… 그러니까 그 뭐냐…… 하하하, 어르신 그 셔츠 참 멋진데요, 갭인가요?"

* '패닉으로 반박[파닉쿠데 반바쿠]'의 발음이 '말고기로 햄버거[바니쿳테 한바아구]'와 유사함.

덤불
속
들쥐

• •   • •   •   •

《밤의 거미원숭이》가 한국어와 중국어로 번역 출간되었을 때, 서문을 요청받고 쓴 글이라고 기억합니다. 쓴 날짜는 1996년 10월 27일이라고 되어 있습니다. 해외 출판을 위해 따로 서문을 쓰는 일은 거의 없지만, 《밤의 거미원숭이》는 '이런 책을 번역하면 과연 팔릴까?' 싶은 불안감이 있었는지 나도 모르게 제공하게 되었습니다. 팔렸는지 어땠는지는 잘 모릅니다.

雜
文
集

사실, 이 정도 분량의 짧은 스토리 쓰기를 예전부터 무척 좋아했습니다. 물론 긴긴 장편소설을 쓰는 것이 나의 가장 중요한 일입니다만, 짬짬이 이렇게 짧고 펑키한 이야기를 쓰다보면, 마음이 아주 가벼워집니다. 이것은 일이라기보다 오히려 개인적인 취미에 가까울지도 모르겠습니다.

그렇다보니 이런 글을 쓰는 일은 전혀 고생스럽지 않습니다. 고생스럽다면 이미 취미가 아니겠죠. 책상 앞에서 심호흡을 한 번 하고는 머릿속에 떠오르는 대로 술술 써내려가면 그걸로 족합니다. 자만하는 건 아닙니다만, 이런 이야기라면 얼마든지 떠올릴 수 있습니다.

그렇더라도 혹시 당신이 "그건 알겠는데, 도대체 이런 이야기에 무슨 의미가 있지?"라고 진지하게 묻는다면 곤란합니다. 매우 곤란합니다. 솔직히 이런 이야기를 해야 할 만한 의미는 딱히 없기 때문입니다.

아니, '의미가 없다'고 하면 오해의 소지가 조금 있을지도 모르겠군요. 정확하게는 '의미가 없다'가 아니라 '의미는 있을 테지만 나는 그 의미를 잘 모른다'는 의미일 것 같습니다. 의미는 분명 어딘가에—깊은 덤불 속에 들쥐가 숨죽이고 숨어 있듯이— 있을 겁니다. 그 까닭은 내가 그 이야기를 불현듯—다시말해 무無에서— 떠올렸고, 그렇다면 거기에는 내가 그 이야기를 떠올릴 만하

'필연성' 같은 게 존재할 테니까요. 아마도 들쥐만 한 정도의 미미한 필연성이.

그러나 그 미미한 들쥐가 그 순간 덤불 속에서 과연 무슨 생각을 했는지는 내가 알 길이 없습니다. 내가 아는 것은 내가 그런 이야기들을 술술 써내려갔다—그것도 즐겁게 써내려갔다는 사실뿐입니다.

그러니 가능하면 복잡하게 생각지 마시고, 여기에 있는 이야기를 가볍게 즐겨주십시오. 우리는 우리 좋을 대로 즐기고, 들쥐는 들쥐 좋을 대로 살아가면 좋지 않겠습니까.

소설을 쓴다는 것

村上春樹

雜文集

유연한
영혼

• •   • • •   •   •

이 글은 2003년 《해변의 카프카》 중국어판에 쓴 서문입니다. 나에게 중요한 장편소설이라 출판사
의 요청에 응하게 됐습니다.

雑
文
集

《해변의 카프카》라는 장편소설의 대략적인 구상이 떠올랐을 때, 가장 먼저 떠오른 생각은 '열다섯 살 소년을 주인공으로 한 이야기를 쓰자'는 것이었다. 어떤 이야기가 될지 전혀 알 수 없지만(나는 늘 어떤 이야기가 될지 예상하지 않고 소설을 쓰기 시작한다), 어쨌든 한 소년을 주인공으로 삼자, 라고. 그것이 이 소설의 바탕을 이루는 주제였다. 지금까지 내 소설의 주인공은 대부분 이십대에서 삼십대 사이의 남성으로 도쿄를 비롯한 대도시에 살고, 전문직에 종사하거나 혹은 실업 상태였다. 사회적인 관점에서 그들은 결코 높이 평가받는 사람들이 아니다. 오히려 사회 시스템의 주류에서 벗어난 지점에서 살아가는 사람들이다. 그러나 그들에게도 그들만의 독자적이고 개인적인 시스템과 그들만의 독자적이고 개인적인 가치관이 있다. 그런 의미에서 그들은 일관성을 유지하며 상황에 따라서 강해질 수도 있었다. 내가 지금까지 묘사해온 것은 대체로 그런 라이프스타일이고 그런 가치관이며 그들이 살면서 개인적으로 겪어나가는 그런 세상사였다. 그들의 눈으로 보는 이 세계의 실상이었다.

그런데 이번에 소년의 이야기를 쓰고자 한 까닭은 소년이란 '변할 수 있는' 존재이며 그 영혼이 아직 한 방향으로 고정되지 않은 유연한 상태이기 때문이다. 그들은 가치관이나 라이프스타일 같은 것이 아직 확립되지 않았다. 그런데 정신이 끝없는 자유를 모색하여 길피를 못 집는 데 빈해 육체는 무서운 속도로 성숙을 향해 치달린다. 나는 그렇게 영혼이 흔들리고 움직이는 상황을 픽션이라는 그릇 속에서 세밀하게 그려내보고 싶었다. 한 인간의 정신이 과연 어떠한 이야기 안에서 형성되어가는가, 어떠한 파도가 어떠한 지점으로 그들을 실어나르는가, 나는 그것을 그려내고 싶었다.

물론 주인공 소년 다무라 카프카는 어디에나 있을 법한 평범한 열다섯 살은 아니다. 그는 어릴 때 어머니에게 버림받았고, 아버지의 저주를 벗어나기 위해 '세상에서 가장 터프한 열다섯 살 소년'이 되겠다고 결의한다. 깊은 고독 속에서 묵묵히 신체를 단련하고, 학교를 뒤로하고 집을 나와 미지의 땅으로 홀로 여행을 떠난다. 그것은 아무리 생각해도(일본에서도 아마 중국에서도) 평균적인 열다섯 살 소년의 모습이라고는 할 수 없을 것이다. 그러나 그럼에도 나는 여전히 다무라 카프카 군의 많은 부분이 나이자 또한 당신이라고 생각한다. 열다섯 살은 마음이 희망과 절망 사이를 격렬하게 오가는 시기를 의미하며, 세상이 현실성과 비현실성 사이를 오가는 시기이자 육체가 도약과 낙착 사이를 오가는 시기이다. 우리는 그 나이에 걷잡을 수 없는 축복을 받는 동시에 걷잡을 수 없는 저주를 받는다. 다무라 카프카는 우리가 실제로 열다섯 살에 경험하고 통과한 일들을 (이야기로) 확대된 형태로 받아들였을 뿐이다.

다무라 카프카는 고립무원의 상태에서 집을 뛰쳐나와 거칠고 황량한 어른들의 세계로 들어간다. 그리고 거기에는 그에게 상처를 입히려는 힘이 있다. 그것은 어떤 경우에는 현실 속의 힘이며 어떤 경우에는 현실을 넘어선 곳에서 밀려오는 힘이다. 하지만 그와 동시에 많은 사람들이 그의 영혼을 구제하려 애쓴다. 혹은 결과적으로 구제한다. 그는 세계의 끝까지 휩쓸려가 제 힘으로 되돌아온다. 돌아왔을 때는 이미 예전의 그가 아니다. 그는 다음 단계로 나아가 있다.

우리는 세상이 얼마나 거칠고 가혹한지 잘 안다. 그러나 동시에 세상이 멋지고 아름다워질 수 있다는 것 역시 잘 알고 있다. 《해변의 카프카》에서는 열다섯 살 소년의 시선을 통해 그런 세상의 실상을 담아내고자 했다. 반복하건대 다무라 카프카는 나 자신이자 당신 자신이다. 이 이야기와 함께 당신도 그런 시선으로 세상을 바라본다면 작가로서 그보다 큰 기쁨은 없을 것이다.

멀리까지
여행하는
방

· ·　　　·· ·　　　　·　　·

번역가 린 샤오화 씨에게 중국 독자에게 전하는 말을 부탁받아 2001년 8월에 썼습니다. 어디에 발표되었는지는 잘 모릅니다. 혹시 아는 분이 계시면 가르쳐주십시오.

雜文集

소설을 쓴다는 것은 다시 말해 이야기를 만드는 일이라고 생각합니다. 이야기를 만드는 일은 자기만의 방을 만드는 것과 비슷합니다. 방을 마련하고, 그곳으로 사람들을 불러 편안한 의자에 앉히고, 맛있는 음료를 내놓고, 상대가 그곳을 아주 마음에 들게 하는 것. 마치 자기만을 위한 장소인 것처럼 느끼게 하는 것. 그것이 바로 뛰어나면서도 바람직한 이야기의 본디 그대로의 모습일 것입니다. 그곳이 설령 어마어마하게 멋지고 호화로운 방이라도 상대가 편히 쉬지 못하면 바람직한 방=이야기라고는 할 수 없겠죠.

　이렇게 말하면 마치 일방적으로 이쪽에서만 대접하는 듯 보일 수도 있지만 꼭 그런 것만은 아닙니다. 상대가 그 방을 마음에 들어하고 자연스럽게 받아들여주면 나 역시도 도움을 받습니다. 상대의 편안한 마음을 제 마음처럼 느낄 수 있습니다. 왜냐하면 나와 상대는 방이라는 매개를 통해 무언가를 공유할 수 있기 때문입니다. 공유한다는 것은 다시 말해 세상사를 서로 나눠가진다는 뜻입니다. 서로에게 힘이 된다는 뜻입니다. 내게는 그것이 이야기의 의미이며 소설을 쓰는 의미입니다. 서로를 알고 이해하는 것. 그런 생각은 소설을 쓰기 시작한 이래 이십 년이 넘는 세월 동안 조금도 변하지 않았습니다.

　내가 쓴 소설이 말하고자 하는 바는 어느 정도 간단히 요약할 수 있습니다. 그것은 '사람들은 다들, 살면서 어떤 하나의 소중한 것을 찾아헤매지만 그것을 찾아낼 수 있는 사람은 많지 않다. 그리고 혹시 운 좋게 찾았다 해도 실제로 찾아낸 것의 대부분이 치명적으로 손상되어 있다. 그럼에도 우리는 계속해서 그것을 찾고 추구해야만 한다. 그렇지 않으면 살아가는 의미 자체가 사라져버리므로'라고 정리됩니다.

이것은—내 생각이지만— 세상 어디에서나 기본적으로 마찬가지입니다. 일본이든 중국이든 미국이든 아르헨티나든 이스탄불이든 튀니지든, 우리가 어디에 있든 삶의 원리는 그리 크게 다르지 않습니다. 그러므로 우리는 장소나 인종이나 언어의 차이를 넘어 이야기를—물론 그 이야기가 훌륭하게 쓰였을 경우에— 같은 마음으로 공유할 수 있는 것입니다. 달리 말해 내 방은 내가 있는 장소를 벗어나 멀리까지 여행할 수 있는 곳이라는 뜻입니다. 그것은 의심할 여지 없이 멋진 일입니다.

참으로 신기한 일이지만 나는 서른 살이 될 때까지 내가 소설을 쓰게 될 줄은 꿈에도 몰랐습니다. 대학교 때 결혼해서 줄곧 일을 하며 생활에 쫓기다보니 글씨를 쓰는 일조차 거의 없었습니다. 빚을 내어 작은 가게를 하며 생활을 꾸려나갔습니다. 별다른 야심도 없었고 즐거움이라면 매일같이 음악을 듣고 짬짬이 좋아하는 책을 읽는 것뿐이었습니다. 나와 아내와 고양이는 느긋하고 조용하게 살아갔습니다.

그러던 어느 날 나는 소설을 쓰기로 했습니다. 어쩌다 그런 생각이 들었는지는 잘 기억나지 않습니다. 그렇지만 어쨌든 써보기로 작정했습니다. 그래서 문구점으로 가서 만년필과 원고지를 사왔습니다(그때까지 만년필도 없었습니다). 밤늦게 일을 끝내고 혼자 주방 식탁에 앉아 소설(같은 것)을 썼습니다. 혼자 서툰 손놀림으로 나만의 '방'을 조금씩 만들어갔던 것입니다. 나는 그때 위대한 소설을 쓸 생각은 없었고(쓸 가능성도 없었고) 사람들을 감동시키는 글을 쓸 생각도 없었습니다. 그저 내 마음의 평안을 위한 편하고 기분 좋은 장소를 마련하고 싶었습니다. 나 자신을 구원하기 위해. 물론 그 방이 다른 사람들에게도 편안하고 유쾌한 장소가 된다면 좋겠다고 생각했습니다. 그런 까닭에 나는 《바람의 노래를 들어라》라는 짧은 소설을 썼습니다. 그리고 소설가가 되었습니다.

지금도 이따금 무척이나 신기합니다. 내가 어쩌다 소설가가 되었을까. 나는 언젠가는 소설가가 될 수밖에 없었을 거라는 생각도 들고, 그저 막연히 흘러가다보니 우연히 소설가가 되어버린 것 같기도 합니다. 처음부터 소설가의 자격을 갖추고 있었던 것도 같고, 그런 건 딱히 없었는데 나중에 부지런히 만들어냈다는 생각도 듭니다. 하지만 어느 쪽이든 상관없습니다. 그것은 솔직히 별문제가 아닙니다. 나에게 가장 중요한 것은 내가 지금도 여전히 소설을 쓰고 있고, 아마 앞으로도 꾸준히 쓸 것이라는 사실입니다.

나는 우연히 일본인으로 태어났고 쉰 살이 넘은 중년 남자지만, 그것도 이렇다 할 문제는 아닌 것 같습니다. 나는 이야기라는 방 안에서 어떤 사람이든 될 수 있고, 그것은 당신도 마찬가지입니다. 그것이 이야기의 힘이며 소설의 힘입니다. 당신이 어디에 살든 무엇을 하든 그런 것들도 별문제가 안 됩니다. 당신이 누구든 이 방에서 느긋하게 쉬며 이야기를 즐긴다면, 뭔가를 함께 나눈다면, 나는 무엇보다 기쁠 것입니다.

나의
이야기와
나의
문체

• •　　• • •　　　• 　•

2003년에 출간된 《세계의 끝과 하드보일드 원더랜드》의 러시아판에 실은 서문입니다. 꽤 오래 전에 쓴 작품이라 당시의 상황 같은 것을 설명할 필요가 있을 듯하여 원고 요청을 받아들였습니다. 내 작품 계보에서 중요한 소설이므로 그런 점을 러시아 독자에게 전하고 싶었습니다.

《세계의 끝과 하드보일드 원더랜드》라는 장편소설을 완성한 것은 1985년이다. 이 소설은 그보다 오 년 전쯤에 쓴 〈거리와 그 불확실한 벽〉이라는 중편소설을 바탕으로 삼았다. 〈거리와 그 불확실한 벽〉이라는 작품은 어느 문예지에 실렸지만, 완성도 면에서 조금 마음에 들지 않아서(간단히 말해, 그 시점의 나는 아직 그 이야기를 확실하게 써낼 만한 기량을 갖추지 못했다는 뜻인데) 단행본으로도 내지 않고 그대로 손도 안 대고 방치해두었다. 언젠가 적당한 시기가 오면 확실하게 다시 쓰려는 심산이었다. 그것은 내게 매우 큰 의미를 가지는 이야기였고, 그 소설 역시 내가 다시 잘 손봐주기를 간절히 원하는 느낌이었다.

그러나 과연 어떻게 고쳐 써야 할지 좀처럼 실마리를 잡을 수 없었다. 그 소설은 자잘한 수선 수준의 개작이 아니라 커다란 전환이 필요했고, 그 커다란 전환을 가져다줄 완전히 새로운 아이디어가 소요되었다. 그리고 사 년이 지난 어느 날, 어떤 계기를 통해(그것이 어떤 계기였는지 지금은 기억나지 않지만) 아이디어 하나가 떠올랐다. '그래, 이거야!'라고 생각했고 나는 곧장 책상으로 달려가 길고 긴 개작 작업에 들어갔다.

《세계의 끝과 하드보일드 원더랜드》라는 소설은 '세계의 끝'과 '하드보일드 원더랜드'라는 별개의 두 이야기로 구성되었는데, '세계의 끝' 부분은 중편소설 〈거리와 그 불확실한 벽〉의 틀을 거의 그대로 가져왔다. 그리고 거기에 새로운 '하드보일드 원더랜드'라는 이야기를 덧붙였다. 전혀 다른 두 이야기를 붙여서 하나의 이야기로 만들자는 것이 나의 기본적인 아이디어였다. 두 이야기는 전혀 다른 장소에서 전혀 다른 문맥으로 진행되어가지만 마지막에는 서로 확실하게 맞물려 하나가 된다. 어떻게 그것들이 하나가 될까, 그것은 독자가 좀처럼 알아채기 어렵게 장치되어 있다.

문제는―이것은 아무리 생각해도 상당히 큰 문제임이 틀림없지만― 그것이 어떻게 하나가 될지 쓰는 사람도 전혀 짐작할 수 없었다는 점이다. 뭐, 아무렴 어때, 쓰다보면 어떻게든 되겠지 하는 더없이 낙관적인 전망을 바탕으로 일단 시작했다(아실지도 모르지만 소설가에게 낙관적인 정신이란 없어서는 안 될 중요한 자질이다). 나는 두 가지 이야기를 병행해서 교대로 써나갔다. 즉, 홀수 장에는 '하드보일드 원더랜드'를 쓰고, 짝수 장에는 '세계의 끝'을 써나가는 방식이었다. 지금 와서 돌이켜보면, 각 장을 쓸 때 나는 신체의 각각 다른 부위를 사용한 것 같다.

좀더 대담하게 표현하자면, 우뇌를 써서 '세계의 끝'을 쓰고 좌뇌를 써서 '하드보일드 원더랜드'를 썼다는 뜻이다. 아니면 그 반대일지도. 뭐 그거야 어느 쪽이든 상관없다. 아무튼 나는 뇌의(혹은 의식의) 이쪽과 저쪽을 번갈아 활용하면서 두 개의 이야기를 써나갔다. 솔직히 말해 기분이 썩 나쁘지 않았다.

예를 들어 '세계의 끝'을 쓸 때는 나는 내 우측의 환상 속으로 침잠한다. 그것은 매우 조용한 이야기다. 이야기는 높은 벽으로 둘러싸인 쥐 죽은 듯 고요한 좁은 장소에서 진행된다. 사람들은 과묵하게 거리를 걸어가고 주변의 소리는 늘 웅성거릴 뿐 명료하지 않다. 그에 비해 '하드보일드 원더랜드'는 액션으로 넘쳐난다. 속도감, 폭력, 유머가 있고, 도시 생활의 풍광이 선명하게 펼쳐진다. 그 세계는 내 좌측의 환상 속에 있다. 이런 전혀 다른 세계를 교대로 써나가는 것은 내게(내 의식의 운영에) 더없이 유쾌한 일이었다. 나는 마음이 답답하고 개운하지 않을 때면 피아노 앞에 앉아 바흐의 인벤션을 연습할 때가 있다(서투르지만). 좌우 손가락 근육을 균등하게 움직이면 순수하게 육체적으로 아주 개운하고 건전한 느낌이 들기 때문이다. '세계의 끝'과 '하드보일드 원더랜드'를 나눠서 쓸 때의 유쾌함이 어딘지 모르게 그와 유사했다.

 그리고 그렇게 매일 좌우의 뇌와 근육을 움직이며 대조적인 두 이야기를 써나가는 사이, 그 두 이야기가 차츰 공명성共鳴性을 띠기 시작한다는 걸 알아챘다. 다시 말해 스스로 다른 하나의 이야기 속에 존재하는 다른 무언가와 자연스레 결합 같은 것을 하기 시작한 것이다. 그것은 이루 말할 수 없이 흥미진진하고 즐거운 과정이었다. 그래, 이젠 어떻게든 풀리겠어, 나는 확신했다. 이후 작업은 상당히 편해졌다. 나는 그저 자신의 방향감각을 믿고 각각의 이야기를 하루하루 부지런히 써나가면 그만이었다. 이 두 이야기는 반드시 어딘가에서 하나로 합쳐진다고 확신할 수 있었다. 그리고 그 두 이야기는 실제로 마지막에 그런대로 원만하게 이어졌다. 어떻게 원만하게 이어지는지는 직접 읽어보고 확인해주길 바란다.

우리는 자주 '영혼'에 관해 고찰한다. 안톤 체호프가 〈6호실〉에서 안드레이 에피미치와 우편국장의 대화 형식을 빌려 스스로에게 질문을 던졌던 것처럼.

영혼은 존재하는가? 그것은 유한한 것인가 무한한 것인가? 죽음과 함께 사라져버리는가 아니면 죽음을 초월해 살아남는가? 그 질문에 대한 나의 대답, 아마도 체호프 씨도 가지고 있지 않을 텐데, 나는 우리에게 의식이라는 것이 있다는 사실만은 알고 있다는 것이다. 우리의 의식은 우리의 육체 안에 있다. 그리고 우리의 육체 밖에는 다른 세계가 있다. 우리는 그러한 내부 의식과 외부 세계의 관계성 속에서 살아간다. 그 관계성은 우리에게 종종 슬픔이나 고통이나 혼란이나 분열을 초래한다.

그러나 내 생각에 우리 내부의 의식이라는 것은 결국 외부 세계의 반영이며, 외부 세계란 우리 내부 의식의 반영이 아닐까 싶다. 다시 말해 그것들은 마주하는 한 쌍의 거울로서, 각자가 무한한 메타포로서 기능하고 있는 건 아닐까.

그런 인식은 내 작품의 하나의 큰 모티프이며, 이《세계의 끝과 하드보일드 원더랜드》라는 소설은 그러한 비전(혹은 세계관)이 가장 현저하게 드러난 작품이라고 할 수 있을 것이다. 나는 1982년에 처음으로《양을 둘러싼 모험》이라는 본격적인 장편소설을 썼고 그로부터 삼 년 후에 《세계의 끝과 하드보일드 원더랜드》를 출간했다. 이 작품을 완성했을 때 나는 서른여섯 살이었고, 이것으로 마침내 어엿한 작가가 되었다는 기분이었다. 내게는 써야 할 나의 이야기가 있고, 활용해야 할 나의 문체가 있었다. 남은 일은 힘을 모아 그저 꾸준히 써나가는 것뿐이었다.

개인적으로도 기념할 만한 이 작품이 이번에 디미트리 코바레닌 씨에 의해 러시아어로 번역되어, 전통 있는 EKSMO사에서 출판하게 되어 매우 영광이다. 이 책의 저자로서 러시아 독자가 이 작품을 즐길 수 있기를 진심으로 기원하다.

온기를
자아내는
소설을

• •　　　•• •　　　•　•

요미우리 신문 조간(2005년 3월 27일)에 실린 글입니다. 어떤 주제로 어떤 목적으로 썼는지는 전혀 기억이 안 납니다. 그렇지만 하고 싶은 말이 무엇이었는지는 잘 압니다. 어쨌거나 내가 쓴 글이니 모르면 곤란하지만. 우리는 그 당시 난로도 없고 자명종 시계도 텔레비전도 라디오도 없었습니다. 그 당시만 그토록 아무것 없이도 그 나름대로 슬거운 생활이었나고 기억합니다.

아주 오래전 일이지만, 이십대 초에 갓 결혼했을 무렵, 너무 돈이 없어서(그렇다기보다 사정상 빚을 많이 져서) 난로 한 대도 살 수가 없었다. 그해 겨울은 도쿄 근교의 외풍이 파고드는 몹시 추운 단독에서 살고 있었다. 아침이면 부엌의 얼음이 땡땡 얼어붙었다. 우리는 고양이 두 마리를 키웠는데, 잘 때는 사람과 고양이가 서로를 꼭 끌어안고 온기를 나눴다. 당시에는 어찌 된 영문인지 우리 집이 근처 고양이들의 커뮤니티센터 같은 장소가 되어 늘 불특정 다수의 고양이 손님이 우글거렸다. 그래서 그런 녀석들까지 끌어안고 사람 두 명과 고양이 네다섯 마리가 뒤엉켜 잠드는 일도 있었다. 살아가기에는 고달픈 나날이었지만, 그때 인간과 고양이들이 애써 자아내던 독특한 온기는 지금도 종종 생각난다.

그런 소설을 쓸 수 있다면, 하는 생각을 자주 한다. 캄캄하고 밖에서는 초겨울 찬바람이 매섭게 휘몰아치는 밤에 다 함께 서로의 체온을 나누는 소설. 어디까지가 인간이고, 어디까지가 동물인지 알 수 없는 소설. 어디까지기 제 온기고 어디부터가 다른 누군가의 온기인지 구별할 수 없는 소설. 어디까지가 자기의 꿈이고 어디부터가 다른 누군가의 꿈인지 경계를 잃어버리게 되는 소설. 그런 소설이 나에게는 '좋은 소설'의 절대적인 기준이 되었다. 극단적으로 말하자면, 그밖의 기준은 내게 별 의미가 없을지도 모른다.

얼어붙은
바다와
도끼

● ●   ● ● ●   ●   ●

2006년 10월 30일에 프라하에서 열린 '프란츠카프카 국제문학상' 시상식에서 내가 밝힌 수상소감입니다. 영어로 초고를 준비했고 그것을 외워서 발표했습니다. 이번에 그 원고를 끄집어내어 일본어로 옮겼습니다. 다만 이 원고를 그대로 읽었는지 어땠는지는 기억이 확실치 않습니다. 조금 바꿨을 시도 모릅니다. 그러나 대체로 이런 내용이었습니다.

이번에 프란츠카프카 국제문학상을 받게 되어 매우 기쁩니다. 프란츠 카프카는 내가 오랫동안 애호해온 작가라는 것도 기쁨의 큰 이유입니다.

그의 작품을 처음 만난 건 열다섯 살 때였는데, 나는 그때 큰 충격을 받았습니다. 처음으로 읽은 작품은 《성》이었습니다. 거기에 그려진 세계는 더없이 사실적이면서도 사실적이지 않아서 읽는 내 마음이 둘로 갈리는 듯한 느낌이었습니다.

그런 비일상적인, 또한 때때로 안정되지 않는 '분열'을 느끼며, 그 책을 끝까지 읽었던 기억이 납니다. 현실감과 비현실감, 정기와 광기, 감응과 비감응. 그래서 나는 그후로 그런 감각을 바탕으로— 모든 것은 많게든 적게든 분열되어 있다는 감각으로 — 세상을 바라보게 되었는지도 모릅니다. 그것이 내 문학의 근원적 풍경인지도 모르겠습니다.

어떤 의미에서, 나는 사 년 전에 《해변의 카프카》라는 장편소설을 프란츠 카프카에 대한 오마주로 썼습니다. 이 소설의 주인공은 스스로를 카프카라 부르는 열다섯 살짜리 소년입니다. 좀전에 말씀드린 것과 같이 나는 그 나이에 처음으로 카프카의 작품을 읽었습니다. 집을 나온 카프카 소년은 새로운 세계에 홀로 발을 들여놓습니다. 그를 기다리고 있는 것은 철저하게 카프카적인 세계이며, 거기에서 그가 품는 것은 분열된 감각입니다.

나는 이 자리에서 프란츠 카프카가 친구에게 보낸 편지의 한 구절을 인용하고 싶습니다. 이 편지는 1904년에 쓴 글입니다. 지금으로부터 백이 년 전이군요.

"생각건대, 우리는 우리를 물어뜯거나 찌르는 책만 읽어야 한다. 책은 우리 안의 얼어붙은 바다를 깨뜨리는 도끼여야만 한다."

이 말이야말로 내가 쓰고자 하는 책의 일관된 정의가 되었습니다.

고맙습니다.

이야기의
선순환

• • •• •   • •

스위스의 장크트갈렌 수도원 도서관의 기념 카탈로그 서문으로 썼습니다. 장크트갈렌 수도원을 아직 가본 적은 없습니다만 매우 훌륭한 곳인 듯합니다. 독일어 번역과 일본어 원문이 나란히 수록되어 2005년 11월에 발행되었습니다. 왜 나한테 의뢰가 왔는지는 모르겠지만, 아무튼 아주 훌륭한 간행물이었습니다. 일본에서는 〈몽키비즈니스〉 2009년 가을호에서 소개되었습니다.

雑
文
集

가장 기본적인 정의에 따르면 소설가란 이야기를 들려주는 인간을 의미한다. 인류가 아직 축축한 동굴 속에 살면서 딱딱한 나무뿌리를 씹거나 살점 없는 들쥐 고기를 불에 구워 먹던 태고 시절부터 사람들은 싫증도 안 내고 이야기를 계속해왔다. 모닥불 옆에서 서로 몸을 기대고, 빈말로라도 우호적이라 할 수 없는 각종 짐승과 혹독한 기후로부터 몸을 보호하며 길고 어두운 밤을 지새울 때, 주고받는 이야기는 그들에게 없어서는 안 될 소중한 오락이었을 게 틀림없다.

그리고 굳이 말할 필요도 없겠지만, 이야기란 이왕 할 바에는 잘해야 한다. 유쾌한 이야기는 철저하게 유쾌하게, 무서운 이야기는 철저하게 무섭게, 장중한 이야기는 철저하게 장중하게 해야 한다. 그것이 원칙이다. 이야기는 듣는 이의 등줄기를 서늘하게 만들기도 하고, 눈물을 흘리게도 하고, 때로는 배를 움켜쥐며 웃게도 만들어야 한다. 굶주림과 추위를 잠시나마 잊게 해줘야 한다. 뛰어난 이야기는 피부로 느낄 수 있는 물리적인 효용을 반드시 수반한다. 왜냐하면 이야기는 청자의 정신을 일시적이나마 어딘가 다른 장소로 전이시켜야 하기 때문이다. 과장하자면, 청자로 하여금 '이쪽 세계'와 '저쪽 세계'를 나누는 벽을 뛰어넘게 해줘야만 한다. 저쪽으로 원활하게 보내야 하는 것이다. 그것이 이야기에 부여된 중대한 역할이다.

어떤 십난이든 이야기를 생동감 넘치게 잘하는 특기를 가진 존재가 한 사람쯤은 있었을 게 틀림없다. 그리고 그 인물은, 정도의 차이는 있겠지만, 전문가로서 부족 고유의 많은 이야기들을 기억 속에서 끄집어내어 자기 나름대로 각색하여 생기 넘치는 말투로 능숙하게 풀어놓는다. 언어의 차는 있겠지만 세상의 거의 모든 지역에서 그런 광경이 동시적으로 동질적으로 존재하지 않았을까.

이처럼 이야기를 하는 전문적인 기술을 (혹은 재능을) 갖춘 사람들은 부족이 고유 문자를 획득하자, 이야기를 문장으로 고정시키는 역할을 맡게 되었다. 오랜 세월 동안 입에서 입으로, 세대에서 세대로 전해내려온 신화와 전승과 노하우가 나뭇조각이나 돌조각으로 새겨졌고, 마침내 종잇조각에 기록되었다. 그리고 이윽고 정보가 기능별로 분화되어 픽션이라는 개념이 확립되었을 때(인류의 전체 역사에서 보자면 불과 엊그제일 뿐이지만), 그런 작업을 전문적으로 하는 사람들은 '작가'라고 불리게 되었다. 그들은 영예의 월계관을 쓰거나 귀부인의 총애를 받기도 했지만 몰이해한 민중에게는 돌팔매질을 당히기도 했다. 때로는 위정자의 노여움을 사서 안타깝게도 목이 잘리거나 생매장당하거나 화형에 처해지는 일도 있었다.

나는 소설을 쓰는 일을 직업으로 삼은 사람이다. 픽션을 쓰고, 그것을 책이라는 형태로 출판하고, 그 인세를 받아 식료품을 사고, 레드 핫 칠리 페퍼스의 CD를 사고, 전기요금을 지불한다. 이 일을 어느덧 이십오 년이나 계속해왔다. 다행히 아직까지는 목이 잘리지 않았다. 이따금 등에 돌이 날아드는 일은 있었지만, 동체와 머리가 찢기는 경우에 비하면 사사로운 말썽에 지나지 않는다.

작가는 굳이 나누자면 고독한 직업이다. 홀로 서재에 틀어박혀 몇 시간이고 책상 앞에 앉아 의식을 집중해서 문자를 어떻게 배열할지 분투한다. 그런 작업이 매일매일 계속된다. 작품을 집중해서 쓰다보면, 하루 종일 아무와도 대화하지 않는 날도 꽤 많다. 사교적인 성격인 사람에게는 상당히 고통스러운 일일 거라 짐작된다. 하지만 나는 그러한 본질적인 고독에도 불구하고, 기회가 될 때마다 내가 '모닥불 앞 이야기꾼'의 말예임을 인식한다. 홀로 컴퓨터 화면을 노려보면서 이따금 칠흑 같은 밤의 짙은 어둠과 모닥불이 튀는 소리를 듣는다. 사람들이 내 주위를 둘러싸고 내가 들려주는 이야기에 귀를 기울이는 기척을 느낀다. 그리고 나는 그러한 가공의 기척에 격려받으며 계속해서 글을 써나간다. 그렇다, 나는 해야 할 이야기가 있고, 그것을 표현할 어휘를 가졌다. 그래서 어떤 부족 사람들은—뭐라고 감사의 말을 전해야 할까— 내가 하는 말에 열심히 귀를 기울여주는 것이다. 나는 그들에게 '이쪽'과 '저쪽'을 가로막는 벽을—많게든 적게든— 넘어서게 한다. '이야기하는 일'의 기쁨의 종류는 지금이나 일만 년 전이나 별 차이가 없지 않을까?

노서관 이야기를 해보자.

나는 도서관에 들어설 때마다, 그것이 어떤 도서관이든 약간 경탄을 품게 된다. 어릴 때도 그랬고 지금도 변함이 없다. 초등학생 무렵, 나는 도서관에 가는 것을 무엇보다 좋아했다(야구도 좋아했지만, 안타깝게도 나는 동네 야구장에서 그다지 뛰어난 존재가 아니었다). 학교를 파하면 자전거로 시립 도서관을 즐겨 찾았다. 그리고 어린이용 책들을 모아둔 방에서 책꽂이와 책꽂이 사이를 누비고 다녔다. 거기에 빽빽하게 꽂힌 세계 각국에서 온 과거와 현대의 무수한 이야기들을 바라보며 현기증을 느낀 적도 있었다. 마치 깊은 숲에서 나와, 하늘을 배경으로 높다랗게 치솟은 거대한 중세 왕궁을 난생처음 눈앞에 접한 아이처럼.

그렇게 수많은 이야기들과 마주하자, 소년 시절의 나는 과연 어떤 것부터 읽기 시작해야 할지 갈피를 잡지 못했다. 그래서 결국 눈에 띄는 것부터 빼어들어 닥치는 대로 읽어나갔다. 그 단계에서는 면밀한 지적 배려 같은 것이 별로 필요치 않았다. 일단 책을 펼치면, 나는 아주 쉽게 그 안에 펼쳐진 가공의 세계로 발을 들여놓았다. 이야기에 푹 빠져 있는 동안, 나는 '여기가 아닌 어딘가'로 옮겨가 머물 수 있었다. 결국은 그 방 책꽂이에 꽂힌 책은 거의 다 읽어버렸다. 나는 '이곳이 아닌' 수많은 세계로 이동했고, 이야기가 끝나 책장을 덮으면 다시금 이쪽 세계로 돌아왔다(때로는 좀처럼 돌아오지 못할 때도 있었지만). 어린이 책을 다 읽고 나자, 탐욕스러운 쥐가 다른 식료품 창고로 이동하듯, 이번에는 성인용 책들을 뒤적이기 시작했다. 그렇게 나는 끝도 없이 책의 세계로 빨려들어갔다.

이렇듯 도서관은 오늘에 이르기까지 내게 여전히 특별한 장소로 남아 있다. 그곳에 가면 늘 나를 위한 모닥불을 찾아낼 수 있다. 어떤 때는 그것이 아담하고 친밀한 모닥불이고, 어떤 때는 하늘을 찌를 듯이 거대하게 넘실대는 화톳불이었다. 그리고 나는 다양한 크기와 형태의 모닥불 앞에서 몸과 마음을 따뜻하게 데워왔다. 나는 도서관을 무대로 한 소설을 몇 편인가 썼는데, 그것은 말할 것도 없이 도서관이라는 곳이 내게 더없이 소중한 의미를 가지는 장소이기 때문이었다.

몇 가지 예를 들어보자.

장편소설 《세계의 끝과 하드보일드 원더랜드》에는 수많은 일각수의 머리뼈를 모은 도서관이 나온다. 주인공 젊은 남자는 드높은 벽으로 둘러싸인 이상한 도시에 갇히고, 그림자를 빼앗기고, 그 머리뼈가 이야기하는 꿈을 하나씩 옮기는 일을 부여받는다. 다른 장편소설 《해변의 카프카》에서는 주인공 열다섯 살 소년이 가출하는데, 어떤 계기로 시코쿠 교외에 있는 작은 개인 도서관에 머물게 된다. 그곳에서 그는 신기한 과거의 환영을 만나고 좋든 싫든 거기에 휘말리게 된다. 청소년을 위한 간단한 읽을거리인 《이상한 도서관》에서는 수인공 소년이 시립도서관 지하에 사는 부서운 노인에게 붙잡혀 뇌수를 빨아먹히는 처지에 놓이고 만다. 노인은 소년에게 책을 읽히고, 소년의 뇌수를 빨아먹음으로써 그 지식을 자기 것으로 만들려 한다. 소년은 그곳에서 도망쳐야 하지만, 그의 발에는 족쇄가 채워져 있다.

도서관이란, 물론 나한테는 그렇다는 얘기지만, '저쪽' 세계로 통하는 문을 찾아내는 장소인 셈이다. 문 하나하나가 각기 다른 이야기를 가지고 있다. 거기에는 수수께끼가 있고, 공포가 있고, 기쁨이 있다. 은유의 통로가 있고, 상징의 창이 있고, 우의寓意의 은밀한 책장이 있다. 내가 소설을 통해 묘사해온 것은 그런 생생하고도 한없는 가능성을 가진 세계의 풍경이었다.

이야기 속에서는 수많은 신비로운 일이 가능하다. 나는 그 효용을 믿고 그 보편성을 믿는다. 소설가는, 잘하면 그렇다는 뜻이지만, 효용이나 보편성을 만들어내어 독자에게 전달해야 한다. 그저 밖으로 내보내면 그걸로 끝이라는 뜻은 아닌 것이다. 일단 밖을 향해 내보낸 것은 부메랑처럼 제자리로 돌아온다. 돌아온 것은 저작詛嚼되고, 다시금 다른 형태로 바뀌어 밖으로 나간다. 그리고 그것이 또다시 돌아온다. 하나의 순환이 생겨나는 것이다.

그러한 순환의 구체적인 예를 하나 들어보자.
1994, 1995년에 발표한 《태엽 감는 새》라는 장편소설에 노몬한 전투 당시의 몽골 이야기를 담았다. 노몬한 전투는 1939년 여름에

일본육군과 소비에트군이 만주와 외몽골 국경선을 둘러싸고 싸운, 피비린내 나는 국지전이었다. 제2차 세계대전의 전초전이라고도 부를 만했다. 항공기와 전차와 장거리포가 투입되어 전투가 몇 개월이나 이어졌고, 수많은 사상자를 냈다. 독일이 폴란드 침공을 준비하고 있다는 정보를 입수한 소비에트 정부가 극동지역 분쟁의 조기 종결을 희망하여 형태상으로는 무승부로 끝났지만, 사실상 일본이 패한 싸움이었다. 그 때문에 군에서는 사실을 은폐했고, 이 전투의 상세한 정보는 오랫동안 역사의 암흑 속으로 내몰렸다. 나는 우연한 계기로 이 전쟁 당시의 몽골을 무대로 한 이야기—그것은 현대 일본을 무대로 하는 장편소설을 구성하는 가운데 하나의 이야기일 뿐이지만—를 써보기로 했다.

노몬한이라는 곳은 현재 중국의 내몽골 지역, 몽골과의 국경 가까이에 있지만 현지에 가본 적이 없기 때문에 어디까지나 머릿속에서 상상으로만 그 정경을 떠올리며 쓸 수밖에 없었다. 소설이 출간된 후에 기회가 닿아 그때 전장을 실제로 방문하게 되었다. 소설적 상상력을 동원해 세부를 맘껏 묘사한 덕분인지, 처음 방문한 땅인데도 그 풍경을 접하자마자 신비한 기시감을 느꼈다. 이상한 얘기지만, 오랜 그리움 같은 느낌마저 들었다.

인기척 없는 광대한 사막의 오지, 그보다 더 오지로 들어가자 당시 격전의 흔적이 그대로 고스란히 남아 있었다. 주변에 도로도 없는 데다, 중국과의 국경선 인근이라 군대에서 일반인의 출입을 금

지시킨 덕분이었다. 찾는 사람도 거의 없었다. 공기가 건조한 탓에 격파된 전차와 박격포탄, 소총탄과 일그러진 수통 같은 것들이 약간 녹슬긴 했지만 형태를 그대로 유지한 채 일대에 흩어져 있었다. 그것은 뭐라 표현할 수 없을 만큼 섬뜩하고 이상한 광경이었다. 별안간 반세기 이상을 거슬러올라 역사의 한가운데에 내동댕이쳐진 것처럼 생생하고도 숨 막히는 긴박감이 감돌았다. 피비린내나는 전투가 불과 수일 전에 벌어진 것처럼 보였다. 이따금 사막 언덕에서 불어오는 바람 말고는 아무 소리도 들리지 않았다. 시간의 축이 일그러진 것 같았다.

 오래된 전장에서 흔들리는 러시아산 지프에 몸을 의탁하고 오랜 시간이 걸려 호텔로 돌아왔다. 나는 녹초가 되어 침대 속으로 기어들었다. 그런데 한밤중이 지나 격렬한 진동이 일어났고, 나는 말 그대로 침대에서 굴러떨어지고 말았다. 지진이다, 라고 생각했다. 그것도 엄청나게 규모가 큰 지진이었다. 나는 생명의 위협을 느꼈다. 당장 밖으로 나가야 했다. 어떻게든 일어서려 했지만, 도무지 일어설 수가 없었다. 문 쪽으로 가려 해도 바닥이 흔들리는 탓에 기어갈 수밖에 없었다. 주위는 캄캄했다. 그런데도 필사적으로 출입구에 다다랐고, 문을 열고 구르듯이 복도로 나왔다. 그런데 방 밖으로 나오자, 복도는 쥐 죽은 듯 고요히 가라앉아 있었다. 밖으로 튀어나와 아우성치는 사람도 없었다. 옆방을 들여다보니(우연히 방문이 잠겨 있지 않아서) 나의 동행자는 아무 일도 없다는 듯 침대 속에서 곤히 잠들어 있었다.

내 머릿속은 너무나 혼란스러웠고, 대체 무슨 일이 일어난 건지 한참동안 영문조차 알 수 없었다. 이윽고 이런 생각이 들었다. '그건 지진이 아니었다. 나의 내부에서 일어난 격렬한 개인적 지진이 틀림없다.' 논리적 귀결이라고는 할 수 없겠지만, 그것 말고는 달리 설명할 여지가 없었다. 다시 잠들지 못하고 서서히 창밖이 밝아올 때까지 혼자서 옆방 바닥에 앉아 이런저런 생각을 했다―내 방으로 돌아갈 용기가 나지 않았다. 도저히 전략적인 가치가 있다고 볼 수 없는 추레한 황야 한구석을 쟁탈하겠노라며 소중한 생명을 무의미하게 잃어갔을 사람들(그들 대부분은 징집된 지방 출신의 젊은 병사들이다)의 슬픔과 분노와 고통에 관해 곰곰이 생각해보았다. 날이 완전히 밝을 무렵, 마침내 내 안에서 뭔가가 쿵 하고 떨어지는 느낌이 있었다. 나는 그 큰 진동으로 인해 물리적으로 육체적으로 뭔가를 이해하게 된 것이다― 그런 느낌이 들었다. 과장되게 들릴지도 모르지만, 그 체험으로 인해 나라는 인간의 조성이 얼마쯤 재편된 것을 실감했다.

소설을 쓴다는 것은 머릿속에 떠오르는 대로 자유롭게 이야기를 만들어내는 작업에 불과하다. 그것은 아무런 근거 없는 이야기일 수도 있고, 때로는 황당무계한 이야기일 수도 있다. 그러나 일단 완성되고, 인쇄되고, 작품이라는 형태를 부여받은 이야기는 자주―단, 그것이 정당한 이야기일 때 한해서― 자립하는 생명체로서, 그 자체가 자격을 띠고 혼자 움직이기 시작한다. 그리고 예기치도 못한 순간에 깜짝 놀랄 만한 진실의 측면을 작가나 독자에게 엿보인다. 마치 찰나의 번갯불이 방 안의 낯익은 사물들에게 신비로운 빛과 형태를 부여하듯. 혹은 그곳에 있을 리 없는 어떤 것을 문득 떠올리게 해주듯. 그것이 바로 이야기의 의미이자 가치라고 나는 생각한다.

내가 몽골 땅 끝자락의 호텔방에서 한밤중에 겪은 기묘한 체험도 그러한 '예기치 못한 진실의 개시開示'의 한 예였을 것 같다. 내가 만들어낸 이야기는 아마도 내게 더 명확한 동화同和 같은 것을 요구했던 걸 테지—지금은 그렇게 생각한다. 나는 그 이야기를, 말하자면 순수한 호기심에 이끌려 썼다. 시작은 단순한 호기심이었다— 1939년, 몽골 사막의 오지에서 과연 무슨 일이 일어났을까? 나는 머릿속으로 그 정경을 그려보았다. 내가 그 장소와 시간을 소설의 소재로 선택한 데에 명백한 의도나 메시지가 달리 있었던 것은 아니다. 그러나 그렇게 시작된 이야기는 그 자체로 하나의 의지를 획득하고, 나라는 인간에게 보다 강하고 깊은 몰입을 요구했던 것이다. 내가 그 이야기에 책임지기를 원했던 것이다. 그렇기 때문에 나는 몽골 오지의 작은 호텔로 이끌려갔고, 그곳에서 한밤중에 격렬한 개인적 지진을 경험할 수밖에 없었다. 그런 느낌이 든다.

작가가 이야기를 만들어내고, 다시 이야기가 작가에게 더 깊은 몰입을 요구하며 되돌아온다. 그런 과정을 거침으로써 작가는 성장하고, 고유한 이야기를 더 깊게 발전시켜나갈 수 있는 가능성을 획득한다. 말할 필요도 없겠지만, 이 세상에 영구적인 운동은 존재하지 않는다. 그러나 손질을 게을리 하지 않고, 예로부터 내려오는 상상력과 근면함이라는 연료만 바닥나지 않는다면, 역사적인 내연기관은 충실하게 그 순환을 유지하고, 우리의 차량은 앞을 향해 원활하게—어디까지나 갈 수 있는 데까지라는 의미지만— 꾸준히 진행해나갈 수 있지 않을까. 나는 이야기의 그런 '선순환'을 믿고 소설을 계속 써나간다.

나는 어쩌면 지나치게 낙천적일지도 모른다. 그러나 만약 그런 희망이 없다면, 소설가로 존재하는 의미와 기쁨이 대체 어디에 있겠는가? 그리고 희망과 기쁨이 없는 이야기꾼이 우리를 둘러싼 혹독한 추위와 굶주림에 맞서, 공포나 절망에 맞서 모닥불 앞에서 어떻게 설득력을 가지겠는가?

해설 대담

안자이 미즈마루 × 와다 마코토

村上春樹

雜文集

회색 쥐와
깜장 토끼

雜
文
集

와다 오늘은 무슨 얘기부터 시작해야 하나. 왠지 긴장되는데. 우선 맥주라도 한모금 마시고 시작할까.

안자이 아 네, 뭐 그냥 하루키 군에 관한 이런저런 얘기들을 풀어나가면 되겠죠.

와다 이 책 표지 말인데, 회색 쥐가 나고 깜장 토끼는 미즈마루 씨 잖아. 둘이 교대로 그리는 그림이 하루키 씨의 마음에도 들었던 모양이야. 그럭저럭 팔 년이나 된 두 사람의 유쾌한 합작품 가운데 하나잖아.

안자이 나중에 그리는 사람은 실수할 리가 없어요. 이 시리즈에서는.

와다 아이디어를 사전에 밝히지 말고, 일단 즉흥적으로 먼저 해보자……. 그런 말을 꺼낸 사람이 나였나?

안자이 그렇죠, 와다 씨. 그런데 저는 학창 시절부터 줄곧 동경했던 분과 같이 그림을 그릴 수 있어서 즐거웠지만, 한편으로는 황송하다고 할까요(웃음).

와다 이젠 선배니 후배니 따질 것도 없어. 그림을 봐도 어떤 게 누구 그림인지도 모르니까(웃음).

안자이 둘이서 맨 처음 같이 낸 그림책 《노 아이디어》(긴노호시샤, 2002)에 무라카미 군이 글도 써줬는데 말이죠, 《잡문집》에도 그 책이 나오더군요. '같은 공기를 마시는구나, 라는 것'이라는 글요. 다행입니다.

와다 그래, 그래. 모처럼 아는 사람이 둘이 공동으로 그림책을 만들었으니 무라카미 씨에게 부탁해볼까 했지. 그랬더니 흔쾌히 받아줬고.

안자이 무라카미 씨는 좋은 사람이에요. 셋 다 아오야마 근처에 사니까 이웃 간의 정이라는 것도 있었을 테고.

와다 우리 셋 다 일하는 곳이 아오야마라 길에서 우연히 마주치는 일도 자주 있잖아. 하루키 씨는 "밤이 되면 대개는 그 주변에서 어슬렁거리거나 바에서 한잔하기도 한다"고 썼더군(웃음).

안자이 지금 생각났는데, 와다 씨랑 이렇게 대담 형식으로 얘기를 나누는 건 처음이죠?

와다 내가 미즈마루 씨를 인터뷰한 적은 있지. 그렇지만 이런 식으로 미즈마루 씨랑 얼굴을 맞대고 하루키 씨 얘기를 나누는 건 처음일지도.

안자이 와다 씨도 그렇고, 하루키 군도 그렇고, 어느 날 문득 정신을 차려보니 함께 일하는 느낌이랄까요.

와다 아오야마 바에 들르면 조금 전까지 미즈마루 씨가 있었는데, 라는 식으로 말이지. 하루키 씨와는 서로 잘 알기 전부터 길에서 종종 마주쳤어. 처음에는 얼굴은 알면서도 조금 멋쩍은 분위기로 그냥 스쳐지나는 느낌이었지.

안자이 저도 아오야마 3가 근처에서 자주 마주쳤어요. "어, 미즈마루 씨"라고 부르거나 "뭐 해요?"라는 말을 주고받았어요. 그러고 보니 와다 씨, 혹시 저한테 이런 말 했던 거 기억나세요? "하루키 씨는 길에서 마주쳐도 고개를 돌리고 쓱 지나가버려. 내가 싫어서 그런가?"라고.

와다 내가 그런 말을 했나?

안자이 그래서 제가 하루키 군한테 애기했죠. 와다 씨가 그런 소리를 하더라고(웃음). 그랬더니 "아니에요. 단지 몰라봤을 뿐이죠"라더군요. 그 사람은 시력이 좀 안 좋기도 하고, 주위도 잘 안 살펴보니까(웃음).

와다 막 알게 됐을 때는 그랬지. 나도 하루키 씨도 낯가림이 꽤 심하니까. 미즈마루 씨는 안 그런 것 같은데.

안자이 뭐, 저야 젊을 때부터 어영부영 알고 지내다보니 친밀감이 생겼다 할까요, 일이니 뭐니 없이 그냥 친구가 됐는데, 어느 날 잡지 삽화를 부탁하더군요. 분카슛판고쿠에서 냈던 〈투데이〉라는 잡지에 실은 〈거울 속의 저녁노을〉이라는 단편(《코끼리 공장의 해피엔딩》 CBS·소니슛판, 1983년 수록)이었죠. 아주 좋은 이야기예요.

와다 그 책은 나도 있어. 아마 개가 말을 하는 이야기였지.

안자이 맞아요. 그 삽화가 처음이었으니까 어느새 삼십 년 가까이 됐군요.

와다 나는 존 어빙의 《곰을 풀어주다》(주오코론샤, 1986), 《'더 스크랩'》(분게이슌주, 1987년) 표지부터니까 미즈마루 씨의 역사에 비하면 하루키와의 관계는 아직 신참인 셈이지.

안자이 신참이라뇨(웃음). 레이먼드 카버 전집도 그렇고, 표지를 맡으신 책이 상당하잖아요.

와다 꽤 늦긴 했지만, 처음에는 둘도 없는 단짝이 있는데 내가 끼어드는 느낌이었어, 정말로. 사사키 마키 씨도 있었고.

안자이 와다 씨도 그런 걸 의식하세요(웃음)?

와다 아무렴, 하고말고. 굉장히 의식해.

안자이 저는 그 친구보다 일곱 살 연상이지만, 처음부터 친구 같은 느낌으로 시작해서 그런지 업무상 단짝이라고는 의식하지 않았어요.

와다 좋을 때 만났군그래. 내가 하루키 씨의 책 표지를 하기 시작했을 때는 이미 저명한 작가였으니까.

안자이 그렇지만 와다 씨가 그 친구를 처음 만났을 때는 아직 센다가야에서 가게(피터 캣)를 하던 시절 아닌가요?

와다 응, 나도 한 번 가본 적이 있지. 괜찮은 가게였어. 이토이 시게시토랑 '라디오'라는 바에서 한잔했는데, 거기 가보자고 하더군.

안자이 저는 편집자 한 사람이 꼭 한번 만나보라면서 데려간 게 첫 만남이었습니다.

와다 흐음, 그랬군. 내가 갔을 때는 가게에서 막스 형제의 16밀리 영화를 상영했던가. 언뜻 인사는 나눴을지도 모르지만 하루키 씨는 기억 못 할 거야.

안자이 아뇨, 아뇨. 그는 옛날 일은 이젠 기억이 안 난다고 하지만,

의외로 기억력이 좋아요. 틀림없이 기억할 겁니다.

와다 그렇지만 다른 사람과의 첫 대면은 기억이 잘 안 나잖아. 나도 미즈마루 씨랑 처음 만난 건 잊어버렸는데(웃음).

안자이 저는 기억해요. 일러스트레이터 유무라 데루히코 씨가 소개해줬어요. 와다 씨가 무서운 사람이라고 해서 처음에 굉장히 긴장했어요.

와다 하나도 안 무섭잖아?

안자이 그렇죠. 아니, 지금도 무서운데(웃음).

싫을 때도 역시 좋다?

와다 미즈마루 씨는 요즘도 하루키 씨랑 자주 한잔하지? 나는 하루키 씨랑 요시모토 유미 씨가 하는 〈오징어 영화관〉(《올 요미모노》에 연재)에 가끔 불려나가는 것 말고는 일 관계로 잠깐잠깐 만나는 정도인데.

안자이 네에, 가끔 만납니다. 옛날만큼은 아니지만.

와다 이 책에도 미즈마루 씨 얘기가 많이 나오잖아. '미즈마루는 칭찬할 수밖에 없다'라는 글도 그렇고 여기저기. 별로 칭찬하진 않았지만(웃음).

안자이 전혀 하지 않았죠. 후반부는 잉망진창 아닙니까.

와다 그 에세이는 미즈마루 씨는 칭찬하지 않으면 후환이 두렵다고 말하는 거니까 그렇지. 끈끈한 우정이 느껴지던데 뭘.

안자이 네에, 그 친구랑은 늘 그런 식이니까 (콜록……) 별 상관은 없어요.

와다 아 참, 이 책에 들어 있는 결혼식 축전, '좋을 때는 아주 좋다', 그 글 정말 멋지더군. 나는 딸이 없어서 잘 모르겠지만, 딸한테 그런 축전이 오면 꽤 기쁘겠어. 하루키 씨의 우정도 느낄 수 있고.

안자이 물론 무척 기뻤습니다. 축전을 정말로 보낼 줄은 몰랐으니까.

와다 어쨌거나 완벽하게 진실을 꿰뚫어본 얘기였어.

안자이 그렇지만 저는 '부부란 싫을 때도 역시 좋다'는 느낌입니다만.

와다 호오, 어쩐지 미즈마루 씨만 득을 보는 표현 같은데(웃음).

안자이 아뇨, 아뇨……(에헴). 그런데 설마하니 그런 원고를 간직하고 있을 줄은 꿈에도 몰랐습니다. 그가 어딘가에 잘 뒀던 모양이에요. 그게 몇 년 전이었나, 일기를 보면 알 텐데.

와다 미즈마루 씨는 일기도 쓰나? 훌륭하군. 난 못 써.

안자이 그날 먹은 요리라거나 이런저런 일들을 적어둔 터라 편리해요. 하루키 군이랑 처음 만난 날의 일도 썼을 겁니다.

와다 내가 정식으로 하루키 씨를 만난 것은 《곰을 풀어주다》 표지를 작업한 다음이었는데, "가게 할 때는 손님들이랑 얘기도 나눴나요?"라고 물어봤지. 그랬더니 "사람들한테 무뚝뚝하다는 소리만 들었습니다"라더군.

안자이 물어보셨군요. 하긴 손님을 상대할 타입은 아니죠. "어서 오십시오"라고 용케 인사는 했다 싶어요.

와다 안 하지 않았을까. 손님한테 요리가 맛있다는 칭찬을 들으면 기뻐하는 사람들이랑은 좀 다르니까(웃음).

안자이 정말이지 상상이 안 갑니다. 좋아하는 사람을 위해서라면 요리도 열심히 하겠지만.

와다 나랑 매한가지로 낯가림이 심하니까. 요리가 목적이 아니고 재즈를 틀어놓는 게 중요했다면서. 그런데 꼭 가게를 안 해도 재즈는 들을 수 있지 않나?

안자이 그렇지만 처한 상황 때문이랄까요, 스무 살이 넘었는데 아무것도 안 하고 재즈만 들으면 체면이 안 선다고 하지 않겠어요.

와다 뭐, 그럴지도 모르지만, 아무튼 하루키 씨가 재즈를 그토록 좋아한 덕분에 나도 같이 재즈 책《재즈의 초상》(신초샤, 1997)을 낼 수 있었지.

안자이 좋은 책이에요. 문고본이 나왔을 때 라이브도 했죠?

와다 이 책에도 등장하는 사야마 마사히로가 모두에게 청해서 마련한 라이브라 즐거웠어. 여기 소개된 '한결같은 피아니스트'는 사야마 군이 편지로 부탁했다더군. 그랬더니 흔쾌히 써줬고.

안자이 정말 좋은 사람이죠(콜록), 무라카미 씨는.

와다 내가 전에 HB갤러리에서 재즈 뮤지션 그림으로 전시회를 열었을 때, 하루키 씨가 왔어. 같이 식사하는 자리에서 "이런 그림을 보니까 재즈 에세이를 쓸 수 있을 것 같다"더라고. 그게 시작이 됐지.

안자이 그랬죠. 확실히 그의 음악 에세이를 읽다보면 굉장히 듣고 싶어지긴 해요.

와다 나는 뮤지션을 닮게 그릴 수는 있지만, 어떤 소리를 내는지 어떤 심정으로 연주하는지는 말로 표현할 수 없어. 그런데 그 사람은 그게 가능한 거지.

안자이 지금 생각났는데, 하루키 씨는 요리도 굉장히 잘합니다. 아마 요리사를 했어도 별 세 개쯤의 일류가 됐을 겁니다. 소설가로도 (……콜록) 일류인 것처럼. 한 번 대접을 받았는데 아주 맛있더군요. 영양밥 같은 평범한 음식이었지만.

와다 그런 걸 만드는 걸 보면, 틀림없이 본격적인 요리도 할 수 있다는 뜻이군.

안자이 뭐든 잘할 수 있는 사람이에요. 음악에 관한 글도 쓸 수 있고, 요리도 할 수 있고. 실은 그림도 잘 그리죠. 추상화가를 했어도 뛰어난 아티스트가 되지 않았을까.

와다 정말로? 추상화를 그리는군. 그림은 본 적 있고?

안자이 있죠. 저는 가지고 있는 걸요.

와다 호오오!

안자이 다른 사람은 그리기 힘들겠다 싶은 그림이에요. 문고본 작업에서 평소와는 반대로 내가 글을 쓰고 하루키 군이 그림을 그린 적이 있어요. 그때 원화가 있는데, "무라카미 씨, 돌려줄게"라고 했더니, "어어"라며 뜨뜻미지근하게 반응하기에 그냥 제가 갖고 있게 되었다고 할까, 보관하고 있습니다.

와다 사인은?

안자이 사인도 들어 있죠.

와다 그럼 그건 이미 보물이지(웃음). 《무라카미 송스》(주오코론신샤, 2007) 때, 내가 마지막 두 곡에 대해서는 삽화가 아닌 글을 쓰게 됐어. 그래서 "내가 무라카미 씨의 글에 그림을 그렸으니, 내 글에는 무라카미 씨가 그림을 그려주시죠"라고 했더니 "말도 안 됩니다"라며 펄쩍 뛰는 거라. 하루키 씨의 후기에도 "그런 일은 가당치도 않다"고 썼지만, 그렇게 따지면 내 글이 하루키 씨의 글과 나란히 실리는 건 혹독한 일 아니겠어. 그 친구, 사실은 그림도 그리는군.

안자이 그리죠. 실제로 제가 그에게 추상화가가 될 수 있겠다는 말까지 했어요. 굉장히 멋쩍어하더군요.

와다 추상화만 그리니 삽화는 무리였을까(웃음).

안자이 듣고 보니 그렇긴 하네요.

와다 하긴 책 표지도 훌륭하잖아. 《노르웨이의 숲》(고단샤, 1987)에 감탄했어.

안자이 작가 중에서는 드물게 디자인을 이해하고, 삽화 그리기 수

월하게 글을 쓰죠. 캐리커처 그리기도 쉽고(웃음).

와다 미즈마루 씨가 그리는 하루키 씨는 정말 비슷해. 똑같이 닮지는 않았지만, 분위기가 비슷하지.

안자이 와다 씨가 《초상화 이야기》(하쿠스이샤, 1998)라는 책에서 '닮지 않은 캐리커처' 항목에 분명하게 쓰셨잖아요.

와다 서툴러서 안 닮았다는 게 아니야. 똑같지 않지만, 그림의 주인을 잘 드러냈다는 의미지.

안자이 저도 간혹 아가씨들한테 사인 요청을 받는 일이 있는데, 그럴 때면 "무라카미 씨 얼굴도 그려주세요"라는 말을 자주 듣습니다. 내 책에 왜 그의 얼굴을 그려야 하나 싶지만(웃음). 와다 씨가 신문연재에 그리는 미타니 고키 씨의 캐리커처는 완전히 똑같잖아요.

와다 나야 그럴 작정이었지만, 미타니 씨가 보기에는 전혀 안 닮았을 거야.

안자이 와다 씨의 캐리커처는 제대로 된 일러스트레이션인 걸요. 단순한 캐리커처가 아니에요. 캐리커처는 어린애라도 아주 뛰어난 경우가 있잖습니까.

와다 그래, 그래. 어릴 때 보면 별명을 붙이는 녀석이 있잖아. 마찬가지로 순식간에 특징을 포착해서 단순하게 표현하는 거지.

안자이 하루키 군한테 별명을 붙이라고 하면 틀림없이 명인일 겁니다. 카피라이터를 했어도 최고가 되지 않았을까요.

와다 그랬을지도 모르지. 야마구치 히토미 씨가 우수한 카피라이터였던 것처럼 그럴 가능성도 있을 거야.

완두콩두부 이야기

안자이 《1Q84》 BOOK1(신초샤, 2009)에 난데없이 '아오마메*'가 등장했을 때 정말 깜짝 놀랐습니다.
와다 깜짝 놀랐지. 혹시 우리랑 관계되나 싶어서.
안자이 와다 씨랑 저랑 둘이서 《완두콩두부》(고단샤, 2003)라는 책을 낸 게 칠 년 전이군요. 잡지에 연재를 시작할 즈음, 하루키 군이 제목을 붙여줬잖아요.
와다 미즈마루 씨가 시부야의 조그만 식당에서 밥을 먹으며 "제목 좀 생각해줘" 하고 부탁했잖아.
안자이 그랬죠. 처음에는 "말도 안 됩니다. 당치 않아요"라고 단번에 거절하더군요. 그런데 조금 술이 들어가고 제가 다시 한번 "저기(콜록), 조금 전 얘기 말인데" 하고 다시 말을 꺼냈죠. 그런데 때마침 '완두콩두부'를 먹고 있었거든요. 그랬더니 그 친구가 "자 그럼, 완두콩두부"라고 해서 바로 결정해버렸죠.

*《1Q84》의 여주인공, 아오마메는 푸른 콩 즉 완두콩을 의미함.

와다 제목을 그렇게 대충 결정하기도 힘들 거야(웃음). 그런데 그게 베스트셀러 여주인공의 이름이 될 줄이야, 정말 대단해. 미즈마루 씨의 공적이야.

안자이 아닙니다. 《노 아이디어》 때 에세이를 부탁하자는 얘기도 와다 씨가 먼저 꺼냈고, 그때 "그래, 무라카미 씨한테 제목을 고민해달라고 해보지"라고 말한 사람도 와다 씨였어요.

와다 왠지 서로 책임을 전가하는 모양새가 되어버렸군.

안자이 하루키 군도 어딘가에서 그 이야기를 했으니, 아오마메의 유래는(콜록) '완두콩두부'가 틀림없을 겁니다.

와다 별다른 감사 인사가 없다고 섭섭해할 순 없겠지. 애당초 하루키 씨가 붙인 제목이니까.

안자이 어디서 무슨 일이 있으면, 그 말이 그 사람 안에 계속 남아 있나봅니다.

와다 그렇다고 해도 최고의 네이밍이야.

안지이 우리 책 제목 말고(웃음), 소설 쪽 말씀하시는 기죠.

와다 그렇지. 귀엽잖아, 아오마메. 귀여우면서도 살인청부업자인 만큼 멋지고. 은근히 그 아가씨 편을 들어주고 싶어질 때도 있다니까.

안자이 나중에 안 모양인데, 실제로 아오마메라는 성을 가진 사람이 있다나봐요.

와다 흐음, 그런 성이 실제로 있었군. 그런데 말이지, 난 실은 완두콩두부는 안 먹어. 내게는 두부 속에 오톨도톨한 좁쌀 알갱이 같은 푸른 게 박혀 있는 이미지거든.

안자이 아니에요, 만들 때 완두콩을 갈아서 섞은 두부예요. 깨두부처럼.

와다 그럼 그때 둘이서 깨두부를 먹었으면…….

안자이 그렇죠. 제목은 '깨두부'가 되었겠죠(웃음).

와다 《1Q84》의 여자 살인청부업자도 '고마胡麻(깨)'가 됐겠군.

안자이 완두콩두부이길 다행이네요.

와다 한자 말인데, '고마'는 불을 피워 그 속에 공양물을 던져서 태우는 의식을 뜻하는 '護摩'도 있잖아. 아오마메라는 여성이 사람을 죽이는 게 아니고, '고마護摩'라는 이름의 여자가 살인을 한다……, 제법 그럴듯한데.

안자이 아오마메青豆는 단순하고 귀여운 한자죠. 이 이야기에서도 알 수 있지만, "자 그럼, 완두콩두부"라고 말하는 그의 감성, 감각, 타이밍. 그게 바로 이치로 선수도 말했던 '(신이) 내렸다'는 것 같습니다.

와다 그렇지만 그렇게 이끌어낸 것은 미즈마루 씨의 공적이야.

안자이 ……아니, 그게(콜록), 그야 뭐 그렇긴 하지만, 이라고 말해버릴까요(웃음).

와다 부탁하자는 말을 꺼낸 사람은 나지만, 난 그 자리에 없었잖아. 있었으면 훨씬 으스댈 수 있었겠지만(웃음).

안자이 그 사람 안에는 분닝 언어의 리듬감 같은 게 있어서 별 뜻 없이 한 말인데도 나중에 아주 좋은 형태로 되살아나는 것 같아요.

와다 그러고 보니 미즈마루 씨의 본명인 와타나베도 소설에 아주 많이 나왔지. 《노르웨이의 숲》의 와타나베 군도 그렇고.

안자이 어느 모임에서 잘 아는 편집자한테 듣고 처음 알았습니다. "안자이 씨, 요즘은 소설 주인공으로 활동하시네요"라더군요.

와다 그때까진 몰랐군.

안자이 어떤 잡지 인터뷰에서 하루키 군이 이렇게 말했더군요. "'미즈마루 씨, 그런데 본명은 뭡니까?' '와타나베 노보루인데'…… 그런 대화를 주고받는 중에 그 이름이 기호처럼 들려서 그때부터 그 이름을 소설에 쓰게 되었다"라고.

와다 미즈마루 씨에 대한 우정의 표현이겠지.

안자이 그 잡지의 인터뷰어가 "와타나베 노보루는 안자이 미즈마루 씨의 본명이죠(웃음)"라며 살짝 비웃듯 질문을 던졌는데, 하루키 군이 진지하게 대답해줘서 기뻤습니다.

와다 와타니베 노보루는 왠지 외우기 쉬운 이름이기도 하니까.

안자이 《태엽 감는 새》(신초샤, 1994, 1995)의 등장인물은 와타야 노보루였죠. "미즈마루 씨, 실은 와타나베 노보루라고 하고 싶었는데, 그자가 아주 나쁜 녀석이라 와타야라고 했어요"라더군요. 바꿔준 거죠(웃음). 무라카미 씨는 역시 좋은 사람이에요.

와다 그런데 노보루는 남았잖아. '와'도 '타'도 남았고(웃음)!

안자이 와타나베 노보루는 평범한 이름이지만, 왠지 조금 다른 그러니까 '평범하지 않은 느낌'이 든다고 그가 어딘가에서 말했습니다. 저희 아버지가 에도시대 후기 화가인 와타나베 가잔의 팬이었는데, 가잔의 통속적인 호칭이 와타나베 노보루渡辺登였습니다. 한자까지 똑같이 쓰기는 송구스러워서 저는 '昇(노보루)'라고 쓰게 됐죠.

와다 하루키 씨는 그 이름에 보편성이 있다고 생각했나보군. 일종의 공감을 느꼈달까. 그런 감각이 '아오마메'의 네이밍으로 이어진 것 같아.

압권의 음악 에세이

안자이 이 책에는 축전祝電을 비롯해서 음악 평론, 번역론, 짧은 단편소설에 이르기까지 수많은 '잡문'이 있는데, 지금까지 몰랐던 '인사말' 같은 게 있어서 놀랐습니다.

와다 진지하면서도 재미있다고 할까, 역시 훌륭한 인사말이더군. 그리고 예루살렘상 연설은 배짱 있고 박력이 느껴져서 감탄했어.

안자이 저는 하루키 군이 그런 인사말을 하는 것을 실제로 들어본 적은 없습니다. 이번에 읽어보고, 아하 이런 말도 했구나 싶었죠. 반신반의했다고 할까요(웃음). 대신 읽어달라고 부탁한 글도 있겠지만, 다니자키상 때는 본인이 직접 했을 겁니다. 저는 좀 늦게 시상식에 갔죠, 그가 얘기하는 모습을 보는 게 좀 쑥스러워서요. 피한 셈인데요, 왠지 모르게.

와다 군조신인문학상 수상소감도 이 책에 수록되어 있는데, 그날 연설도 꽤나 걸작이었던 모양이야. 로스 맥도널드의 소설을 좋아하고, 소설에 등장하는 탐정 류 아처가 좋아서 펜네임을 무라카미 류라고 할 생각이었는데, 무라카미 류가 이미 있어 본명을 쓰게 된 게 안타깝다고 했다더군. 마루야 사이이치 씨의 《인사는 어렵다》에 소개된 내용인데, 마루야 씨는 그 수상소감을 칭찬하면서도 '수상 인사를 하며 이 정도로 청중에게 한 방 먹이는 신인은 경계해야 마땅하다'라는 코멘트를 덧붙였지. 내가 실제로 들어본 건 《재즈의 초상》 라이브 공연 때였어. 내가 억지로 끌어냈는데, 느낌이 아주 좋았지.

안자이 미나미아오야마에 있는 '만달라'에서였죠. 저도 그때 쓰즈키 교이치 씨를 처음 만났습니다. 하루키 군의 지인은 가와이 하야오 씨, 〈도쿄 오징어 클럽〉의 요시모토 유미 씨, 다카하시 히데미네 씨 등등 이번에도 글에 많이 등장했는데, 내가 만난 적이 있는 사람은 요시모토 씨뿐입니다. 술집이었죠.

와다 빌 크로 씨의 인터뷰에서도 알 수 있듯 인물에게 다가서는 방식이 뛰어나다고 할까, 내가 만나보지 못한 사람인데도 그 인물의 분위기가 고스란히 전해지잖아.

안자이 인물론도 대단하지만, 뭐니 뭐니 해도 이 책의 압권은 음악에 관련된 이야기죠. '일본사람이 재즈를 이해할 수 있을까'는 상당히 긴 글이지만 매우 흥미로웠습니다. 저도 왠지 모르게 꼭 재즈뿐만 아니라 그림이든 뭐든, 일본사람은 제 눈으로 보려 들지 않고, 제 귀로 들으려 하지 않는다는 느낌이 있었으니까요.

와다 흐음, 그렇지. 나도 꽤 많은 생각을 하게 되더군. 즐기면서 읽는 것과는 느낌이 조금 다른 글이야. 재즈의 배경에 있는 문화나 역사를 깊숙이 꿰뚫어보는 역작이라고 생각해. 그리고 빌리 홀리데이가 나오는 이야기, 그런 것도 참 좋잖아. 재즈는 어떤 음악인가가 그 짧은 이야기 속에 다 담겨 있어.

안자이 그 글 좋았죠. 그렇게 글로 재즈라는 음악을 표현해내는 솜씨가 정말 대단해요. '차마 말을 꺼내지 못해'를 듣고 비행기가 타고 싶어졌다는 이야기도 최고였어요. 제가 비행기는 별로 안 좋아하지만, 아하 그럴 수도 있겠다 싶더군요.

와다 나도 비행기는 안 좋아하지만, 미즈마루 씨가 추천해준 영화 〈사막의 기적〉은 아주 좋았어.

안자이 사막에 불시착하는 얘기잖아요. 와다 씨는 남의 불행한 꼴 보는 게 좋은 거예요(웃음).

와다 영화는 그렇지(웃음).

안자이 이야기가 재즈에서 샛길로 빠졌는데, 아무튼 이 책에 음악과 관련해서 많은 에세이가 실려 있는데 하나같이 좋더군요.

와다 《1Q84》의 야나체그처럼 소설에도 곧잘 음악이 등장하는데,

재즈뿐만 아니라 모차르트 같은 클래식도 많이 나오지.

안자이 뜻밖이었지만, 서툴러 보이는데 오디오도 직접 다루더군요. 스피커가 이러쿵저러쿵하면서.

와다 맞아, 맞아. 소리와 오디오 기기에는 꽤 까다롭더군. CD보다 LP가 좋다는 건 나도 동감하지만.

안자이 LP 재킷을 보고 있으면, 마음이 차분해지는 느낌이죠.

와다 특히 우리는 형태나 디자인상으로도 LP에 더 애착을 품게 마련이니까.

안자이 이 책에는 비치보이스 얘기도 나오고 그러는데, 하루키 군은 가요나 우리 음악은 어떻게 생각할까요?

와다 아하 그래, 그게 좀 궁금해. 어떤 소설에 슬쩍 '미소라 히바리의 노래가 들려왔다'라는 문장이 있다거나?

안자이 없을 겁니다. 이지 리스닝 계열의 버트 바카락이나 훌리오 이글레시아스는 소설이랑 에세이에 썼어요. 제가 〈무라카미 아사히도 시리즈*〉에서 훌리오 이글레시아스를 세 번쯤 그렸으니까요.

와다 일본 가요는 비유로도 안 나오는군.

안자이 의외로 '삼백육십오 보 행진' 같은 노래는 얘기할 것도 같은데, 읽어본 적은 없습니다. 제가 낸 《포스트 카드》(가쿠세이엔고 카이, 1986)라는 희한한 책이 있는데, 거기 소설에는 저자가 '멍멍

---

*아사히 신문과 주간 아사히에 연재된 무라카미 하루키의 짧은 소설이나 수필들을 엮은 단행본.

이 경찰관'을 노래하는 장면이 있습니다만.

와다 노래방 같은 데도 절대 안 가는 사람이겠지.

안자이 안 가겠죠.

와다 나도 노래방을 우습게봤는데, 요즘은 가끔 갈 때도 있어. 사람들이랑 어울리다보면.

안자이 일러스트레이터 중에는 꽤나 좋아하는 사람도 있으니까요. 나중에 하루키 군한테도 한번 권해보죠, 뭐.

와다 절대 안 갈걸(웃음).

소리는 플래티넘, 글씨는 가린토*

안자이 그는 피아노도 칩니다. 집에 갔을 때 분명히 키보드를 본 것 같아요. 피아노를 친다고 어딘가 쓰기도 했잖아요.

와다 옛날 가게에다 피아노도 뒀다고 하는 걸 보면 노래를 잘할지도 모르지.

안자이 저는 그의 목소리를 '플래티넘 소리'라고 하는데, 울림이 아주 좋아요. 목소리로 추측하건대 노래도 잘할 게 틀림없습니다.

와다 남한테 안 들려주는 것뿐일지도 모르지. 부인에게만 들려주나?

♣ 일본 믹파사의 한 종류.

안자이 숙취도 없고, 어깨도 안 뭉친다. 그림도 잘 그리고 요리도 잘한다…….

와다 피아노도 치고, 마라톤도 하는 스포츠맨.

안자이 마감도 철저히 지키고, 글씨는 가린토처럼 생겨 읽기 쉽죠. 저는 하루키 군의 글씨를 '가린토'라고 불러요. 기름에 튀겨낸 글씨 같잖아요?

와다 확실히 읽기 쉽고 좋은 글씨지.

안자이 다만 기름에 튀겨졌죠, 순식간에 휙(웃음).

와다 영화도 즐겨 봐서 굉장히 깊숙이 알더군. 원작까지 챙겨 읽고.

안자이 그러니까 여자들한테 인기가 많다니까요. 본래 소설가들은 인기가 많으니까 부인도 늘 걱정이 많겠죠. 어이쿠 이런, 또 이러네(웃음). 그렇지만 이따금 여기서는 좀 밝히기 뭣한 우스꽝스러운 얘기도 하죠.

와다 지난번 〈오징어 영화관〉의 삼자회담에서 잠수함 영화를 선택했는데, 〈인하眼下의 적(힌국 내 개봉명:상과 하)〉 얘기중에, 하루키 씨가 〈안과眼科의 적〉이라는 단편소설을 썼다더군. 안과의사랑 치과의사가 장기를 뒀는데 치과의사가 졌고, 그래서 패자부활전*을 한다는 얘기였지.

안자이 영 썰렁한 익살이군요.

---

* 일본어 '치과의사'와 '패자'는 발음이 모두 '하이샤'로 같은 동음이의어.

와다 음, 아니, 그러니까 그 뭐냐…….

안자이 저는 썰렁한 익살에는 웃지 않는 주의입니다(웃음).

와다 그래도 재밌잖아. 패자부활전이라는 말까지 꺼내는 건 집요하고 좋던데.

안자이 뭐 하긴, 대화중에는 썰렁한 농담 따위 곁들이지 않는 사람이지만, 회문*이나 익살스러운 책도 내니까요.

와다 《개다래를 들쓴 나비(마타타비아비타타마)》(분게이슌주, 2000)** 말이지. 난 걸작이라고 봐. 쓰치야 고이치 씨의 《가볍고 기민한 새끼고양이 몇 마리 있나(카루이키빈나코네코난비키이루카)》도 명작이지만, 그에 필적하는 고양이 회문이지. 《무라카미 가루타***—토끼가 맛있는 프랑스인》(분게이슌주, 2007)도 그렇고, 세계적인 작가가 썰렁한 익살 책을 내는 게 재미있잖아.

안자이 그러고 보니 와다 씨도 회문에 일가견이 있으시잖아요. 일러스트레이터인 나다모토 다다히토 씨랑 한잔할 때, "나다모토 좋은 친구지****"라고 하셨죠.

와다 어라, 내가 그런 말을 했나? 취했는지 기억에 없는데…….

---

* 내리읽거나 치읽거나 같은 말이 되는 글귀.
** 회문집 제목으로, 독특한 향과 효능이 있는 개다래는 장난감이나 만능 약으로 고양이에게 쓰임. '타마'는 일본에서 고양이에게 가장 흔하게 붙이는 이름.
*** 가루타는 일본의 전통 딱지놀이.
**** 일본어로 읽으면 '나다모토이이토모다나'.

안자이 나다모토 씨가 감격해서 "마코, 사인해줘"라면서 회문에 사인까지 받아갔는데요.

와다 허어, 나도 좀 하는군. 분명 깔끔한 회문이야.

안자이 제가 여러 사람한테 그 얘기를 했어요. 그리고 이건 젊은 아가씨가 슬쩍 가르쳐준 회문인데, "나 지금 현기증 났어……."* 이건 귀엽고 요염하죠.

와다 와타시 이마 메마이시타와…… 오호, 진짜네.

안자이 하루키 군의 익살스러운 책에 "알고 보니 잭슨이었다"** 라는 식의 농담도 있잖습니까. 대중들은 잘 모르는 사람일지 모르지만, 재즈 애호가들은 늘 그런 농담을 주고받았으니까요.

와다 그래, 그래. 하루키 씨는 진지한 문학으로도 쓰고, 편안한 놀이로도 쓰지.

안자이 이런 걸 써도 괜찮나(콜록) 싶은 생각이 들 때도 있죠.

와다 소설 속의 비유는 챈들러처럼 멋지잖아. 하루키 문학의 대표적 주제라고도 할 수 있고.

안자이 저도 좋아해요. 필립 말로가 쓸 법한 비유죠.

와다 칭찬하려는 기획은 아니었는데, 어쩌다보니 칭찬하고 있군(웃음).

---

* 일본어로 '와타시이마메마이시타와'.

** 밀트의 일본식 발음이 '알고 보니(미루토)'와 유사한 데서 비롯된 유머.

무라카미 씨는 어떤 사람인가요?

안자이 하루키 군의 젊은 아가씨 팬 중에는 엄청나게 예쁜 사람이 많아요. 소개시켜주고 싶은 아가씨가 있으니(에헴) 한잔하자고 청해봤지만, 그는 이미 잠잘 시간이라 나올 수가 없었죠. '한 번도 소개해준 적이 없지 않은가'라고 쓰긴 했지만 말이죠.
와다 아니, 딱히 아가씨가 아니라도 인기는 많아.
안자이 그렇지만, 뭐, 여러 가지 사정이 있으니까요(콜록). 으음, 여하튼 정말 좋은 사람이에요, 무라카미 씨는. 제가 강연회 같은 걸 열면 처음 한두 개는 저에 관한 질문이지만, 슬슬 시작하나보다 싶으면 아니나 다를까 "무라카미 하루키 씨는……"이라는 질문이 들어오기 시작합니다.
와다 그래? 미즈마루 씨한테는 유쾌한 일이 아니겠군(웃음).
안자이 친구로서 기쁜 일이겠거니 생각합니다. 모두 하루키 군에 관해 알고 싶어하는 건 당연할 테니까요. 그래서 "어떤 사람인가요?"라는 질문을 많이 받습니다.
와다 일찍 자고 일찍 일어나는 걸 빼면 보통 사람 같은데. 미즈마루 씨는 뭐라고 대답하지?
안자이 저도 역시 일찍 자고 일찍 일어나고, 음악을 잘 알고, 마라톤을 하고, 야쿠르트 스왈로스 팬이라는 얘기들을 하죠.
와다 요긴대 아가씨들은 문학에 관한 실문은 선혀 안 하는군.

안자이 대개는 어떤 사람이고, 취미가 뭐냐는 얘기들이죠.

와다 무슨 색을 좋아하느냐고 물어보면 곤란하겠는데.

안자이 '여자한테 흥미가 있는 사람인가요?'라는 뉘앙스를 풍기는 질문도 많습니다.

와다 상대가 미즈마루 씨라서 그런 건 아니겠지?

안자이 그럴지도 모르지만, 아무튼 그는 보통 남자 같습니다. 지금 생각났는데, 예전에는 대개 반바지나 쇼트팬츠를 입었어요. 저랑 《해 뜨는 나라의 공장》(헤이본샤, 1987) 취재를 다닐 때는 늘 공장에 들어가기 직전에 옷을 갈아입었죠.

와다 긴 바지가 싫으니 갈아입을 옷을 아예 들고 다니는군. 예의 바른 사람이니까. 그렇지만 꼬맹이 소년처럼 편식이 심하지?

안자이 맞아요, 그렇죠. 일단 조개를 안 먹죠.

와다 그리고 중국음식도 일절 안 먹고.

안자이 어릴 때 집에서 그런 음식을 안 먹었나······.

와다 고베에는 분명 맛있는 중국음식이 많았을 텐데.

안자이 조개를 안 먹으니까 전복도 안 돼요. 닭고기도 안 되고 이것저것 못 먹는 게 많아요. 그 왜, 지바 현의 지쿠라에 갔을 때 흰 살 생선 같은 것도 먹었잖아요. 그래서(콜록), 실은 먹을 수 있었잖아, 하는 시선으로 제가 노려봤어요.

와다 응?

안자이 아마 먹자고 들면 뭐든 먹을 수 있을 겁니다. 오히려 편식은 제가 더 심하죠.

와다 어? 그래?

안자이 네(콜록).

와다 미즈마루 씨가 뭘 못 먹었던가?

안자이 예를 들면 당근이나 셀러리가 있는데, 상당히 심하게 가려요. 오히려 먹는 모습으로는 하루키 군이 중국음식도 먹을 것 같죠. 중국음식을 안 먹는다고는 하지만, 일종의 미의식 같은 게 아닐지. 분위기로는 라면 같은 것도 싫어하지 않을까요.

와다 보통 스포츠맨은 아무거나 잘 먹는 이미지인데 말이지. 나는 운동은 안 하지만, 뭐든 잘 먹는데(웃음).

안자이 아마 조개도 먹어보면 틀림없이 좋아할 겁니다. 다만 내장처럼 생긴 음식이라 왠지 싫어하는 것 같아요. 조개는 몸과 내장이 붙어 있으니까요. 그래도 먹을 수는 있을 겁니다.

와다 먹기로 결심하면 먹기야 하겠지. 반드시 먹어야 한다고 강요하면 먹겠지(웃음).

안자이 중국음식도 먹어보면 굉장히 좋아할 테지만, 뭐랄까, 중국음식에 대한 생각은 조금 알 것 같기도 합니다.

와다 어떤 생각?

안자이 중국요리는 걸쭉하고 탁해서 젊은 아가씨를 마대 자루에 넣어 채가는 느낌이지 않나요?

와다 곡마단에 팔아버린다거나……. 아니, 이건 좀 나은 얘기 같군(웃음).

안자이 칭기즈칸 요리는 먹었어요. 지붕 위에 얹어놓은 철모 같은 데다 양고기를 구워서 같이 먹은 적이 있죠. 그게 아마 고이와이 농장이었나? 그럼 양고기가 아니라 소고기였나?

와다 새로운 설이군. 조개도 먹을 수 있다, 중국음식도 먹을 수 있다, 양고기는 불분명하고…….

안자이 그런데 미의식 차원에서 안 먹는 거죠.

와다 그것도 하루키 씨의 멋진 구석의 일부일까?

안자이 편식은 하지만, 매사는 제대로 판단할 줄 알고, 이렇게 멋대로 떠들어대는(콜록) 나 같은 사람한테도 잘해주니까 친구로서 그만한 사람도 드물죠.

와다 우리는 하루키 씨한테 무방비하게 대할 수 있는 많지 않은 사람 가운데 둘이려나? 그러니까 우리도 만나면 즐거운 거지. 미즈마루 씨는 좀더 비밀스러운 얘기를 하고 싶었던 거 아니야?

안자이 아니 뭐, 이건 '해설'이니까. 오늘은 이 정도로…….

와다 어쩐지 상당히 많은 걸 아는 듯한 말투로군(웃음).

안자이 저는(콜록) '걸어다니는 고해실'이라고 불리니까요. 제 앞에 서는 다들 고백을 해요.

와다 그건 좀 믿기 어려운데.

안자이 정말입니다. 그건 그렇고, 즐거운 시간이었습니다. 언제 하루키 군이랑 셋이 초밥집에서 조개를 안주 삼아 한잔하고, 노래방에 가서 끝장내볼까요(웃음).

와다 '뭐, 저 두 사람이라면 무슨 소리를 해도 참아줘야지'라고 생각해주면 고맙겠군.

(2010년 11월 29일 아오야마에서)

옮긴이
이영미

일본 문학 전문 번역가. 아주대학교에서 국어국문학을 공부하고, 일본 와세다 대학교 대학원 문학연구과 석사과정을 수료했다. 2009년 요시다 슈이치의 《악인》《캐러멜 팝콘》으로 일본국제교류기금에서 주관하는 제1회 보라나비 저작·번역상을 수상했다. 옮긴 책으로는 아리카와 히로의《백수 알바 내 집 장만기》, 요시다 슈이치의《파크라이프》《사랑을 말해줘》, 오쿠다 히데오의 《공중그네》《면장선거》, 히가시노 게이고의《옛날에 내가 죽은 집》 등의 소설 외에도 무라카미 하루키의《약속된 장소에서》를 비롯해《힘들면, 도와달라고 말해요》《기적의 사과》《단테 신곡 강의》 등이 있다.

★ 일 러 스 트 레 이 션   Makoto Wada X Mizumaru Anzai ★

와다 마코토 和田誠

p. 1(우), 17, 61, 255, 345, 409(좌), 427, 439, 473(좌)

오사카 출생. 《재즈의 초상》《또 하나의 재즈 에세이》《애프터 다크》 등 무라카미 하루키와 다수의 작업을 같이한 일러스트레이터이자 북 디자이너. 담배 '하이라이트'의 패키지 디자인 등 그래픽 디자인은 물론, 번역, 작사·작곡에 이르기까지 전방위적으로 활동하고 있는 아티스트이다.

안자이 미즈마루 安西水丸

p. 1(좌), 95, 213, 373, 409(우), 473(우)

《빵가게 재습격》 등 무라카미 하루키 소설 곳곳에서 맹활약하는 '와타나베 노보루'가 본명이다. 일러스트레이션, 만화, 에세이 등 다방면에서 활약하고 있다. 무라카미 하루키의 오랜 지기지우로, 고양이 그림책《후와후와》를 비롯해 《더 스크랩》《무라카미 아사히도》 등의 작품에서 파트너로 호흡을 맞추었다.

무라카미 하루키 잡문집

1판 1쇄 발행 2011년 11월 11일 **1판 20쇄 발행** 2025년 4월 28일

지은이 무라카미 하루키 **옮긴이** 이영미
펴낸이 박강휘
편집 장선정 **디자인** 정지현

발행처 김영사
주소 경기도 파주시 문발로 197(문발동) 우편번호 10881
등록 1979년 5월 17일 (제406-2003-036호)
구입 문의 전화 031)955-3100 **팩스** 031)955-3111
편집부 전화 02)3668-3295 **팩스** 02)745-4827 **전자우편** literature@gimmyoung.com
비채 블로그 blog.naver.com/viche_books **인스타그램** @drviche, @viche_editors
트위터 @vichebook
ISBN 978-89-94343-50-1 03830 책값은 뒤표지에 있습니다.